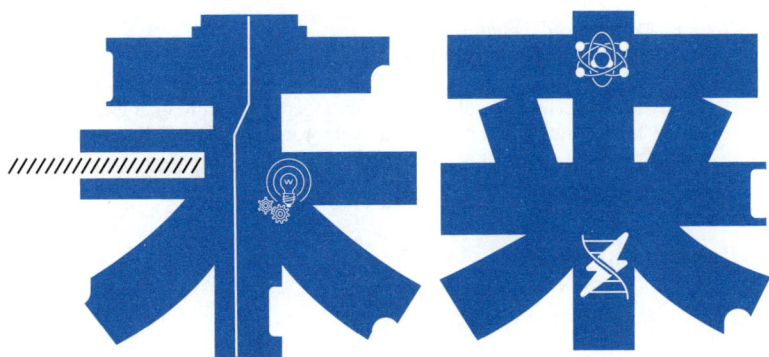

未来技术

Future　　　Tech

颠覆性行业的战略机遇期

［美］特朗德·阿恩·恩德海姆（Trond Arne Undheim）　著

樊秀梅　阿喜达　门瑞　译

中国科学技术出版社

·北京·

图书在版编目（CIP）数据

未来技术：颠覆性行业的战略机遇期 /（美）特朗
德·阿恩·恩德海姆著；樊秀梅，阿喜达，门瑞译 . —
北京：中国科学技术出版社，2022.7
　书名原文：Future Tech
　ISBN 978-7-5046-9574-1

　Ⅰ . ①未… Ⅱ . ①特… ②樊… ③阿… ④门… Ⅲ .
①技术发展−研究 Ⅳ . ① F062.4

中国版本图书馆 CIP 数据核字（2022）第 121732 号

策划编辑	申永刚　陆存月	责任编辑	杜凡如
封面设计	马筱琨	版式设计	锋尚设计
责任校对	邓雪梅	责任印制	李晓霖

出　　版	中国科学技术出版社
发　　行	中国科学技术出版社有限公司发行部
地　　址	北京市海淀区中关村南大街 16 号
邮　　编	100081
发行电话	010-62173865
传　　真	010-62173081
网　　址	http://www.cspbooks.com.cn

开　　本	880mm×1230mm　1/32
字　　数	277 千字
印　　张	10
版　　次	2022 年 7 月第 1 版
印　　次	2022 年 7 月第 1 次印刷
印　　刷	北京盛通印刷股份有限公司
书　　号	ISBN 978-7-5046-9574-1 / F·1018
定　　价	79.00 元

（凡购买本社图书，如有缺页、倒页、脱页者，本社发行部负责调换）

目录

绪论：
是什么驱动着变革

在绪论部分，笔者将以历史的眼光追溯变革的概念，追溯至工业革命时期的伟大思想家卡尔·马克思（Karl Marx）、马克斯·韦伯（Max Weber）和埃米尔·涂尔干（Émile Durkheim）等，然后，在历史背景下谈谈技术浪潮，追溯它们的整个发展历程，直到当代技术及关注热点，包括新型冠状病毒，以及接下来可能出现的事情。这部分将是本书结构的一个快速预览背景。绪论由两部分组成：第一部分是从宏观角度看科技；第二部分是帮助人们理解个人或者群体怎样应对科技变革（在工作、社会活动、生活中，或者家庭里）。

变革是一个被误解的概念。人们都被迫过于简单化地理解变革——天气、季节、情感或人发生变化。尽管人们知道有大量的因素可能导致变革，但仍然想要寻找一个简单的原因，为什么？因为简单化的事情更容易处理。人的心理反应总是优先于理智的解释。

技术的变革尤其复杂。过去，人们倾向于高估技术在变革中的作用。这种现象甚至有其专用名，叫技术定论。尽管这本书被称为《未来技术：颠覆性行业的战略机遇期》，但是尽量避免陷入技术决定论。相反，本书将探究技术背后的内容，寻究是什么引起了变革，是什么在支撑变革。之后，本书从未来技术发展角度，并基于一些同等显著的、具有颠覆性的因素，例如，来自政府、商界、社会，甚至围绕人们周围的生态系统等，展望变革的未来。

不言而喻，技术的未来不是某一门确切的科学。笔者和许多未来学家一样，明智地从预言中进行回望。本书设想场景，并根据人们正在面临的颠覆性力量，对可能的发展进行建模。只有对当代社会的组织形式——也就是事情常规运作方式的简单但不完整的模型，有清晰的认识，才能对其发展进行建模。不过，历史意识仍不可或缺。

然而，从更久远的历史中，人们可以获得更好的视角。请大家聚焦工业革命。这样做的主要原因是，虽然人们称之为"工业"革命，其实更多强调的是技术革命。实际上，是城市的社会动荡创造了动机和机会使得如此巨大的变革得以实施。

工业革命教会了人们如何看待当今的变革

18世纪的工业革命带来了移民风暴、社会动荡和经济进步，并创造了包含个人和集体的新赢家和输家。德国思想家卡尔·马克思、马克斯·韦伯和法国社会学家埃米尔·涂尔干，还有其他人都试图去解释这些变革。马克思和韦伯发现个人是最大的推动力量，而涂尔干认为集体是主要原因。两种看法可能都富有成效。

马克思对变革的观察

马克思（Marx，1990）的解释主要基于英国的数据，重点关注个人对阶级斗争的回应。他认为（资本主义体系内）阶级斗争是新的工业产品所固有的。工人的身份与所生产的商品联系在了一起。为了实现他们的真实自我，工人必须从科技的仆人转变为生产工具的所有者。

换句话说，科技进步必须与生产工具所有权的变化共存。在马克思的观点里，进步源于人们实践其真正利益时必然产生的冲突。马克思的著作通常被误解为对行动的呼吁，而不是对社会和技术变化过程的解释，事实上它两者皆有。任何真正的革命者都对他们试图改变的社会有着深刻的理解。其他任何类型的"革命者"都是不道德或目光短浅的。

韦伯对变革的观察

韦伯（1922）对变化的解释，集中在加尔文主义（Calvinism）[①]对新教工作伦理在推动资本主义的过程中所起的具体作用上，这是对人们是否应该期待被拯救的答案。加尔文主义者于16世纪首次脱离罗马天主教会。韦伯坚信人们会通过自己的努力看到一套复杂理论的外部依据，从而获得这套理论的意义。因此，努力工作、守纪律和节俭都变成了一种特征。久而久之，这种特征引起了工人们生活条件的变革，也对社会产生了变革。韦伯的分析发表于1904年至1905年，采用了历史的视角和背景，是基于对世纪之交的一个特殊的瑞士-德国新教版本的研究。

然而，韦伯早已预知这一点。他还担心合理化会把社会引入歧途，担忧无法逃脱的官僚主义铁笼会胡作非为。许多人担心官僚主义，很明显有些政府试图控制个人甚至到了不必要的地步。

韦伯指出了阶级、地位和政党之间的相互作用是如何促使社会权利分配的。随着时间的推移，人们逐渐认识到，经济价值是复杂的，不能单纯从创造它的物质条件中获得。事实上，韦伯为社会价值的理解奠定了基础。社会价值是一个复杂的概念，比纯粹的经济收益更有价值。在韦伯的理论下，技术不是一个经济上的因果关系，而是一项更复杂的事情，它与社会价值和城市特定文化紧密相关（Weber，2005）。

---

① 加尔文主义，基督教新教加尔文派的神学学说。16世纪宗教改革由加尔文倡导，因此得名。——编者注

涂尔干对变革的观察

涂尔干则更侧重强调新形势的集体主义对聚集民众（使其团结）的作用，尤其是在较大的城市中。在他的观点里，集体是一种更自然的状态（甚至比作为个体还要自然），在这个集体里，人们通过亲缘、家庭、朋友、部落和同事等关系联系在一起。这个集体代表了一种和谐至上的社会意识。异化或自杀，都被解释为集体纽带的断裂。这种断裂是社会"运作"的一种功能，而非个人行为、理性或动机的结果。

根据涂尔干理论，早期的工业革命时期，机械团结（人们拥有共同的信仰和情感）逐渐融入了有机团结（更加细化和更加相互依赖）。随着社会变得越来越复杂，集体以更复杂的方式将自己捆绑在一起，但他们感觉更加需要互动。社会劳动分工中，每一部分都有其自身的作用。

这种对社会进程的理解不一定适用于所有类型的社会。例如，自2019年开始的新冠肺炎疫情暴发期间，世界各地的精英惊讶地发现餐饮服务人员、护士和快递员对当代社会的运作至关重要。他们不只是一线工作者，而是"必要的"工作者，他们是人们所知的社会运转的关键群体。

布尔迪厄关于习惯的变革和保留

追随涂尔干理论的思想家——显然他们也追随法国社会学家皮埃尔·布尔迪厄（Pierre Bourdieu，1977），认为变革发生的方式是每个集体（包括社会阶层）在社会化进程中学会从周围环境中吸收活跃的生活习性（布尔迪厄称它为惯习，habitus）。顺便说一下，这种思维方式的退化常见于行为科学的产品开发和市场营销应用中。这些应用大多受到经验心理学的启发或者是经验心理学的衍生。纯粹功利主义的观察和实验试图解释各种社会群体的需求产品是什么。往好了说，是通往更复杂现实的捷径。往坏了说，是为消费行为提供了毫无人性根基的伪科学理论。话虽如此，日常行为方式可能比纯粹知觉方式要好一些。纯粹知觉方式完全不以经验行为观察为基础。

传统观点认为，学者的孩子倾向于在餐桌上进行讨论、阅读书架上的书籍、在网上搜索资源、做学问。一般来讲，这些行为都是很有益的习惯。但是他们通常缺乏实践或商业技能。警察的孩子学会维护秩序、服务社区，并且大部分孩子走向职业警察道路。高层管理人员的孩子以长辈为榜样学习商业知识，学会创造物质价值。如今，他们还倾向于学习人员管理，这是一项非常重要的技能。工程师的孩子会模仿另一种职业行为，学习拆装机器，从而学会创新，他们在理解科学和技术方面有明显的优势。企业家的孩子学会接受挑战，学会应对这些挑战的风险，从而认识到承担巨大风险的价值（他们偶尔也学到创业失败的经验）。

如果不指出人们可以（在某种程度上）脱离他们的成长环境，那么上述情况就接近决定论了。有些孩子甚至刻意进入与父母不同的行业，他们可能会叛逆很长时间，甚至一辈子。其原因很简单，对于那些觉得需要、想要并最终逃离了童年的人来说，这是一件非常困难但很荣耀的事情。例如，尽管笔者的成长经历已经给了作为知识分子的经验，但笔者仍然花了近五十年的时间才意识到，自己更适合作为一个知识分子，而不是企业高管，身兼企业家和企业接头人。有很多人都非常抗拒自己的童年经历，以致不能直观地看待自己的成长经历带来的正面影响，而是把它看作被命运所迫。

同龄伙伴间的学习也很重要，例如长期受彼此兴趣影响的同龄孩子之间的学习，此类学习叫作社会学习。这些习惯反而成了定义社会群体独特性的结构化工具（传统行为模式）。这些行为方式成了"真正重要的事情"，它与人们与生俱来的神经可塑性无关，人们甚至可以通过足够的努力激发它。

关于变革的思绪整合

涂尔干和布尔迪厄都是"功能主义"思想家。对他们来说，每件事都有一个"目标"，但是目标的全貌并不是对所有人来说显而易见的。相对于部分人的想法，这种思路使人们更容易理解如何应对大规模的变革。因为它解释了人们身在其中仍然感到"还好"的原因。

韦伯和马克思都未能解释个人如何应对自己的困境。因为马克思过分强调公平性，所以把问题的原因归结为个人反叛。涂尔干的观点对现代的人们仍有教育意义，他认为事物的功能是相对静止的，只是功能的角色可能会改变，有时改变得很彻底，然而不会改变"生命在延续"这一基本理解。涂尔干的观点为理解变革、危机或创新提供了有益的洞见。事实上，人们在相信集体价值观的同时，也对某些过分优先考虑群体、忽视个体表现的做法提出了异议。

虽然马克思、韦伯和涂尔干关于技术进步对集体和个体的影响持有不同的看法，但是，在变革对集体或个体造成了影响这一点上，具有相同的观点。社会学家也难以分辨这两者的区别。即使对两百年前的变革（工业革命及其后果），至今仍很难理解其过程。引起变革的最重要的因素是什么？为什么世界上有些地方的工业化比其他地方快得多？为什么有些个体或社会群体坚持拒绝而不是接受变革？如果接受这种变革，那么引起变革的社会原因和其后果仍被笼罩在神秘之中，人们怎么才能完全理解自己周围正在发生的这一切？当然，随着时间的推移，解释变革的过程越来越难，因为新的因素不断地增多。历史也许不是一个完美的行为指南，但绝对不要拒绝历史的教训。

历史背景下的技术浪潮

只有理解长期的历史背景才能更好地揭开变革之谜。因为技术浪潮的

6

影响力总能在整体生产力中发挥作用，所以几百年之后的今天，人们开始认识到历史上的某个技术浪潮几年后都会被视为经济浪潮。然而，正如马克思、韦伯和涂尔干所解释的，人们可以从社会浪潮的角度理解技术浪潮的影响。当人们把技术视为社会基础建设的一部分时，这种逐渐变迁的过程也会发生在社会发展的进程中。

并不是所有的技术都能达到极致的成熟而满足所有的需求。以铁路基础设施为例，基础设施平台的重要性远远超过行驶在其上的列车。对于那些要求更快的火车、更好的汽车或更稳定的计算机的消费者来说，技术的发展往往满足不了他们的需求。

作为消费者，人们一般（徒劳地）相信技术让世界变得更好。事实上，技术所做的只是让世界变得不同，并且通常（至少成功的时候）让事情变得更标准化。持续的改进（如果足够幸运的话）都是取决于以有效的方式使用技术。因此，需要了解列车往哪个方向走、汽车的哪些特性更重要、计算机到底能做什么等问题。难道它们只是生产工具、娱乐设备，还是一种控制机器，或者在某种情况下，是以上的所有问题呢？

这些问题远比建立任何一项技术原型要复杂得多。而且，这些技术的发明者、工程师或供应商也很难回答或影响这些问题。从历史上看，更是如此。因为早期的技术浪潮中关于用户测试和设计思路的洞察力并不是普遍存在的。某种程度上，不得不把技术的成功看作一种运气。

第二次工业革命

第二次工业革命给人类带来了火车、电力和电话。紧随其后，很多观察者开始认为后工业动力已经启动，驱动所有变革的是服务业而非科技。1976年，丹尼尔·贝尔（Daniel Bell）出版了《后工业社会的到来：社会预测的风险》(*The Coming of Post-Industrial Society：A Venture in Social Forecasting*)。书中陈述了美国服务业和新一类专业人员的崛起证明了科技已经走到了尽头。

在某些方面，一些像贝尔这样的观察者认为"所有的东西都已经被创造出来了"，人们要做的就是看着历史的发展，让技术"服务"社会，以技术为工具更有效地相互服务。

人们把技术简单地归结为一种提高生产效率的手段，而制造业仅仅是产生目的的手段。人们现在正在进入一个较为明智的时代，在这个时代，制造业将重新获得一些地位，且作为一个合法的行业，正在发挥其基本功能，但获得这种意识的过程一直很缓慢。

知识和人力资本变成了关键因素。为什么是知识？因为了解是什么（洞察力）是了解为什么（技术）的一个重要前提。在以人为中心的世界观中，机器仅仅是个工具，是人类统治一切的工具。这种观点让人感到些许欣慰。同样，人们应该把重点放在文献、学术、思考和对已有技术管理技能的建立上，而不是放在行动上。

发明和创新的真正源泉是知识，还是物质变革和技术？很显然，这取决于发明和创新的定义，几十年来，这似乎是一个准确的描述。1930年至1970年，几乎没有什么真正新颖的发明。就像笔者认为喷气式发动机（1930）发明于上一创新周期的末尾，软冰淇淋（1938）、自动取款机（1939）、强力胶（1942）、微波炉（1945）、避孕药（1960），当然还有冻干咖啡（1964）。笔者认为，光纤电缆（1952）也是惊人的发明。当时，除了以上提到的发明，也有一些不为人知的创新正在进行，但是在那个年代没有取得成果。

当时，不仅是社会在驾驭并调整着技术浪潮。事实上，以上提到的许多创新在更大的范围内是微不足道的，它们只是缓慢而持续的创新曲线上的几个小峰值而已。当时是以大萧条为主导的时代，随后是一场世界大战，接着是大规模社会重建和相应的经济发展。

虽然技术变革是渐进的，但这并不意味着它是微不足道的。当时的技术变革不具有颠覆性，正因为如此，它很可能被新的专业阶层所利用。这些人不了解技术细节，但他们可以控制技术变革。

随着企业的发展，员工管理原则的需求不断增多，工业界涌现了专业管理团队。管理实践催生了管理学院，MBA（工商管理硕士）学位由此诞生。1908年，哈佛大学颁发了第一个MBA学位，但它直到20世纪50年代才成为全球认可的学位。这一切能对工作场所正在发生的变化应对自如。但是，众所周知，历史往往会变得更加复杂。

随着基础设施在政府的即时控制之外发展，也许为了达到更高效率而逐渐解除管制，新兴平台开始合并，开始紧密互动。然而，似乎是"出人意料地"，另一波技术浪潮从20世纪70年代中期开始出现了。例如，GPS（1973），即全球定位系统、MRI（1977），即核磁共振成像技术，以及在美国及英国军方和工业实验室酝酿了30年之久的数字化技术。起初，这只是数字运算游戏，而且在独立机器上运行。类似统计、加密和天气预测等应用程序很重要，但是当时只能做到这个程度。当时的创新算不上惊天动地，部分原因是使用案例有限。另外，技术还未能达到全范围发展。

1990年至2010年的消费者技术的剧变

1990年，互联网电子商务（1991）和WiFi（1997）催生了第三次工业革命、互联网和网购。有了电子商务和现在的区块链技术，交易可在去中心化的模式下进行。人工智能已经应用于图像识别、棋类智能和分析。虽然人们仍然不清楚这些技术会带来什么样的变革，但至少可以推测它们的未来。为什么？因为如此多的新技术的融合必定带来交织的、广泛的、潜在的影响。

21世纪初，有一系列里程碑式的伟大发明，包括：iPod（2001）、夏普和三星的第一代照相手机、利用蔡司光学技术的诺基亚N90手机、人类基因组计划（2003）发布的人类DNA的最终测序、Skype（2003）语音通话、聚友网（MySpace，2003）、脸书①（Facebook，2004）、油管（YouTube，2005）、推特（Twitter，2006）、苹果手机（iPhone，2007）、亚马逊Kindle电子书阅读器（2007）以及其他（Forrest，2015）。

环境的反击：自2019年开始的新型冠状病毒

历史偶尔会给人类带来出乎意料的事件——很少发生，所以只是当时看起来是出乎意料的。本书不详细讲述新型冠状病毒的影响。然而，这次的新冠肺炎疫情暴发将极大地影响未来十年的技术发展方向。新型冠状病毒的大规模流行将引发第三次工业革命后本不应该这么快到来的第四次工业革命。

这场革命会带来的不可避免的影响还未完全显露，但是很显然与应对肆虐型大规模传染病的社会应急系统有关，与应对这种不断增高的风险带来的负面影响而实施的一系列社会实践有关。某种程度上，这次新型冠状病毒的暴发很可能是一场为更严重的流行病的"彩排"，也可能是为人类要面临的最大危机，即灭绝性的气候变化，做了一次"彩排"。除此之外，新的技术使得第三次工业革命带来的技术得到更成熟、更广泛的应用。最后，人们将看到几百年来最严重的分歧：一种是完全接受并能够维持系统性风险，另一种是不接受此类风险。

虽然人们可以通过回顾以往的工业革命降低某个单一因素驱使的变

---

① 脸书（Facebook），现已更名为元宇宙（Meta）。因原书出版时间早于脸书更名时间，故本书仍称其为脸书（Facebook）。—— 编者注

革，比如技术、政治、创新或消费需求，但人们必须避免对这些变革的原因过度简单地解释。技术、政治、创新和消费需求都是变革的重要因素，但每一项仅仅是促成因素。促使变革的不仅仅是技能、技术、政治、人力资本。相反，变革是由这四种因素的相互作用导致的。新冠肺炎疫情暴发过程中，变革是由人类和人类生存的生态环境间的交互，更有可能是人类与野生动物（例如，人畜共患传染病的传播）间的交互导致的。为深入理解变革的起因，人们需要非常仔细地观察每个因素。

通过分析技术的目的来理解技术

本书阐述什么样的趋势会导致新技术的产生，以及伴随新技术的产生会有哪些趋势，而非讨论技术本身。本书的大部分篇幅里，力图说明技术如何产生和怎样被应用的常青法则，以及人们该如何应对它们。技术意味着"知道如何去做"。技术只是其中一个因素，甚至并不总是最关键的一个。知道如何做某事并不能帮助人们理解：它的使用动机是什么（社会）、是什么在驱使它改进（创新）、避免它滥用的保障措施是什么（监管）等。

被误导的STEM概念

具有讽刺意味的是，只有技术素养，即STEM（是指在科学、技术、工程和数学中，推广某种基本知识的能力）的某一方面在基础教育和大学里成了一种真正的基本技能。正如人们看到的，专注这样一套有限的工具技能是令人羡慕的，但也是缺乏远见的。

简单地说，STEM不是STEM的本质。真正理解STEM的潜能需要深度了解基本原理、技术的真正含义以及可能使用的潜在案例。甚至有一种观点认为，不理解STEM就不能有效地教授STEM（NEET，2020）。因此，有些顶尖工学院开始修改他们的课程体系以满足学术的需求和现有的技术知识。

与其他新技术一样，"大数据"也是新技术的产物。数据本身（即使是大量的数据）不具有任何意义。人们创造低成本传感器来收集各种数据，例如，环境温度，甚至人类情感数据。关键是人们能从这些数据中挖掘或解决什么？在科学中，基于不充足的或错误的前提快速得出的结论被称为谬论（IEP，2020）。这里讨论的是典型的"缺陷归纳谬论"。对事物现象的简单观测并不一定得出正确的理论解释。大量的数据只会导致更多的虚假关联，这些共存的关联使人们迅速地将其视为因果关系。人们更需要了解，是什么将这个世界联系在一起。

21世纪的新挑战：什么是未来技术

在本书中，笔者提出一个简单的问题：作为商业人士、政策制定者和企业家，应该如何应对将塑造未来10年的更深层次的技术趋势？笔者还恳请读者自己做研究，对于什么是一时的流行，什么是持久的、颠覆性的变革进行更深层的了解。对于技术而言，深度理解是至关重要的。我们要做更多的功课、在调查的基础上形成自己有见地的观点，不依赖随机的时讯或标题党式咨询公司的年度新兴技术报告。

本书重点关注3~5年，甚至是10年范围内，与各行业和社会直接相关的新兴技术。其中的许多科学技术将促进持久的变革，最终成为有价值的平台。我们不知道它们将孵化怎样的创新、商用模式和社会实践。

主要颠覆性力量

本书的1~6章是关于技术的宏观观点。它是如何在社会中发挥作用的？它受哪些因素的影响？在这10年里哪些技术更重要？

在第1章中，笔者阐述了变革的阻力，包括技术、政治、商业、社会和周围的环境。跟踪新兴技术、政策、商业活动和社会动态中的变革可以帮助人们决定优先追逐什么，了解哪些相互关系，以及填补哪些空白。这远比简单地追求热门技术和追逐互联网信息更有意义。更深层次地挖掘和理解以上四个影响因素才是分析变革的真正意义所在。这也是本书的后续章节存在的意义。

科技如何促进创新

在第2章中，笔者调研科学技术如何以不同的方式促进创新。笔者主要通过平台技术、分类和技术可视化三个视角进行阐述。

政府政策规范科技领域的竞争环境

在第3章中，阐述了政府的交互对新兴市场的影响，这些新兴市场往往是由创新带来的。虽然许多人认为，政府的标准化、禁令或详细规则限制或减缓了创新，但是事实上，政府建立了公平的竞技环境，政府监管有利于平等的市场准入，保护消费者，维持公共安全，例如一款新兴药物上市之前的临床试验。那些试图在"受监管"的行业内不顾监管进行创新的人很可能遭受挫折。初创公司23andME就是一个恰当的例子，它错误地认为初创公司允许向消费者传达严重健康问题，而FDA（美国食品药品监督管理局）发现了这一点。

商业模式的兴起

在本书中，笔者不会花费太多的时间思考商业模式。但是，在第4章中，笔者揭示了商业模式如何成为创新的主要工具。今天的新兴商业模式几乎能立即重塑工业界。也许最好的商业模式是创建一家初创公司，本书将特别关注一些独角兽创业公司，比如共享经济公司优步（Uber）、爱彼迎（Airbnb）。然而，从如今的新兴商业模式很难预判未来的模式。相反，为把握机会，人们必须不断地寻找这样的新鲜事物。

推动和激发技术的社会动态性

在第5章中，笔者强调社会动态性在人们接受某种发展趋势中的作用。社会动态性（人们对某种趋势"理解"或"接受"）通过纯粹数量的力量就能抢占先机或阻止技术的发展。消费者在零售行业具有极大的影响力，甚至超过了商铺、供应商以及B2C企业家。在第5章中，笔者讨论了这种影响力的持续性，以及所有权、定价、产品策略、实体经济和其他相关问题。第5章还涉及消费心态学背后的科学，它是由剑桥分析（Cambridge Analytica）公司的民意测试而广为人知。值得一提的是，消费心态学还比较传统，没有初始设想那么强大。

近10年的技术

在第6章中，笔者深入探讨了5种现代的新技术：人工智能、区块链、机器人技术、合成生物学和3D打印。为什么是这几种技术呢？因为它们相互作用，为技术、生物、材料、社会和心理学等学科发展创造了前所未有的可能性。利用这些技术，一堵墙、一块布、一个人，这些普通而被人们熟知的名词，可能会变得与它们一千年前大不相同。这是如何发生的呢？这可能需要10页的篇幅来解释。为了让读者概括性地了解这些日复一日、年复一年在发生的变革，就需要简略描述以下问题：如今的每一项科技能够做什么？10年后这些科技能达到什么程度？人们应该关注哪些人（科学家、创新者、创业者）？人们应该读哪些书（出版物）？人们应该参加什么类型的科技论坛？

微观视角：人们如何应对颠覆

在本书的7～9章，笔者重点描述人们如何才能更好地武装自己，在个人生活和职业生涯中利用颠覆性的力量，以便更好地理解和受益于变革。

21世纪的博学者

在第7章中，笔者概述了新环境中的个人成长机会。具体来说，包括：如何成为"T型"专家、如何成为更有用的"Pi型"专家（至少在两个领域有深刻洞察力的人，有人将其称为"TT型"或π型），他们是变革的调味剂，甚至如何成为对多个领域具有深厚理解的博学者（他们是变革的食谱）。理想状态是他们成为多个（十几个）领域的专家，并通过深入地研究这些领域，获得的成果能够造福人类。此类重任不应该只由精英阶层来担负，而应该是赋予全社会共同担负的一种普遍的能力。

个性化的洞察力

在第8章中，笔者给出一些建议性的方法来帮助人们解决未来的问题。适用于跟踪未来趋势的方法有很多，包括唾手可得的方法（订阅市场调研、利用消费者搜索引擎），传统的方法（行业协会时讯和其他收集性材料），耗时的方法（参与行业活动），费用昂贵的方法（聘用策略顾问），新颖的方法（按需专家网络），内部方法（策略、内部咨询、研发团队）或者依靠合作方（大学、金融公司、风投公司等）的方法。鉴于当今不断变化的知识需求，这些方法都不能孤立地发挥作用。随着网上内容搜索复杂性的增加，搜索方法也在不断地发展。既然方法在进化，人们作为方法的使用者也应随之进化。未来的赢家将获得个性化的成长工具。这是什么意思？简单地说，人们需要多样化的方法来获取和处理信息、做出决策和提高执行力。无论做什么事情都不要独断专行，否则一定失败。

人机共生的现实观点

在第9章中，笔者建议人们应有坚定的立场接受人机解决方案。积极寻求各种可能的机器智能和硬件的结合。正如其他聪明的人们正在做的，确保花足够的时间来训练所能掌握的最先进的人工智能（AI）技术。未来3~5年，乃至10年，重点将是增强人类的能力，而不是用人工智能嵌入的机器来完全取代人类。

变革的悲与喜——人类的进步

笔者在此总结了变革带来的悲喜交加。所有趋势都指向这样一个事实：到2030年，除非人类采取行动，否则全球劳动力将由一批具有机器人智能的知识工作者控制，到下一代，角色可能颠倒。人们可能会看到这样一个场景，那里有一支人工智能军队（机器人或者软件）和一小群人类（希望如此）在控制和提高生产力。

这样的发展趋势既是危机也是机遇，这取决于人们对工作的重视程度。早在1930年，美国经济学家约翰·梅纳德·凯恩斯（John Maynard Keynes）预测，社会将繁荣到很少有人需要工作的程度（Rosen，2016）。事实证明，人类生产率的提高并没有为人类带来更多闲暇时间，即使对精英阶层也是如此（当然也有例外）。为什么人类还需要长时间的工作？当然不是等待机器人来代替。人类工作是因为这是人类的基本功能，而且这一功能不会在短期内改变，人类只是更换一种工作方式而已。制造业研究所的技能缺口研究（2018年）预测，至2028年，将有大约240万名制造业熟练工的岗位空缺。

获取剩余价值的策略往往与技术相关。科技成为主要因素之前，从颠覆性的行业趋势中获取剩余价值的策略基本保持不变。为了获取价值，人们需要在价值出现之前或人们熟知价值之前，深刻理解价值是什么。

超越纯粹经济学的社会价值问题

然而，整个价值问题的确更加复杂。正如威滕伯格-考克斯（Wittenberg-Cox）（2020）所写，一群女性经济学家——埃丝特·迪弗洛（Esther Duflo）、斯蒂芬妮·凯尔顿（Stephanie Kelton）、玛丽安娜·马祖卡托（Mariana Mazzucato）、卡洛塔·佩雷斯（Carlota Perez）、凯特·拉沃斯（Kate Raworth）——开始质疑价值问题的本质。传统上，用货币来定义经济价值，那么有没有更宽泛的经济价值的概念可以包括它如何为人服务？以国内生产总值（GDP）的概念为例，它忽略了无偿劳动价值，例如，家务和养育子女等。有时还与可持续发展背道而驰，因为它还为武器或石化燃料提供资金。最后，威滕伯格-考克斯提到，卡洛塔·佩雷斯的观点提醒人们，新的增长总是被渴望所激励，而非内疚和恐惧。

基于这种观点，正如笔者的同事，未来学家阿尔文·托夫勒（Alvin Toffler）在1970年出版的《未来的冲击》（*Future Shock*）中描述的那样，未来不会引起焦虑。尽管未来刚刚开始，我们对未来的理解已经有了长足的进步。无论作为个人还是集体，如果人们不断地分享知识，不停地学习，技术的未来将是光明的，并且可以服务于人类，实现未来人类更大的目标，即全人类的繁荣和发展。

关键要点和思考

1. 技术变革是复杂的，我们要寻找简化的方式去理解它。如何用自己的语言描述技术的发展？试着写下几项你所关心的技术，并用一两句话，描述你所知的它们的起源。

2. 回顾第一次和第二次工业革命，再想想如今正在发生什么。你更喜欢生活在哪个时期？你认为哪个时期更繁荣？你认为哪个时期更重要？

3. 设想一种新的框架，颠覆性因素。你能用自己的语言描述每个因素吗？你最熟悉哪一个？哪一个需要投入更多的时间和精力厘清？

4. 对社会价值和经济价值的概念进行比较，考虑目前每种价值是如何被衡量的。人类的哪些活动贡献了真正的价值？什么是衡量价值的公平标准？

01

颠覆性力量：技术、政策、商业模式、社会动态和环境

在这一章里，笔者解释了颠覆性力量：技术、政策、商业模式、社会动态和围绕着它们的背景环境。跟踪新兴技术中的变革，试图确定变革政策或预测法规的改革，深入理解组织机构部署各种商业模式的原因，思考社会运动的出现和影响、消费者维权行为等社会运动，可以帮助人们决定要追逐哪些关键事项，要关注哪些相互关系，要填补哪些空白。虽然这听起来很简单，而且颠覆性框架（历史上有很多其他名字）也没有什么神奇之处，但要在任何需要的领域迅速地、系统地、彻底地进行研究，还是相当复杂的。不过，可以确定的是，这是一个比简单地追逐热门技术和浏览网上能找到的任何信息要好得多的方法。后续章节会分别详细地讨论每种力量，而本章是一个概述。本章还引入了笔者称之为创新生物圈的"活体"概念，来解释这些力量是如何相互关联的。

如何选择关注哪些技术

作为美国麻省理工学院的创新媒体人，笔者会见了来自世界各地的首席执行官、战略家、创新经理人、研发总监和业务部门领导人。他们中的大多数人对那些影响他们业务的特定技术更感兴趣。但这些人通常都带着一些已经确认过的概念而来，这无可厚非，笔者相信他们中的大多数人都会同意：他们确认过的这些概念总是可以改进的。本书的内容是笔者自己的观点。在这一章中，笔者最重要的任务是想说明，如果没有选择特定的技术来深入讨论，就相当于没有讨论技术。而且如果不这么做，就会因为本书讨论的概念太宽泛，以致别人很难知道本书在说什么。

不知出于什么原因，本人遇到的高管通常只列出他们正在研究的3~5种技术，也许是因为很难再专注更多的技术了。降低复杂性是一种必要且通常有效的策略，但这也是有风险的。公司（和个人）的优先事项往往是奇数，例如3、5，最多到7。一旦到了10，虽然是一个短列表，但对大多数组织来说，已经难以对这些事项进行深度跟踪了，除非他们有一个研发实验室，能够专门进行外部调研工作。一旦将重点归结为3种技术，就会很轻松，但有一个问题是，这通常是以丢失一些信息为代价的，这些信息已经或将变得对你的业务非常重要。另一个问题是，起作用的并不是技术，而是你能够认识到，你要解决的具体的商业挑战是什么？通常有很多方法来应对一个特定的挑战，技术固然重要，但也只是其中一个因素。

技术趋势的神话是如何产生的

技术每年都在"变化"，这意味着重点、研发进度，甚至潜在的用例都可能会扩大甚至收缩。尽管如此，在过去的每一年里，各行业的技术调研员提到的关键技术看起来都非常相似。而业界的讨论倾向于紧随高德纳

公司（Gartner）、弗雷斯特公司（Forrester）、麦肯锡公司（McKinsey）或德勤公司（Deloitte）的技术报告，偶尔也会关注世界经济论坛（World Economy Forum）、麻省理工学院或其他人的年度"新技术趋势"报告。

每个行业往往也有一些自己喜欢的分析公司，这些公司仅仅是对特定行业有较大的影响力，但也不是特别大。例如，制造业中的沃勒斯报告（Wohlers Report）；在互联网风投行业，有玛丽·米克的报告（Mary Meeker's Report）；区块链中有瑞安·塞尔基斯的加密论文（Ryan Selkis' Crypto Theses）。这些报告非常有用，因为它们把过去一年发生的事情归纳为明显的趋势和感兴趣的话题。

然而，这些公司在撰写和宣传这些报告时，会根据特定年份的一套（或更多）重要技术，来制造一个传奇故事。但技术（或商业）的发展并非如此。而是研究公司为了让自己所做的工作更具吸引力，需要并且愿意把这些投入市场，这是商业逻辑。这些并不是没有用，但只有这些是不够的。

尽管笔者一直信奉简单化和去除噪声，但这仍然让人担忧。在这么复杂的情况下，怎样才能将镜头焦距缩小，以使人们只专注3个来源的5～7件事情？而且，他们必须使用的镜头还包括所效力的公司以及所处的行业和具体部门。面对巨大的复杂性，仅仅用"人工智能"这个词就能概括吗？显然不能。

技术可能是答案，但问题是什么

当然，怎样提问也是问题本身的一部分。当改变问题的时候，企业高管和创新技术调研人员面临的真正挑战就会浮出水面，这让问题变得更容易。笔者的方法总是触及他们问题背后的核心挑战，为了做到这一点，笔者倾向于让他们将讨论范围缩小到一至两个问题。这对他们来说通常是很容易做到的，而一旦揭示了公司的商业挑战（他们并不总是打算揭示），他们会非常迅速地聚焦真正关注的技术，或者是对真实商业挑战的具体化，而这正是他们的首席执行官或领导团队所关注的。这个问题通常与效率有关，或是与开发新的突破性产品有关。

质疑2016年至2021年的技术流行语

2016年，一切都是关于物联网的（IoT）。2017年的主题是人工智能。2018年是关于量子计算的。2019年，人们似乎迷恋于沉浸式体验、自动驾驶的愿景，以及对网络安全不足的担忧。到2020年，基于物联网的突破和5G移动网络的广泛可用性，沉浸式体验以增强现实（Augmented Reality，AR）的形式出现。对于那些不太了解这些流行语的人来说，他们可能仍然在谈论大数据。2021年，[①]笔者预测供应链问题（安全性、自动化、机器人、3D定位等方面）、在线学习和医疗保健领域的人工智能等主题将被广泛讨论，它们甚至在新冠肺炎疫情暴发之前就已成为候选话题。待疫情过后，供应链、增强现实、在线学习、医疗人工智能将走向最前沿。

工业界理解的技术与学术界理解的技术

麻省理工学院员工和企业高管之间的技术探索会议阐明了一个需要注意的陷阱：咨询团队通过几个月的忙碌工作，查看了大量的开放资源，并创建了一份趋势报告，可以恰当地总结出当前的趋势。

与此形成鲜明对比的是，学术界花了数年甚至几十年的时间，才达到将人工智能或量子计算机从单纯的科学兴趣发展到实际应用的地步。尽管顶尖工程学院的学者在学术和行业问题之间的转换方面已经越来越有经验了，但他们对自己领域知识的工业背景并没有那么清楚，仍然需要与行业技术调研员或部门技术主管沟通。

---

① 本书原版于2021年出版。——编者注

22

有时，两者之间也缺乏尊重。学术界会认为工业界不懂科研，而通过过度补充来声称他们理解工业界的担忧。工业界可能会认为学术界不太关心他们的商业利益，也会通过过度补充来声称他们的研发实验室在技术方面与高校的实验室一样先进（在极少数情况下，他们是对的）。

当一项技术变得有用时，这个判断是以何种简单的方式进行决策的？此外，工业界的问题有时会直接影响学术界工作，因此，这些咨询报告有时在两者之间是不必要的。不管怎样，人们至少有3种不同的方式来谈论技术——工业方式、咨询方式和学术方式。再加上新闻视角（虽然是科学报道，若做得好的话，也会非常成功地跨越这些领域），那么人们就有4种方法来描述同一件事了。

历史上技术预测的糟糕表现

历史表明，有很多趋势报告预测了错误的趋势。例如，预计人工智能将在20世纪70年代发挥重要作用。当前由于神经网络技术的突破，虽然已经经历了10年的高速发展期，但由于人工智能总体进展陷入停滞，它可能会迎来另外一个冬天（主要是因为工业领域对数据计算和图像分析需求高但一直以来又被忽视，需要等待更好的方法来解决）。与此同时，工业界将继续受益于机器学习的进步，从而提高分析能力，简化业务操作。机器人技术至少有30年的持续炒作，然后是10年的沉寂，直到5年前突然爆发。这场新冠肺炎疫情使制造业中的机器人技术从探索转向实现。

历史告诉人们，未来无法预测。这样说是因为，有的人在过去几十年里花了大量时间研究、实践新兴技术和趋势，并为公司提供建议。然而，严肃的未来学家很久以前就不再预测未来了。相反，人们会围绕各种情景提出建议，描绘图景，让高管想象他们可能要应对的事情，以及如果目前的预测是正确的，他们将如何处理。此外，真正的挑战是预测"什么时候"，而不是预测"是什么"，因为一般能够预测的"是什么"通常是已知的。

为什么会有颠覆性力量的框架，它们是如何协同工作的

影响社会的力量有很多，技术只是其中之一，这说起来简单，但是要证明哪一种力量最重要，则是一件非常困难的事情。更困难的是选择一种技术，并解释它是如何出现的，以及它将如何变化。

出于目的性，笔者将重点介绍四种主要的颠覆性力量：技术、政策、商业、社会力量，以及另外一种"超级力量"——它们周围的环境。这种方法的另外一个名称是PEST框架（Hague, 2019）或PESTLE框架（CIPD, 2020），偶尔也包括诸如法律效力、人口统计，甚至伦理的因素。于笔者而言，政策和法规是高度相关的，因为没有法律的审查、执行和裁决，就没有有效的政策，所以它们是在同一把伞下。人口统计学是社会力量的一个子力量，这样人们才能充分地理解它。伦理应该是整个框架的首要关注点，因为它只从它的发言人那里，获取合法性和强制性，而不仅仅是它本身。

另外，PESTLE通常用于理解外部挑战，但内部组织的挑战可能更有害，或者更好的是，可能有助于深入理解和进一步推进。因此，在本书中，也会用这些力量来解释组织内部的动态变化，没有这些，就没办法进行深入的分析。

严谨概念的重要性

其关键点在于，尽管选取技术、政治、经济、社会阶层和环境演变作为相关因素的基本原理是无可争论的，但部署一个经验衍生的战略框架不仅仅是选择哪种力量。需要指出的是，无论是在时间上还是在功能上，技术之间并不是互相独立的，也不是一些技术先于其他技术。

相反，真正的魔力在于支撑它们的概念框架。在这种框架中，它们相互关联，互相作用，相互提供经验证据。很多时候，人们认为自己观察到的东西在分析中很重要，但仍然需要通过做研究来验证。实地经验也可能

演变得相当快，因此必须实时更新观察结果。

将心智模型置入系统

一位网名为"法纳姆街的沙恩·帕里什"（Farnam Street's Shane Parrish）的博主发布的"知识项目"博客广为流传，并深受欢迎，笔者也十分喜欢。它痴迷于心智模型，将其定义为"某事物运作的表征"，是捕捉当今现实的基础。帕里什创建了一个由随机收集的109个心智模型组成的格子，试图证明人们需要一个关于现实如何运转的假设（这是一个很好的假设）。然而，用足够的证据来证明每一个选项都有贡献，却是一件非常困难的事情。这种方法是归纳和迭代的，具有初步吸引力，但仍然没有内部结构和系统的变革理论作为支撑。

一部分问题在于，"心智"（mental）这个词在构成一个模型方面并不一定有用。人们应该瞄准的是现实的模型。当然，这些模型只不过是你信任的任何一个社区所共享的心智模型，你可以验证它们。简单罗列这些缺乏统一概念框架的心智模型的危险在于，它有可能声称任何观察到的现象都是一般的、普遍有效的。它有可能使我们陷入逻辑谬误。无论何时应用何种模型，包括策略框架（如颠覆性力量），都必须认识到这是一种极度地简化，并不是在所有情况下都有效。甚至笔者在介绍颠覆性力量的每个章节中将讨论的次级力量的运作方式，也可能因环境而改变。

需要明确的是，无论是有系统的理论（可能是错误的理论）或是没有（你没有了图谱）都可能存在问题。人们需要的是一种经验主义的心态，这种心态会不断地将直觉和理论与事实和观察进行对照，并允许人们在不感到沮丧的情况下调整路线。

如果没有一套严格的、由经验推导出的、关于每种颠覆性力量是如何真正发挥作用的观察，人们所做的一切就像是一篇关于"各个方面"的高中作业。顺便说一句，这就是许多人完全否定社会科学的原因之一。他们认为，人们生活的这个社会，任何事情"似乎"都很容易解释，那么事情的运作方式必然也就很容易掌握。然而来自其他领域的大量证据证明，这根本不是真的。在这本书中，笔者证明了人们必须要有非常具体和精确的分析，才能理解技术是如何发展、改变和影响世界的。

在咨询中，心智模型通常呈现出一种简单的形式，比如以"观点"（point of view, POV）的形式呈现。顾问们的想法是，在帮助特定领域的客户时，需要让他们知道自己在说什么，而不是走"新手"路线。同样的挑战是，每一个"观点"只能看到眼前的事物，而这可能会影响客户。这就是为什么笔者本人通常在集体意识上或是商业活动中，不建议使用"观点"。"观点"是极度私密的，当它被分享时（如在一组知情的参与者之间达成的协议），一定是经过深思熟虑后才公开的，会给人留下深刻的印象，并可能导致联合行动。然而，在这些模型被真正共享（并被彻底讨论）之前，它们不应该只是以共享的形式呈现。大多数咨询"观点"都属于这一类，而这没有任何价值。

简化但不假定全部知识

跟踪新兴技术、政策、业务和社会动态的变化，可以帮助人们确定需要关注哪些优先事项、需要注意哪些相互关系以及需要填补哪些空白。关注变化有助于解锁模式，以便更好地了解未来的发展，但变化本身并不能得到保证。变化的速度、方向和性质可能会在一瞬间发生变化。变化取决于科学的进步、产品的形成、资金和其他无数的事情，本书将详细介绍这些。

虽然过于简单，但与追逐"所有"最热门的技术和追踪在互联网上能找到的任何信息相比，提取颠覆性力量是一个好得多的方法。它也被称为上层建筑，人们可以在里面放上自己的思维模式、概念框架或经验，不管用什么语言，都可以对它们进行理想化地测试。

通过与世界上最先进组织的合作，笔者将许多著名战略框架的经验

综合到了一起，这就是：行业颠覆性环境框架（FIDEF），或者简单地说，"颠覆性力量"。人们可以用它来了解未来的技术发展（也是本书所要做的），或者理解影响组织的外部力量（可以使用PESTLE框架），同样可以使用它来理解自己的组织或比较两个组织（可能会用到基准测试框架）。然而，下面的章节中描述的次级力量是专门为理解技术而设计的。

五个面向未来的活动领域

这个框架将影响我们这个时代的变化的五个同样重要的因素结合起来。最重要的是，这个框架揭示了如何从与技术发展交织在一起的颠覆性行业趋势中获取价值。

顺便说一句，比起简单地描述更广泛的活动领域，例如技术部门（或当今所有技术的总和）、政治（各种形式）、商业世界（一般意义上）或经济（被理解为宏观经济环境），甚至任何社会现象（整个社会学领域），以这种方式理解，主题要窄得多。这就是与早期这类框架区别最明显的地方。

每一个颠覆性力量都会指向特定的活动领域。这样看，每一种力量不仅仅是一个方便的主题包，而且能够跟踪其他一些相关的主题。如图1.1所示，这些力量也可以理解为简单的标题，或者可以为每个力量增加一点特殊性。这五种力量是：①技术；②政策和法规；③商业模式和行业或市场关注点；④社会和文化动态、用户关注点和消费者；⑤环境足迹，例如，物理环境与人类活动直接相交的地方或过程。框架是相同的，但每一个都有较多的颜色和专属特性。

事实上，将这五种力量视为具体的、持续的活动领域最简单的方法是：技术发展、当前或预期的政策和法规、积极发展的商业模式或被低

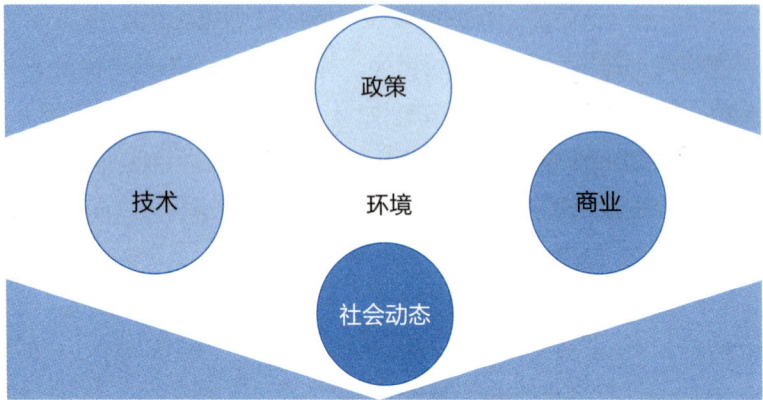

图 1.1　工业颠覆的社会－生物学力量

估的社会动态方面（通常理解为社会运动或消费者动态），以及城市的扩张、其他已建成的基础设施进入以前从未受干扰的自然环境、人为的污染。以这种方式，目的就会变得非常清楚了。而且，需要指出的是，从这个角度来看，颠覆性力量比头脑风暴框架要具体得多，在这个框架下，任何事物之间都能互相匹配，这是典型的PEST框架在MBA案例教育中的使用方法。

　　以下将详细分析每一个问题，并在具体的章节中展示几个实质性的例子。

社会和文化的动态性

　　我们先从社会动态性开始，这样做的部分原因是大多数人认为它是技术的反动力量。也有可能是另一种情况：首先，整个社会根据现有的技术，伴随着某些挑战，为一项新的科学发现做好准备；然后作为对挑战的回应，发明出新技术，或者只是作为一些完全不同的事情的副产品而出现。

建立在消费者市场上的公司都在关注这一点。他们不再坐在内部研发实验室里试图重新发明自己的产品。相反，他们会提出一些想法、原型和小型产品线扩展，然后邀请消费者进行测试，以确定这些想法是否具有吸引力，需要如何进行修改，以适合未来的市场，并扩大规模。建立在早期用户重要性基础上的，去尝试构建重要的东西，这样的一个完整的产品开发范式叫作设计思维（Brown，2009）。

商业模式和工业与市场的关注点

商业模式过去很常见：你在市场上买卖产品，而市场通常是市中心的实体市场。然后，贸易转移到商店。现在，商业在网上进行，模式也发生了变化和分化，P2P市场正在蓬勃发展。数百年来，人们一直认为这些资产相对固定，难以买卖，无法出租或出借，现在人们正在对这些资产进行清算。想想爱彼迎对住宿做了什么，它们实际上是把家里的房间出租给陌生人。爱彼迎公司成立于2008年，奇怪的是，它的商业模式听起来不再奇怪了。

工业和市场关注的另外一点是，个体市场的生存能力正在变化。虽然有些传统的商业形式仍然存在，比如马拉喀什（Marrakesh）的街头市场，但其他的正在被改造。出于对新鲜原料和农场到餐桌模式的兴趣，农业市场在复苏。许多新的商业形式涉及一种古老的信任概念的回归，这种信任是建立在熟悉的基础上的，也有某种形式的看起来已经过时的当地权威（商人、农民）仍然存在。

政策与法规

对于任何个体变革，都可能有几个周边因素保持不变，这时就凸显了政策和法规的必要性。当汽车刚出来时，没有安全规程，道路很快就变得危险了，出现了迎头相撞事故。随着人们意识到汽车会造成交通事故、引发伤亡，1906年密歇根州韦恩县道路委员会制定了道路标记，并演变为专用车道、车道宽度规则及其进一步的标准化。

车道标志减缓了汽车创新吗？也许，最初是有一些，因为它需要更宽的道路，但这太昂贵了。然而，标准化通常会创建更广泛的创新平台，从而扩大规模。

法规不严导致新技术失败的现象十分普遍，就像投票技术已经无数次失败过一样。由于缺乏公众信任，投票技术的发展一直非常缓慢。

政策和法规是一种违反直觉的颠覆手段。它们会在最初扰乱市场，这是因为市场参与者需要时间去适应。关税、税收、配额都是干扰性的。然而，随着时间的推移，这些政策相对稳定，在这之后，法规往往会使竞争环境变得公平，从而促进持续创新。

起初，如果任何形式的法规支持工业都会被看作是违反直觉的。事实上，工业界的确经常会抵制很长时间。然而，在很多情况下，政策和法规非常必要且富有成效。

例如，在笔者之前担任一家技术公司的政策制定人员时，主张一种特定类型的技术互操作，即它允许将开放标准在欧洲公共部门和私营企业之间的软件技术中进行渗透。在软件行业普遍认为标准化很重要的情况下，他们也只是在如何负担这些标准的专利使用费上存在分歧。

不足为奇的是，那些建立了平台并从中获取专利许可收入的公司，例如，苹果、奥多比（Adobe）和高通公司，渴望继续这样做，而那些在开放的竞争环境中看到更多价值的公司，例如国际商业机器公司（IBM）、美国的软件公司甲骨文（Oracle）和许多小型中小企业，则有不同的感受。今天，尽管专利制度对整个社会的发展造成的影响是负面的，作为苹果手机和平板（iPad）的用户，一个使用奥多比创意云的内容创造狂热者，另一个高通无线技术的赞助者，笔者很高兴看到它们幸存下来并继续蓬勃发展。在一段时间内，很难预测一项政策是否会带来令人满意的结

果。况且有时个人利益和社会利益之间也存在冲突。

科学与技术

　　为什么如此关注科学与技术，而不是艺术或音乐？关于未来的书中，艺术和音乐也应该被写进去，但是本书的书名中有"技术"这个词，因此，笔者想把这个主题作为一个主要的因素。而科学被包括进来，是因为大多数技术的突破都是围绕着不断思考的、大量短期的、迅速增长的科学准备才取得的；反之亦然。但认识到这一点是很重要的，举个简单的例子来说明这一点：DNA科学的发现导致了聚合酶链式反应（PCR）技术的出现，这种技术可以复制DNA，这种技术反过来又促进了生物学和其他领域产生新的科学发现（Understanding Science，2020）。

　　当人们深入研究技术时，还有很多工作要做，这些将在第2章进行展开。图1.2概述了可能在分析中涉及的、包含下一级别因素所构成的逻辑树。在技术方面，可能需要考虑将技术细分为遗留技术、基础设施技术、大众市场技术、新兴技术（以及它们之间的和内部的所有技术）。

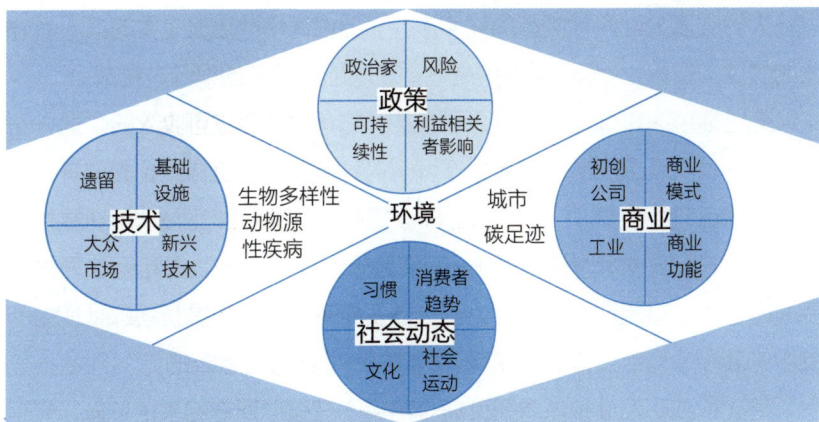

图 1.2　颠覆的次级力量

在政策方面，人们应该从了解当前政策和法规情况开始分析，然后转向趋势、风险和对利益相关者的影响，最终可能会得到每一个特定领域中存在的趋势。聪明的政策制定者一直在关注其制定的政策对利益相关者的影响，而且理想情况下，在最终确定政策之前，或是在确定政策的同时进行政策的影响评估，还必须考虑游说的影响以及执政者和政党的政治纲领。

在社会方面，世代可能对社会事务和消费者趋势产生不同的影响，不同社会群体和文化的信仰也不同。社会运动可能会形成，试图重塑社会事务，使其更接近理想结果。然而，占主导地位的社会群体中普遍存在的习惯不太可能像大多数广告商所认为的那样迅速改变，所有这些都值得人们花费大量精力进行深入了解。

在商业方面，出现了通过产品或资金影响颠覆力量的不同声音，它们是截然不同的行动者，例如：商业品牌、初创企业和风险投资公司。同时，商业模式可能会改变这些行动者的定位（甚至是存在）。而业务职能部门也将试图做出相应的调整，并对人才的寻找和所需培训的类型产生影响。

环境

人们应该关注两种类型的环境演变：自然环境的演变（生态学）和物体的演变（位置），但最重要的是它们之间的相互作用导致的挑战。

无论环境因素是显性的还是隐性的，它都是颠覆性因素之一。此外，环境也不是一个沉默的行动者。环境有各种各样的发言人，比如：环境组织（如绿色和平组织）、政策制定者（"绿色"党派）、工业（可再生能源工业），甚至新技术（传感器）。环境力量也许是其他力量相互作用的最明显的例子，这也许可以解释为什么动员全球一起来拯救环境如此困难，其中的复杂性有点让人难以接受。

基础设施和地理位置是另外两个与基于位置的演变相关的问题，它们

与周围的物理和空间相关的颠覆性力量有关。正如美籍荷兰人、社会学家萨斯基娅·萨森（Saskia Sassen，1991）的开创性创新研究所表明的那样，纽约仍然是金融中心，其原因与华尔街已建成的基础设施有很大关系，其他区域中的建筑物和活动人员的密度很难与它相匹配。近几年兴起的创新中心，如硅谷和波士顿的创业中心，也表现出类似的区位优势，这表明通过数年的努力建成这种关键性区域是完全有意义的。

需求的颠覆性

对产品或服务的需求是这四种力量中非常有用的一个例子。无论你试图推出一款技术产品，还是一款时尚配件，你都要处理一系列问题，而这些问题总是难以精确定位。市场上的技术选择影响着新进入者在市场上所能做的事情。政策法规对某些产品实施营销限制，甚至可能征收关税。商业模式的选择影响赢利能力。用户的动态选择可能会决定使用特定的营销方法，甚至是针对各个目标买家设计完全定制的产品。

每个约束都是一组动态演化的约束。在赢利的道路上，这些力量中的任意一种都可能会产生干扰。为了解决这些挑战，人们需要意识到，在整个需求周期中，从一个需求（比如技术）到另一个需求（比如用户动态）可能不是线性的，而是另外一种其他的方式，甚至是相互之间微妙的作用。

鉴于本书提到的FIDEF框架非常直观，它还可以用来确定在给定的技术趋势或新发明的条件下，哪些地方需要花费大量精力。

正如本书将要列举的其他例子中展示的那样，这种平衡也会随着时间的推移而改变。例如，在21世纪20年代初，整个软件行业正处于一个受到严格监管的早期阶段，这源于它在人们生活中重要性的增加。其他拥有传统技术的行业处于管制放松的时期。但是也存在一些特殊情况，例如创造性的新商业模式（如按需生产）的出现，或一系列获得广泛关注的社会运动（如围绕健康的社会运动），可能会彻底摒弃这种逻辑，并产生一种更复杂的关注类型。

颠覆性技术之间往往是相关的，有时也相互依赖。

虽然这些因素之间的关系十分复杂，但人们可以将这些关系可视化，并聚焦于较少的概念和某一时刻的因果关系，这样做有助于更好地理解这些关系；对这些关系进行反思也有助于更好地学习。当学习过程与当前的具体情境结合在一起时，人们就具有了洞察力。

在图1.3中，笔者提出了将现有的新兴技术相互关联的一些方法。毫无疑问，任何跟随这类技术的人都可以进行这种映射，这种映射会产生关于相互关系的新想法。在小组讨论时，它们也很有启发性。

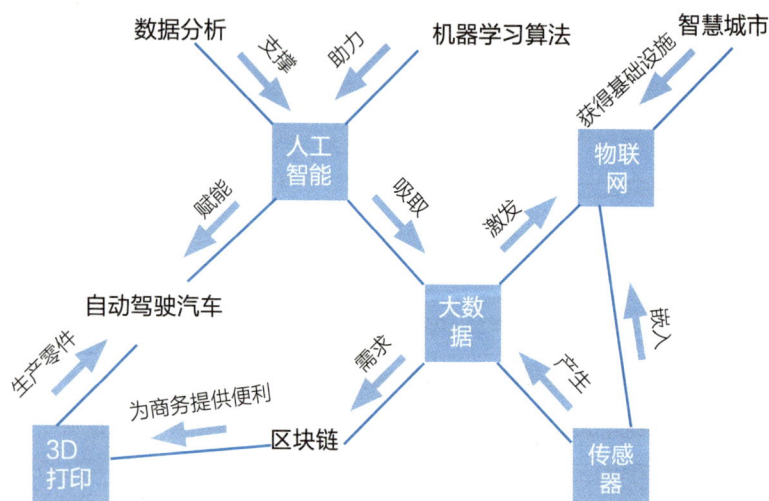

图 1.3　颠覆性技术的可视化展示

革新的社会生物圈

考虑交互作用还有一个更重要的原因。从本质上说，颠覆性力量不仅仅是一个理解事物的框架。事实上，它也是一个关于变化的社会生物学理论。在每一种力量中，总是存在扮演多种角色（如科学家、政治家、高管、客户、倡导者等）的生物和实体（人类、组织）。

事实上，思考整个颠覆性力量的系统是有价值的，每一种力量也是有价值的，就像生物一样。如果人们把这四种主要力量视为一个有机体，甚至构成一个"生物圈"，类似于地球上支持生命的薄薄表层，那么人们就能更清楚地看到，不能忽视系统的任何部分，即使某个部分在某个时刻似乎处于休眠状态。

系统论的好处

假设这个世界可以被系统地理解（真希望如此），那么，世界是一套什么样的系统呢？工程中有一个完整的领域叫作系统动力学（Forrester，1961），它可以应用于任何以相互依赖、互动、信息反馈为特征的问题。随着计算机视觉和建模技术的发展，它的性能得到了很大的提升。

还有一个新兴的社会理论叫作社会物理学，由麻省理工学院媒体实验室的极端功能主义者桑迪·彭特兰（Sandy Pentland，2015）提出，该领域研究的是，在不知道信息实际内容的情况下，对社会网络中的信息交换模式进行准确的预测。得益于当代数字监控技术，如基于机器学习的摄像头和传感器技术，这项技术得到了显著的改进。

其他基于系统的理论也有很多，它们同时试图构建一个新兴世界。虽然人们不一定需要为了了解新兴世界，而深入理解这些理论的来龙去脉，但确实需要有一定程度的了解。为了理解人类为什么要这么做，本文提出的模型很有帮助，但上面提到的这些理论都对此不屑一顾，这是它们的共同点。也就是说，作为个体，无论你扮演多么重要的角色，为社会贡献了多少力量，且在特定的背景下，有互相作用的经历、轨迹，有一系列未来的计划，对于这些系统模型，你仍然可以在没有人力投入的情况下以系统的方式去理解它。在任何一种情况下，颠覆性力量或次级力量都不是只具有明确的、标准化的和可控的机械"工具"。

总有人为技术发声

要想让技术变得更有效，就需要人类发声，甚至作为一种被动的"工具"，没有人类代言技术，技术也不能被有效地理解。试想一下，如果没有一位主管表示应该投资某项技术，那么就没有任何组织投资它。

笔者的意思是，效仿法国哲学家、社会学家布鲁诺·拉图尔（Bruno Latour）的观点，无论是人工智能、机器人、3D打印、物联网，还是传感器（或许在人工智能方面尤其明显），它们都还不是自己领域内的角色。人工智能还没有自己的声音，这一切都是人类在替它们发声。

人类首先必须证明人工智能是有发展空间的，才能应用人工智能。然后，必须有人获得资源，将其付诸实施，支付计算机费用，编写软件，输入数据，调整模型，研究结果，并应用经验教训。更重要的是，当前所有的人工智能都限定在特定领域。它只能在高度确定和指定的背景中做给定的事情，复制人类认为需要的答案。在极少数情况下，当计算机不能做到，或人们不能理解它们的分析时，人们通常会关闭它们，或者认为应该关闭它们。人们不能让机器做人们不懂的事情。

机器人也不例外——它们是人类根据自己头脑中的特定动作创造出来的。然后，人们组装硬件，安装传感器，并确保软件能正常工作。人类还必须把机器人置于他们能够掌握的环境中，必须控制事情顺利进行，并在它们不顺利时关闭它们。事实上，即使在自动化中也有如此多的人工步骤，

这是一种保障。这意味着在"狭义人工智能"中，人工智能出错的可能性很小。与人们想象的恰恰相反，当前的人工智能应用空间仍然非常狭窄。

你为哪种技术代言

对于各种还没有明确所有者和前进路径的新主题，当人们开始为与组织相关的主题确定"解决这类问题的冠军"时，这类主题就会成为焦点，这是其中一种方式。能解决这类问题的冠军可能在一开始就创造了这个问题，也可能只是口头上提出了解决这个问题的具体方法。一位朋友告诉笔者，他只花了几个月（大约10年前）时间就成了"麦肯锡医疗保健技术领域的顾问"，这在当时是一个新兴领域，但现在显然已经是公司的一大业务。

其关键点是，人们可以很容易地给每项技术加上几个名字，这样就知道该找谁了，不管找的这个人是公司内部专家还是外部专家。在实际操作过程中，如果这么做有困难，那么可能是选择了错误的技术重点，也有可能是该领域真的存在一个挑战，需要采取行动。

当人们与未来的技术打交道时，应该更加有意识地选择自己想要参与的技术，愿意花时间去了解；并且，坦率地说，也允许它成为自己关注点的一部分。但是，人不能完全独立于自己周围生活圈中正在发生的事情来做出这些选择，也不能简单地根据自己刚读到的趋势报告或公司战略文件概述来调整自己的想法。然而，作为个人、组织、国家或任何类型的社会群体，其关注点总是有限的。因此，一定要明智地使用自己的关注点。

人们需要掌握多少种技术

正如读者将在第2章中看到的那样，在工作或创业项目中，人们可能需要3~5种技术。然而，这些技术的参与并不像人们阅读的年度科技报告那样灵活。掌握一项技术的基本知识可能只需要几周时间，而熟练地运用它可能需要数月甚至数年的时间，这取决于人们使用的策略和拥有的资源。

同时，人们需要意识到，自己的关注并不一定会改变别人的关注点，所以虽然每个人可能都有一个关注点，但整个系统可能会朝着不同的方向发展。

互联网或许是100%由人类维持的技术的典型例子。如果没有人类来维持和构建内容，节点网络将没有什么意义和价值。互联网本身并不是一种有价值的技术；互联网是一种社会结构，大量人类的行动使它得以维持，并使它日复一日、年复一年的进一步发展。支撑它的电缆、网络，甚至支撑互联网的标准，都是由人类协商和买单，并通过持续地投资和商讨来维持的。

技术是如何相互叠加的

在接下来的章节中，本书将深入研究每一种颠覆性力量，以便弄清楚每一种力量是如何作用和变化的，以及它们是如何相互叠加的。更重要的是，本书将试图建立技术发展趋势的模式。这样，下次人们在面对"今年最重要的技术趋势"时，就可以保持适当的距离。

例如，很有可能，人们会意识到应该从过去三年的技术趋势中挑选（因为保持了适当的距离），而不是过于关注当年的趋势（这是高度投机的）。

这就是未来技术的意义所在，后退一小步，有可能实现巨大的飞跃。现在，请准备退一步来考虑一下科学与技术的影响。

▌关键要点和思考

1. 你目前在关注哪些技术趋势？试着想想你是如何形成这种观点

的。你读过哪些报告？是通过哪个新闻来源获取的？是否有特定的个人、初创公司或企业与这些趋势相关？

2. 颠覆性的四种力量显然是一种简化的说法。你还能想到有什么其他的相关力量吗？

3. 试着对以下事物运用四种力量进行快速分析：本地超市（如果还存在的话）、世界银行和奥运会。影响它们的共同力量是什么？

4. 考虑一下，也许可以评估每个行业领域、技术或任何观察到的现象中各种颠覆性力量所占的百分比。使用行业颠覆性网格（图1.4）来检查你所关心的几个领域，并填写对该领域影响最大的技术、法规、商业模式或当前社会动态。你也可以创建一些方框，试着在1年、3年、5年到10年的时间轴上绘制它。你可以进行预测，精明的投资者或监管机构也在做类似的事情（如果他们和你一样聪明的话）。经过一些初步分析后，通过为每个象限分配百分比，可以恰当地分配资源。这些百分比可以由自己的团队确定，或者使用外部指标来尝试评估什么是适当的平衡。

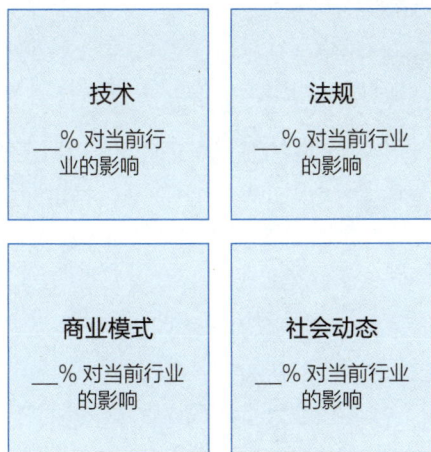

图 1.4　行业颠覆性网格

02

科技如何推动创新

在本章中，笔者将从平台、分类法和技术可视化三个角度来理解科技。平台技术是产生创新并使其与商业模式相结合的工具。分类法是一个领域的组织概念，是真正地理解这个领域并和这个领域进行沟通的基础。技术可视化是一种用于快速掌握复杂关系的手段，是用于建立领域间联系的速记方法和加速器。笔者表示，无论采取哪种方式，只要想了解未来几十年的变化，且希望从中获益的人都需要更深入地参与科学技术活动。不过，人们还需要深入考虑跨领域问题，而不仅是领域内的技能。同样，技术也是一种响应式的行为，因为它通常是作为行动、请求、政府的资助计划或公司内部的业务目标等的响应而发展起来的。有时，技术只是行为长链条的一部分，也是进入一种社会其他部分开始产生依赖的进化模式，例如疫苗开发或计算机速度的常规升级。

发现新技术的方法 1：
掌握技术平台的业务运作方式

按照美国风险投资人艾琳·李（Aileen Lee，2013）的流行术语，价值超过10亿美元的初创公司被称为独角兽企业。根据全球知名创投研究机构CB Insights的数据，中国目前有近500家独角兽企业，远高于2017年的200多家，且2015年只有80家。2017年，60%～70%的初创独角兽公司是平台型企业（Cusumano，2019），也就是通过促进两个或两个以上相互依赖的群体（通常是消费者和生产者）之间的交流来创造价值的企业。"平台"最初指的是人或物可以站立的、升高的平面，这个词语在过去的10年里变得非常流行。这些平台型企业创建了一个可以承载其他业务的容器。实际上，在许多情况下，为了能够开展某些业务，人们不得不使用这类平台。

目前运行的主要平台是技术类型的，它们使交易、互动、制作和分享事物或内容变得更加容易。世界领先的在线零售网站——亚马逊就是最好的例子，它为小型第三方卖家提供平台。它通过直接连接买家和第三方供应商，促进了高效的电子商务交易。如果没有亚马逊公司，这些供应商将没有可行的商业模式，也无法进入全球市场。单独来看这些卖家，它们只是小型供应商。而与亚马逊相结合，就提供了一个分布式产品网络，总的来说，对双方都有很大的好处（尽管主要是对亚马逊）。

线上商城Fiverr促进了创新数字服务的销售。笔者使用过很多次Fiverr平台，它的模式相当出色。对于平台来说，它会收取5%的手续费；对于卖家来说，其数字服务可以面向全球市场开放从而获得客户（客户一开始需要支付5美元，而你一旦开始依赖这些服务，价格就会迅速提升）；对于客户来说，他们在有基本的质量保证的情况下，享受廉价的数字服务

（其意义深远）。

在线学习平台Udemy促进了在线课程的建设和共享。如果没有这类平台，培训行业也面临着同样的挑战：如何为一门课程找到市场，以及如何获得各种各样的在线课程。

拼车应用优步通过降低交易成本来促进互动。由于现在的送餐司机网络非常庞大，覆盖了广泛的区域，因此，这项服务对餐馆和便利店提供外卖服务很有帮助。优步兴旺了，而美国的一家成立于1996年的网上杂货零售商Webvan（在2001年）却失败了，这是为什么呢？原来是因为它们的需求曲线完全不同。Webvan即便是在鼎盛时期，也只占有美国10个市场，更别提国外市场了。由于处于在线支付开发的早期，Webvan还建立了自己的运营中心，承担了过于复杂的价值链部分。当然，这都是事后诸葛亮。

视频分享平台油管支持制作和分享自己或他人的原创视频。目前这类平台较多，每个特定平台基本上都是以底层网络作为原型，依赖某种形式的数字技术。

图2.1展示了各种平台的不同技术。

1 生物学平台	4 数据挖掘和收集平台	7 未来工作平台
2 内容分发平台	5 数据可视化平台	8 客户关系管理平台
3 内容管理平台	6 电子商务平台	9 在线学习平台

图 2.1　发展中的平台技术

新兴技术和平台之间的关系提高了成功的概率

事实上，新兴技术通常只有在一组成功的平台技术（通常是一组内置用户）伴随它们时才会被认真地对待。依赖TCP/IP的电子邮件协议和由政府及高校慷慨资助的计算机，以及由这些计算机所有者组成的计算机网络就是这种情况。

物联网只有通过4G和5G通信网络才能真正成为现实，4G和5G通信网络提供了允许边缘设备实时通信的速度，以及可以连接智能手机和数字设备的基础设施。近年来，由于物联网、电池技术和功能强大且廉价的传感器三者的幸运结合，机器人技术获得了极大的成功，再加上由于新冠肺炎疫情暴发，人们尽可能在家工作，因此机器人就更没有竞争者了。

最后，由于区块链协议的出现、银行愿意试验、（许多）政府没有彻底关闭数字货币而只是耐心地观察会发生什么、消费者对银行收费不满，以及当前投资者热衷于尝试等原因，数字货币已经受益（确实成为可能）。

然而，正如上面所看到的，新兴技术除了依赖其他技术之外，还需要一两个有吸引力的用例和有利的消费动力。

人工智能是一个新兴技术的例子，它仍然在寻找一个精确的改变游戏规则的用例。气象分析、图像识别和聊天机器人是早期应用领域比较狭窄的案例，尽管它目前的形式——神经网络，在政府监管、行业运营分析和金融建模中相当受欢迎，但这些案例还不足以推动使其成为主流技术，至少在没有对其交付形式进行大规模改进的情况下是行不通的。

还有一个例子，就是新冠肺炎疫情暴发使得人们对视频会议技术有了更高的需求，从长远来看，也提高了对虚拟现实（Virtual Reality，VR）技术的需求。虚拟现实技术，以前除了游戏和建筑领域之外，并没有什么引人注目的用途。

发现新技术的方法 2：
理解分类法是如何工作的

分类学是命名、定义和分类事物的科学。它起源于生物学，其任务是组织自然界中发现的各种生物，以便生物学家更容易地谈论他们的发现。更广泛地说，分类法是以标准化的方式组织知识的方法。分类学远比生物学有用。最简单的分类法可能只包含三个术语，但如果这三个术语足够详尽，也能带来非常深刻的效率提升。分类法越简单越好，尽管它们倾向于形成树状结构，将概念层层叠叠地联系起来，但这种方式在说明和记忆时会比较混乱。

在机器学习时代，可视化问题变得尤为重要。有许多不同的技术，无论是否基于统计，都可以用来展示信息。如果你放任其中一个或几个方法，你最好知道自己创建了什么。能够解读所展示的内容是向他人展示的先决条件。这应该成为一种道德规范。人工智能伦理中的新兴思维强调可解释性是一个关键目标。

分类的工作原理就像过滤器，它可以帮助人们掌控事实和观点的流入和流出。当人们阅读一连串博客或主流媒体中关于技术的文章时，除了记者或博主自己写的相关的、突发的东西，并没有什么组织原则在起作用。当人们被各种各样的声音淹没时，就需要组织原则。没有它们，人类只是一个空容器，装满了任意而来的东西，直到被填满、不能消化为止。分类是以将人类掌握的知识组织成很多小块开始的。分类对于理解科学和技术的出现很有帮助。同时，它们也被当作了解一个领域发展的镜头。随着时间的推移，人们会添加或放弃某些特定的分类。

科技分类法从学科开始，一直延续到技术趋势（包括初创应用领域，如教育技术和金融技术），包括B2B和B2C应用程序以及全球性的挑战等应用示例。

科学的基本分类

这里有一个关于科学分支的简单例子。科学的主要分支是物理科学、地球科学、生命科学、人类科学和社会科学。从表面上看，这种区分似乎很简单，甚至很普通。然而，在这种分类中，已经出现了一个有争议的话题，那就是将两个历史上"较软"的科学（人文科学和社会科学）纳入古典的三元论区分方法中，而三元论方法并没有将它们包括在内。此外，这种分类方法通过多学科协作使得它们之间的重叠和协作变得更加复杂。这说明了即使是简单的分类也可以增加价值（因为分类清晰），或者有时需要随着各领域的发展和跨领域的连接而发展。"科学分支"分类学显然要改头换面了，根据经验猜测，它将在未来十年发生。

例如，笔者想去掉物理科学和地球科学之间的区别（不知道它为什么存在）。笔者还认为，社会科学是人文的（反之亦然），计算机科学应该成为独立的学科，但也许应该被称为数字科学或一些更奇特的东西，如连接科学。理想情况下，还会有一门创新科学，但创新太过复杂，无法用科学来描述。

本书会让人们尽可能地接近一种融合了技术和创新的结构。但问题是，当人们这么做的时候，将立刻被即将到来的复杂和不断变化的现实所淹没。没有一个问题是相同的，并且方法也在不断变化，当然能力也在增强。一年前还被认为是科学方法的东西，到下一年可能就过时了。相反，有些原则会保持一百年不变，只是很难知道是哪个原则。如果能够完全了解，那么就能在科技资助、大学组织以及最终的技术进步方面成为王者。

简单的科学分类有什么作用

首先，命名事物很重要，它有各种细微的、高度具体的、不断发展的文化，政治和科学内涵，有时对外行来说是隐蔽的。错误地命名某种事物，或用错误的名称称呼它，或用错误的方式对它进行分类，都是具有误导性的。如果人们非常关心一个话题，就需要有一个合适的类别。在这个类别里，人们可以和那些关心并知道他们在谈论什么的人谈论这个话题。只有这样，人们才能继续研究行为以及比名字更复杂的事情。不管是美洲狮、电脑游戏、乐器，还是家居装饰，重点是，人们需要深入挖掘才能获得真正有价值的见解。停留在表面只会让人成为知识的消费者，而不是生产者。

其次，当我们谈到创新时，重要的是理解分类和创新之间的区别，这并不是说分类是不可行的、不必要的或是无用的，而是说要明白只有分类是不够的。笔者认为，在这种情况下，"科学的五个分支"记忆法是一种高度通用的工具，它略去了相互关系的问题。以笔者来看，当前的科学进步（和工业应用）之所以比过去几百年更慢，部分原因就在于在大学中它们曾经是截然不同的分支。话虽如此，这五个科学分支中的每一个都可以成为进一步研究的起点。

科学和技术之间的奇怪关系

分类之所以重要，原因之一是它们人为地为本来很混乱的东西构造了一种结构。科学和技术之间最基本的区别是：科学与基础学习有关，而技术与应用有关。这是理论，至少，在监管环境下很重要。然而，即使科学和技术以不同的方式促进创新，从科学到工程、从技术到应用以及产品，表面上看起来可能存在一条直线的路径，而事实并不是这样的。相反，这个过程更像是一系列相互依赖的循环。在本书中为了方便，采用了投资术语"科技"（sci-tech）这种速记法，它着眼于科学和技术的共同影响，但将两者等同起来也很容易引起误解。

从本质上来说，更好的方法是将科学视为知识体系（自14世纪开始），而将技术视为用来控制某些东西的手段（正式适用于1859年），包括科学元素（Li，2003）。依笔者看来，缺乏对科学和技术如何以不同的方式促进创新的明确认识，导致了人们对"科学"和"技术"的混淆。正如上面所说，这个过程不是线性的，而是循环往复的。相比之下，科学比技术更混乱，这就是笔者接下来要讲的。

科学是无序的，技术是有序的

正如社会学家拉图尔和伍尔加（Latour & Woolgar，1986）在他们对科学家如何工作的研究中所展示的那样，科学家将大量的精力花费在"从大量无序的观察中产生有序和合理的解释"上。这一观察结果让许多人感到震惊，因为人们常常认为，科学在现实和事实中是固化的。的确如此，但这些固化的事实是由人们的共识形成的，而不是由某种神秘的、接近自然本身的方式形成的。尽管人们不断地提出（或多或少）对科学界有意义的理论并做出解释，但对自然本身仍一无所知。自然不属于科学范畴。顺便说一句，这一事实甚至使人们重新思考"第一性原理"的复杂性，因为没有任何"第一性原理"可以不受这种逻辑的影响。目前，在某些方面，人类仍然没有可以利用的"第一性原理"。

技术是完全不同的。技术（通常）出现的时间明显要晚得多。当某些技术准备好进行一次探索、执行一组指令，甚至可能创建一个平台时（例如，我们之前对技术平台的讨论），它基本已经有了用户群，以及一组专业人员，这些人员能够通过该领域中使用的关键术语和方法或多或少地理解相同的东西。另外，还有一个关于下一步需要做什么的清晰路线图。

保持这种区别很重要，否则，科学家可能会无意中把无序变得太有序，从而混淆了创建秩序所涉及的复杂性。而且，由于在科学领域中复制是极其罕见的，因此很少有人能证实发现过程有多复杂。简化事物是人类的天性。

本书试图简化对未来技术的理解。本章是对技术核心活动的一种简化描述，与描述更广泛的活动相反，本文花费了更多的时间在这些核心活动方面，因为它们实际上在整个画面中更为重要。

在这个过程中，我们关注的不是发现本身（因为它们会进化），而是更多地关注参与发现的人，以及因为技术而改变或呈现不同光芒的机构和现象。此外，笔者想了解驱使他们创新的好奇心，而不仅仅是结果。最好的科学家有时也是伟大的教育家，但也并非总是如此。

从科学到技术的道路不是线性的——从技术到科学也有一条道路

尽管科学与技术是截然不同的，但人们仍有一种强烈的倾向，认为科学与技术是一回事。然而，这并不是说基础科学先于技术那么简单。通常情况恰恰相反，一项新技术会带来科学突破。例如，《理解科学》（*Understanding Science*，2020）指出，X射线机器使X射线晶体学成为可能，它使科学家能够看到分子结构的快照，这最终促使了DNA双螺旋结构的发现。

最后，科学有时来自社会需求。例如，疫苗的研发很少在商业上取得成功。它们产生的唯一原因是公共卫生特权、政府干预、资金或法律授权（或以上全部），以及一群科学家发自内心的紧迫感。在2020年至2025年的5年里，这种情况将围绕新型冠状病毒疫苗的研发而发生。在这种情况下，甚至可以说，科学源于社会需求，而不是源于科学领域。下文将进一步探讨这些例子。

社会中的技术分类

笔者发现，一种很有用的分类方法是关注技术在社会中的嵌入程度。为什么这种分类方法有用呢？技术的社会结构（SCOT）认为技术并不决定人类行为，但人类行为塑造了技术（Bijker et al.，1987），对于这个观点，笔者并不愿意支持。换句话说，如果不了解技术是如何嵌入社会环境的，就无法理解技术。

想想当前最宝贵的技术之一 ——互联网——背后的社会结构。互联网最初只是科学家之间交流的一种实验性途径。发展到现在，它已经演变成至关重要的商品开发和销售途径、政府沟通和提供服务的途径、人们的工作方式以及儿童和青少年玩耍和学习的途径。这些用例中的每一个都经历了复杂的过程。在最初的设计基础上，互联网将如何发展并不是一成不变的。随着越来越多的社会群体克服障碍获取和提升了自己的技术技能，以最大限度地发挥互联网的影响力，互联网才得以继续发展。

根据技术在社会中的使用情况对技术进行分类，只是一个采用曲线的例子，正如高德纳的技术成熟度曲线所尝试的那样（Gartner，2020）。根据技术是如何嵌入社会的对其进行划分，可以分为以下类别：新兴技术、基础设施技术、大众市场技术和遗留技术，图2.2将这一分类按未来发展方向及相关例子列出。除此之外，还有普通技术。

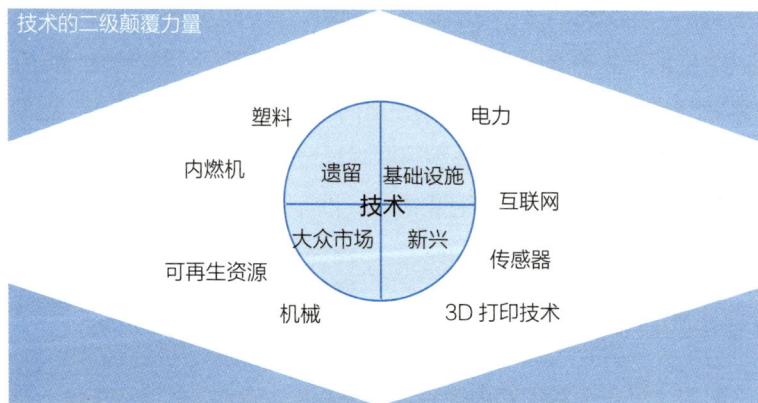

图2.2 深入研究科技颠覆性力量

在下一个阶段，笔者将尝试创建一个次级认知结构，其中每个类型至少有几个例子，并理想化地指明2~3个子类型。例如，前沿技术包括传感器和3D打印，基础设施技术包括电力和互联网，遗留技术包括塑料等。使用这种逻辑，人们也许能够对这些技术的时间线和未来的演变，甚至可能是它们在整个颠覆性图表中的位置，有更多的了解。然而，正如接下来将要展示的那样，对于一项技术需要在哪里进行分类并不总是一致的，或者它确实可能取决于地理位置和获取途径，这与社会结构和不平等有关。

新兴技术

新兴技术（与前沿技术、深度技术、硬技术、科幻技术、指数技术或强技术等概念有关）指的是在未来仍会被采用的技术。这是一种令人期待的、复杂的、未经证实的技术。它可能有很大的潜力，但尚不可能规模化生产。当前新兴技术的一个例子是3D打印。虽然现在有桌面3D打印机，但真正具有潜力的金属3D打印，目前人们仍然只能看到使用原型或早期模型。

话虽如此，桌面金属（Desktop Metal），位于美国马萨诸塞州的一家成立于2015年的金属3D打印初创公司，最近推出了两个金属3D打印系统，涵盖了从原型到量产的整个产品生命周期，并于2019年开始发货。人们认为，只有当系统能够扩展到更大的建筑空间并实现更高的生产速度时，这种增材制造方法的潜力才能更好地发挥（Kritzinger et al., 2018）。

由于受可用性、部署或使用它所需的技术水平，甚至仅仅是价格等因素的影响，新兴技术在全球的采用并不均衡。一个国家的前沿技术有可能只是另一个国家的基础设施技术。即使高德纳或福雷斯特这样的科技公司可能会通过采用线性技术来掩盖这个问题，但事实根本不是线性技术这么简单。被称为创新扩散（Rogers，1962）的极具影响力的框架是非常有误导性的，但在咨询界仍然普遍使用。

基础设施技术

一旦一项技术成为社会结构的一部分，它就会成为其基础设施的一部分。基础设施技术，比如电力，在社会中占据了非常重要的位置，因此，人们不需要了解它们的内部工作原理就可以使用它们，尽管在尝试更换断路器之前了解它们仍然很有帮助。类似地，虽然知道TCP/IP标准的含义很有用，但不需要掌握这些知识也能使用互联网。这些技术的关键之处在于，它们要么是物理基础设施，要么是硬件和软件组合的解决方案，这些解决方案将人们锁定在一条固定的路径上，如果想要绕开这条路径，需要付出昂贵的代价。很少有技术能达到这种必不可少并支撑人们日常生活方方面面的程度。

大众市场技术

一旦普通技术进入大众消费领域，它们会再一次改变特征，成为大众市场的技术。诸如电动机或保险丝盒之类的机械设备被广泛使用，并为当今市场上的许多技术设备提供动力。同时，大众市场的技术也倾向于由可替换的商品组成，这有利于提升服务能力，但对试图锁定客户的个体企业来说并不是好事。

遗留技术

在软件系统中，遗留技术通常指的是互操作性较差的旧系统——它们不能轻松地与新系统通信。遗留技术已经存在一段时间了，但正面临被更新、取代的危险。塑料虽然有用，但也将（有希望）逐渐让位于可持续的有机材料。目前，电力已经不是为家庭或光源提供能源的唯一途径了。

普通技术

普通技术是指那些在社会中得到了一定程度的采用，但其本身并不作为平台而存在的技术。以计算机或播客为例。计算机是非常基础的，但不能带来共同利益。播客是一个有趣的应用，但它依赖一整套周边因素（理念的独特性、内容的吸引力、内容的质量和数量、音频质量、知名度、数字技术、营销预算、口碑、信息订阅服务等），以便有效传播。

普通技术是人类社会发展各个阶段的常用技术，它们可能不需要整个社会重新布线就会发生变化，而且，社会也允许这种变化的发生。

发现新技术的方法 3：
将技术之间的关系可视化

颠覆性技术通常是相互关联、相互依赖的。当试图理解技术是如何关联时，可以一次只关注几个概念和因果关系。这样做能够剥离出足够多的现象来研究它们，并认真思考它们之间的联系。

当人们理解了技术之间的关系后，就可以寻找机会应用这种见解。洞察力是一种潜在的创新，人们可以依据洞察力采取相应的行动。接下来人们就会想要创造一个原型，以及测试模型，获得反馈，并基于很早之前的雏形，去生产和销售相应的商品。

可视化方法

在机器学习时代，可视化问题变得尤为重要。信息可以通过不同的技术显示，无论是否基于数据统计。如果放任了其中的一个或几个方法，最好弄清楚自己创建了什么。在向他人展示某样东西之前，自己能够解读所展示的东西，这是先决条件，并且应该成为一种道德规范。人工智能伦理中的新兴思维强调可解释性是一个关键目标。标签云大约在十年前变得流行起来，因为它能根据关键术语出现的频率以快速的方式呈现一系列复杂的概念（如图2.3）。标签云的实用性取决于人们在创建它时所付出的努力。仅仅使用术语的频率不足以判断一篇文章是关于什么的，也不足以构建对某个领域的思考。像标签云这样的简单可视化效果只能用来描述非常明显的东西。

　　人们是否具备阅读可视化技术文件所需的技能是一个问题，能否创建这种文件是另一个问题。制作高级的可视化效果在过去是一件很复杂的事情，但现在变得越来越容易，且制作成本也降低了不少。数据可视化工具，包括Google Charts、Tableau、Grafana、Chartist.js、

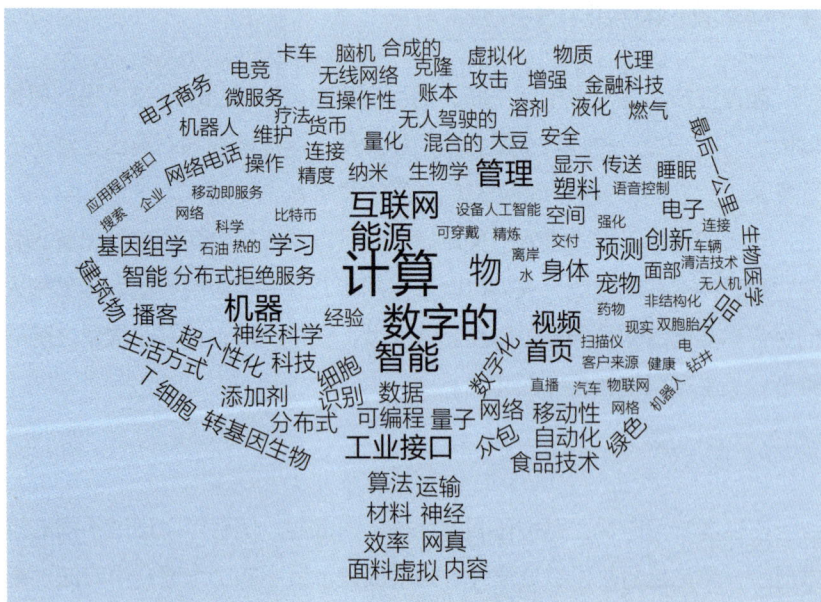

图 2.3　技术标签云

FusionCharts、Datawrapper、Infogram、ChartBlocks和D3.js等，每个都提供了大量的选项。事实上，最好的工具提供了各种可视化样式，易于使用，并且可以处理大型数据集。其中一些是免费的，比如D3.js、ggplot 2（用R语言编写）、Matplotlib、Seaborn或Bokeh（用Python语言编写）等，或提供免费增值版本。其中许多工具需要商务人员自行探索，尽管有些工具比较复杂。为了使用颠覆性分析的力量，还有一些更简单的可视化工具，包括微软的演示文稿软件（Microsoft PowerPoint）和它的同类产品，以及新的图形设计平台可画（Canva），都是非常有用的。

可视化不仅有助于与他人沟通见解，也有助于构建自己的思维。如果人们不能用一个快速的视觉图像来说明自己的洞察力，那可能是一个信号，说明对它的理解不够深刻。随着可视化软件变得更易于使用，可画实验平台既是学习工具，又是学习对象，因此，人们没有借口不去学习。这些软件工具在很多方面影响着人们的思维，就像十年前，演示文稿对上一代人的影响一样。

本书中使用的图形也是可视化的例子，如果足够成功，就可以产生现实的集中画面。

发现新技术的方法 4：追踪特定技术

颠覆性力量的框架也可以用来考察单个特定技术。事实上，这可能是框架特别有用的一个实例。一个组织中重要的技术会根据组织面临的挑战而变化。从筛选技术的角度来看，一个组织是否会对这项技术产生巨大的兴趣，显然取决于该组织内部是否有足够的能力；然而，反过来也是正确的。如果一个组织专攻某项技术，那么它可能对发现该领域内的其他团体有特殊的兴趣，无论是学习、共享、协作，还是验证现有的方法。考虑到这一点，本文会为一些在过去5年中相当流行的技术创建一个临时分类。

本文选择了一些关注度较高的技术，以便这些技术能涵盖足够广泛的领域，并且尽可能多地为读者提供广泛的相关参考网络（如图2.4）。本文不会对每一项技术都进行深入研究，而是选择其中的几个进行讨论。因为高管们通常每次只会专注3~5种技术，不会更多。

这种特殊分类法的挑战在于它的结构非常随机。其组织原则类似于"特朗德发现的，2016年至2019年在麻省理工学院及其周边的学术界和工业界中有用且流行的术语"。这种描述方式并没有让它变得无关紧要，而在时间和环境中修复了它，使其不可避免地变味了。这种方法并不罕见，它可能有一些价值，而从长远来看，它是诡辩的，是一种不可靠的分类方法。但这种方法在撰写趋势报告的咨询师和市场研究人员中很受欢迎。他们随机搜索一些"信号"，表明人们对某项特定技术的关注度"正

适用性（从宽到窄）

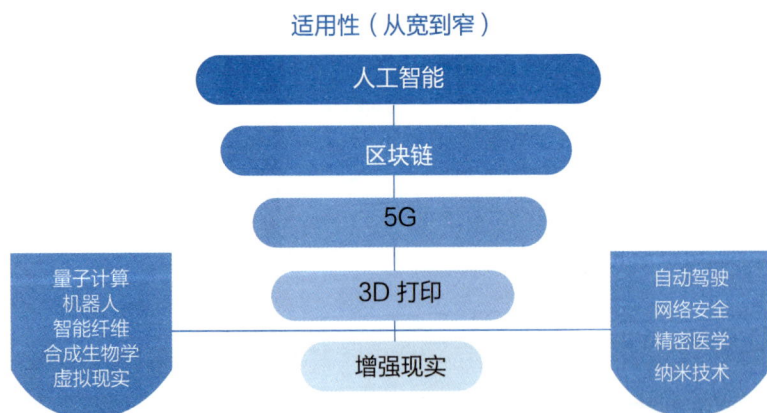

图 2.4 技术分类参考网络

在上升"，并草率地宣称它没有明确的启发式方法。此外，今年的报告必须与去年的报告有所不同（但在某种程度上仍要保持一致），这一现实也制约了它们的发展。

本书中选择了五种突出的技术进行讨论，具体请参阅第6章。

如何跟踪技术趋势

咨询公司通常会根据年度清单发布关于技术趋势的年度报告，声称其所发布的技术是必不可少的。例如，请参见高德纳、埃森哲（Accenture）、毕马威（KPMG）、麦肯锡等公司的技术趋势。但是为什么这样的列表和类似的分类法是相关的呢？因为它是对不断变化的技术和发展的必要简化，所以也是非常有用的。

事实上，在当今快速发展的社会中，利用入围名单便于节省时间，然而，这不是培养批判性思维的最佳方式。这并不意味着笔者不推荐查阅这样的列表，只是它们不能单独使用，而需要作为许多投入中的一个。

只有极少数的颠覆专家有能力在任何特定时间对其中几个话题进行深度追踪，这就是为什么在未来十年中，利用人机系统来加速学习和深度追踪技术会变得至关重要。笔者经常利用人机系统，从既定的出版商名单中选择内容。然后，作为第二步，将找到的术语插入颠覆性力量的4×4矩阵。

在本书中，笔者认为人们应该对自己所听到或读到的任何与科技有关的东西持极端批评的态度。理想情况下，应该尝试创建自己的优先级列表（就像在前几页中所做的那样），然后从创建的列表开始着手，或者作为第二步，以消化自己每月阅读的各种列表。

由其他人创建的这类列表存在的问题是，他们往往不能提供关于这些列表出现的完整背景，并且这些列表通常不会像学术论文那样被引用。写这些列表的作者也很可能在相关领域里几乎没有可信度，尽管有时情况并非如此，这要视情况而定。它们真的是深入研究的结果吗？有效期是多久？是在什么背景下提出的？这些报道，有些是几个月研究的结果，另一些则是以新闻的方式拼凑起来的。如果有一个方法论部分，人们至少知道这些计划和研究是花费了一些精力的。

这种随机的技术分类方法完全适用于讨论哪些新兴话题是市场上最热门的。但这对人们应该关注什么有多大的意义呢？它会导致人们关注相似的事情，进而会导致平庸。然而，考虑到技术的开放性和复杂性，仅仅贴上标签并不意味着就是专家。一旦自己知道该关注什么话题，真正的工作才算开始了。

下面用一个例子来说明这一点，在这个例子中，只向下钻一到两层来研究。从技术的总体概述、玩家是谁、关键事件是什么、政策背景是什么开始研究。笔者在图2.5中，绘制了你可能考虑的关于特定技术的基线分析。

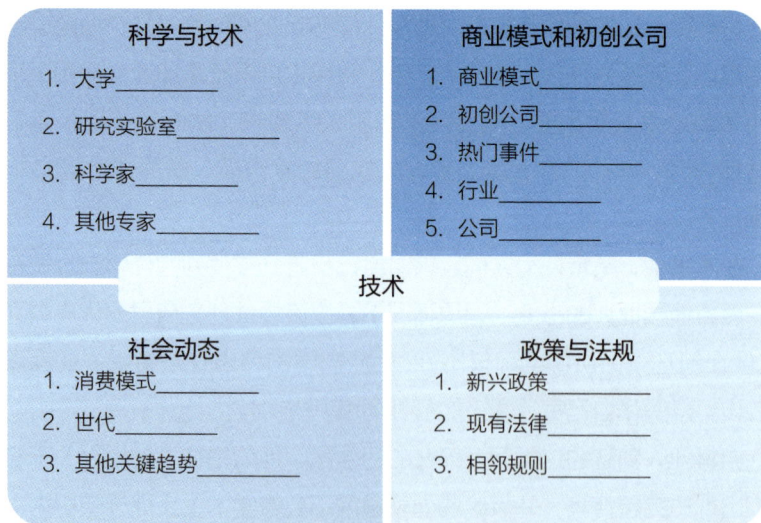

科学与技术	商业模式和初创公司
1. 大学＿＿＿＿＿	1. 商业模式＿＿＿＿＿
2. 研究实验室＿＿＿＿＿	2. 初创公司＿＿＿＿＿
3. 科学家＿＿＿＿＿	3. 热门事件＿＿＿＿＿
4. 其他专家＿＿＿＿＿	4. 行业＿＿＿＿＿
	5. 公司＿＿＿＿＿

技术

社会动态	政策与法规
1. 消费模式＿＿＿＿＿	1. 新兴政策＿＿＿＿＿
2. 世代＿＿＿＿＿	2. 现有法律＿＿＿＿＿
3. 其他关键趋势＿＿＿＿＿	3. 相邻规则＿＿＿＿＿

图 2.5　技术颠覆次级力量概述

　　每种颠覆性力量有3~5个子类别。例如，在"科学与技术"下，笔者建议跟踪一些特定的大学、研究实验室、科学家和其他专家（影响者），还包括一些重要科学论文的参考文献以及文章摘要。作为上述所有建议的结果，应该有一个3~5个研究范式或研究方法的列表，用于总结正在进行的活动。

　　在"政策与法规"方面，笔者建议同时跟踪新兴政策和相关的法规（因为溢出效应）。在"社会动态"中，笔者将关注三件事：消费模式、世代和社会运动。在"商业模式和初创公司"中，将列出一些关键的新兴商业模式、一些相关的初创公司、一些相关行业，最后是一些在该领域积极运作的大型公司。

　　对图2.5中的重要因素进行分析，就会产生一个高度简化的版本，类似于图2.6。请注意，图2.5中可能不是每个问题都有一个一对一的答案。根据分析的目的，这一点可能是有益的，或者也可能是人们试图完成分析的必要元素。4×4启发式原理图不是很适合用于需要显示完整参考文献的科学研究，它意味着更多的概述和共享。

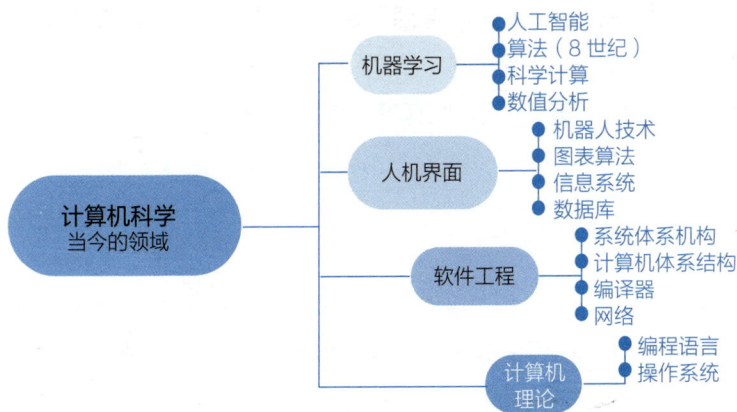

图 2.6　计算机科学领域

需要挖多深

每个领域都有它的特定区域。根据人们的目的，可以只看表面，也可以深入挖掘。以计算机科学为例，人工智能是计算机科学的一部分，这也许是一个显而易见的事实，但也不是完全准确的。人工智能也是心理学、语言学的一部分，事实上，每个领域都希望占据人工智能的一部分。但是计算机科学本身呢？它是由什么组成的呢？图2.6给出了一个公认的分类，它代表了笔者对出现在顶尖大学院系中专业领域的公共核心提炼。它还与行业顶级出版物中使用的术语进行了比对。

如果没有进一步的限定，这样的主题列表除了说一些大学计算机科学专业的课程中应该学习什么，揭示主要的（历史的）研究领域，并不能起太大的作用。下一个层次的探究可能是收集描述各个领域历史的文章或了解该领域创始人的相关情况。在本书中，笔者并不会这么做，但如果真正想探索，就会明白，这份清单肯定比一份关于计算机科学趋势的市场研究报告更有效。它经受住了时间的考验，但它对非专家有用吗？

本书花了很多篇幅讨论这个话题是为了告诉人们，如何才能真正理解一个技术领域。首先从它的学术起源开始，然后根据自己当前的能力深入到某个子领域。对于每一个领域，互联网上都有许多参考文章，读这些文章不需要太多的先验知识。当然也有专业的资料来源，所以必须明智地选择资料。

如何将洞察力置于情境中

在搜索引擎时代，人们可以使用关键词进行持续搜索，也有关于这些主题的在线课程。但要想让这些知识真正有用，就需要把它放在一个高度具体的情景中，并随着时间的推移进行跟踪。高校教师一直试图做这件事。但即使是人们使用简略版本也能产生深刻的见解，可以带着以下问题进行探究：这个词是什么时候产生的？为什么在那个时间点出现了专业术语——该领域早期思想家的动机是什么？它是如何定义的？随着时间的推移，定义又是如何演变的？它与其他学科有何关联？它提供了什么解决方案？哪些已知的公司在使用这些技术和方法？计算机科学家最近有什么发现？最重要的是，问问自己：如何使用这个领域来解决自己目前正在处理的挑战？然后，继续前进并解决这个挑战——只有亲自使用一项技术，才能充分了解它的潜力。

小结

科学和技术以无数种方式推动创新，而不是以最不为人所知的方式。事实上，科学和技术将以不同的方式在未来10年发生更大的变化，比之前30~50年发生的变化还要大。另外，人们期待的一些事情（例如，更快研制紧急需要的疫苗、深入理解人类情绪）也会更快地变革，而且持续很长的时间。一方面是因为事情变得越来越复杂，另一方面是因为人们还没有掌握构建能够使真理跃然纸上的平台所需的关键先验知识。

人们能够观察到的就是变革成功所取得的成效，这只是代表了在给定时间内进行的一部分活动。整个活动的可见度很低的原因在于，人们仅仅是这种创新的消费者，而不是生产者。科技创新将影响所有现有的产业，并创造新的产业，第4章将更详细地讨论这些产业。

要想对现实中正在发生的事情和未来可能发生的事情有所了解，唯一的方法就是尝试更有创造性的方法，比如本章所描述的方法：发现分类法，让技术趋势成为自己的趋势，亲自与科学家和技术专家交谈，成为一个（在某种程度上）关心科学技术的社区成员，每天深入地参与（接近任何）你周围的话题，以便将其归结为埃隆·马斯克（Elon Musk）所说的

"第一性原理"。埃隆·马斯克呼应了亚里士多德、爱因斯坦和理查德·费曼（Richard Feynman）等伟大思想家所说的"第一性原理"。与类比思维或记忆已知事物不同的是，"第一性原理"将一个过程浓缩到人们所知道的最基本的部分，并从中建立起自己的思维，最后，连续地以书面方式记录所学的内容。

现在，回顾一下政策和法规如何缓冲市场条件，科学和技术假定的基础是不变的，这样做改变了它们的假定。政策不仅是被动反应的，也可能为重大的科学发展创造条件，或者相反，可能抑制某些活动。同样，这也会影响其他所有的颠覆性力量，包括商业力量和社会力量，这些笔者将在后面的章节中研究。

▌关键要点和思考

1. 反思你自己与科学和技术的关系。你的优点是什么？你的缺点是什么？

2. 你获得新的科学技术的途径是什么？你与大学、专家或初创公司有联系吗？你是否有足够的教育背景（或智力），能够在新事物出现时轻松地学习它们？你会怎么做？通过在线课程、校园课程，还是其他方式？在网上搜索？问朋友？这是否取决于主题？然后，挑战你自己：你怎么能变成3倍、10倍或100倍于现在的优秀程度？选择一个很小的领域，然后这样做下去，向自己证明你能做到，并观察有什么差异。

使用图2.7所示的4×4矩阵，针对自己目前感兴趣的一些科学和技术主题，快速分析4种颠覆性力量。如果你想不出来，试试人工智能、物联网、虚拟现实或区块链。在每个方框里至少确定3个问题。建议至少每月为自己画一个这样的矩阵，作为一种反思练习。

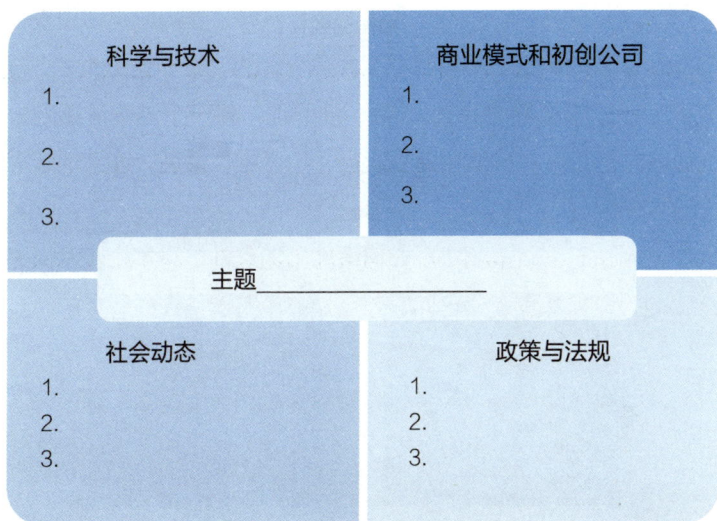

图 2.7 颠覆性技术力量练习

接着，使用图2.8，尝试对刚才考虑的主题分配颠覆性力量中的重点因素。换句话说，这个话题在多大程度上是关于技术本身的，还是更多的是关于法规挑战？或者相关的问题是哪种兴起或盛行的商业模式，还是消费者选择的问题？选择你是代表你自己、你的组织还是整个社会回答这个问题。在相关的主题之间画箭头。

3. 试想这个主题将会如何发展，以年为单位（如果可以的话，添加更多的细节）。打印并填写每年的表格。

4. 请在图2.9可视化技术练习中填空，使用目前与自己的事业、自身或社会相关的技术。

5. 请返回图2.5完成技术概述练习，如果可以的话，与同事的答案进行比较。

6. 设计自己的分类法，并将它们与本书或其他可靠来源中的一些分类法进行比较，找出自己的独特之处。

颠覆性强化

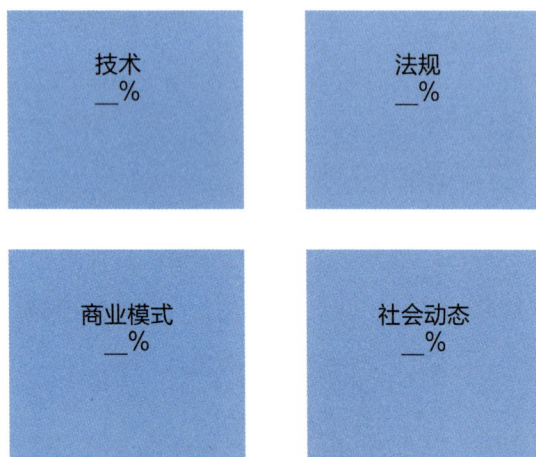

图 2.8　颠覆性强化练习

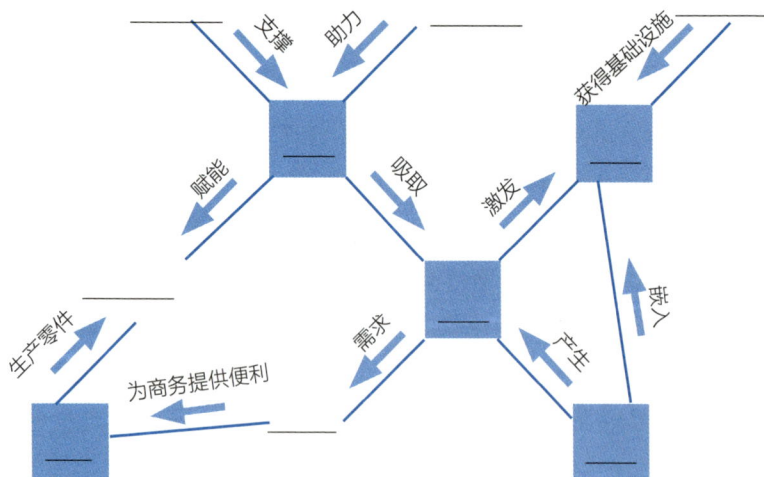

图 2.9　可视化技术练习

03

政策调控
对市场状况的缓冲

    在本章中，笔者将探讨政府与新兴市场和因技术创新而出现或受到影响的领域之间的互动效应。这一章分为三个部分：①阐述了政府的五种角色（质疑、促进、规模化、启动、限制——只是为了保证公平）；②给出政府如何扮演一个或多个角色的例子；③阐述了政府在技术创新中的具体作用。此外，还讨论了在一些私营经济领域扮演类"政府"角色的案例，比如自愿标准化。主要想告诉人们的是，政府深度参与技术。作为一个使用技术的大型企业、初创公司的创新者，或者是一个使用技术的专业商人，都需要与政府保持联系。政府会影响人们，所以，人们可以参与、预测它的行为，甚至通过可用的工具影响它的行为。如果是跨市场运营，则需要在每个国家和（或）地区（如欧盟）进行重复操作。

政府的五种角色

虽然许多人认为政府的标准化、禁令或详细的规则限制和延缓了创新，但这并不是政府的全部职能。在最佳运作状态下，政府监管通过营造一个公平的竞争环境，以促进平等的市场准入、消费者保护和公共安全。虽然很少有人这样定义政府职能，但事实是，政府（至少）有五个具有挑战性的职能。政府的五种角色（质疑、促进、规模化、启动、限制）分别对应一个特定的政策工具（进行利益相关者协商、撰写阐明未来愿景和计划的政策文件、实施高风险的大型项目、鼓励创新——甚至是自我创新、制定法规）。很少有组织能承担如此复杂的任务，这就是为什么政府以外的人很少（深刻）理解为什么政府通常不能在同一时间同样出色地执行这五项任务。没有其他类型的组织会试图这样做。有人认为应该简化政府的角色。然而，它执行着一种基本的功能，这种功能不是那么容易被其他角色取代的（这是一个更长的讨论，本书中不对其进行讨论）。

根据协商进程的目标和所处的阶段，政府力量可以有不同的侧重点。事实上，可以通过五种模式来看待这一点：咨询（质疑模式）、政策（促进模式）、创新（启动模式）、风险承担（规模化模式）和监管（限制模式）（如图3.1）。可以选择单独研究和处理其中的每一项技术，也可以将其视为更复杂的矩阵。政府文化也因国家、机构和行政部门而异。

1	2	3	4	5
咨询	政策	风险承担	创新	监管
（质疑模式）	（促进模式）	（规模化模式）	（启动模式）	（限制模式）

图3.1　政府的五种角色

1. 政府是问题的提出者

在制定政策之前，政府的首要任务是咨询，咨询其公民和受影响的利益相关者——各种组织、公民团体、行业协会和企业，以确定下一步要做什么，或者下一步的各种想法将对他们所保护的整个系统造成什么影响。如果做得好，这类咨询就会贯穿整个政策过程。技术的发展使得这种咨询更可行，成本更低，而且，这也是政府必须比以前更频繁采取行动的原因。社会在变化，所以需要干预。

欧盟是一个完善了公众咨询作用的政府实体。每一项立法都公开征求意见，民众和行业组织都会积极地发表意见。由于利益相关者在一开始就参与其中，所以一般最终的结果是有了更好的政策。但这并不意味着他们总是对结果感到满意。

追踪基于国家政策的重点事项对全球企业至关重要。尽管有一些网站可以追踪其中的一些信息，但很多人还是会通过顾问来获取具体领域的最新政策建议。跨国公司也希望影响政府的技术政策。为此，他们通过行业协会进行游说和开展工作。技术领域的全球行业协会主要包括美国计算机行业协会（CompTIA）、美国生物技术产业协会（BIO）和荷兰创新网络（innovation attaché networks）。任何时候，它们都是热门政策话题的良好信息来源，至少是那些与大公司有关的话题。美国计算机行业协会是全球领先的技术协会，活跃于人工智能、区块链、计算机网络、云计算、物联网、网络安全、无人机、智慧城市、虚拟现实以及科技劳动力等技术主题。它实际上是一个IT行业协会。截至本书撰稿时，该协会董事会成员有惠普（HP）、美国的康卡斯特电信公司（Comcast Corporation）、德国的企业管理系列软件公司思爱普（SAP）、美国的思科（Cisco）、英国的守护使公司（Sophos）和英国的咨询公司安永。

生物技术产业协会代表美国和其他30多个国家和地区的生物技术公司、学术机构、州立生物技术中心和相关组织。

美国科学促进会（AAAS）倡导为科学研究提供联邦资金，旨在"为科学进步发出统一的声音"。美国科学促进会每年有1亿美元的预算，是华盛顿特区资源最丰富、最具影响力的倡导组织之一（Nisbet, 2015）。该组织出版《科学》（*Science*）杂志。目前支持的领域包括科学、技术、工程、数学、生物多样性、伦理、科学教育、有依据的政策制定、科学政策，还包括科学预算。

科学欧洲（Science Europe）汇集了来自27个欧洲国家的36个研究资助机构和研究执行组织。在欧洲公共研究基金的主要参与者中，他们每年花费在研究上的经费总计超过180亿欧元。

2. 政府作为促进者和限制者

与提出问题几乎同等重要的下一步措施是：政府的促进者角色。这个角色的功能主要体现在：讨论确定公共优先事项；制定和执行相关政策；限制各种行为者规避政策监管的能力，从而保护公民和利益相关者。它的调节功能有点像数字音频系统中的限幅器，会将最终结果限制在一个可控的变化范围内，从而避免过度扭曲。

受监管行业（如生物技术、交通和电信）的创新者比不受监管行业（如软件行业）的创新者更习惯于考虑政府的各种力量。然而，数字化技术越来越显著地、深刻地影响着所有行业，迫使政府在一定程度上重新审视以前受监管的行业以及软件行业本身。

政策和法规充其量只能以积极的方式缓和市场状况，纠正造成不平等、市场扭曲的过度行为。在这方面，最大的挑战是确保决策者具备足够的技术知识，使他们能够做出明智的判断。考虑到新技术的快速发

展，以及（可以说）政治家和立法者减缓的学习曲线，这一点并不是无关紧要的挑战。笔者在为国会技术评估组织——挪威技术委员会（The Norwegian Board of Technology）工作时，需要把自己的论点简化到令人惊讶的程度，他们才能听得懂，而决策者提出的许多问题也幼稚得令人惊讶。

此外，在欧盟，笔者担任两种角色。作为一名电子政务方面的决策者和官员，行业参与人员也在一些会议中试图通过"PPT"（PowerPoint）面对笔者，希望笔者对技术创新中的重要问题有更高的认识。

作为一家大型科技公司甲骨文的说客和策略师，笔者做出了巨大努力，通过行业协会和直接说服的方式，争取欧盟官员支持公司在技术标准化和互操作性方面联合的（针对特定公司的细微差别）行业观点，其结果喜忧参半。这些活动都不是纯粹的教学活动。官员们也不是"只"游说而不关心"真相"。无论如何，经验表明，笔者迫切需要深入研究问题的核心，这就意味着要在较长的时间内，接触所有关键的辩论、概念、参与者和面临的问题。复杂性不会自行消失，不需要参与技术讨论的"常识型"政治家时代肯定已经结束了，因为这种做法注定会导致草率判断、误解关键问题、得不偿失。

仔细审视政策和法规的要素

政府有许许多多可支配的工具。本章将重点介绍能够支持技术发展的政策、立法、工具和利益相关者咨询计划。在图3.2中，笔者对每个元素均进行了细化。

例如，技术政策（或法规或立法）不能只是作为成品进行研究（它们总是在遗留政策、当前政策和新兴政策的情景中运行）。我们也不能孤立地看待这些问题——相反，许多问题将被处理或合并到任何新的政策提案中，有可能修改以前横向或相邻领域的政策。要做到这一点，就需要政府

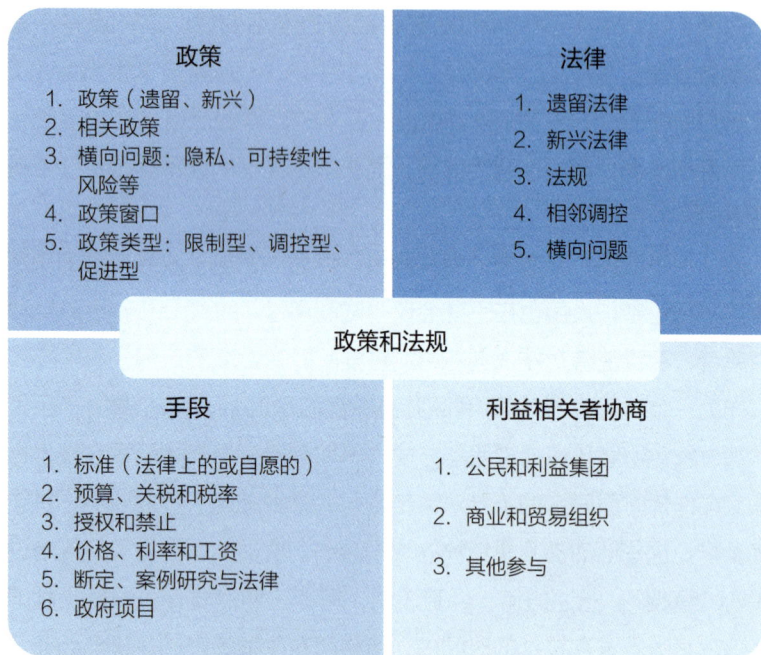

图 3.2　政策调控和监管的力量

各部门通力合作，并征求众多行动者的意见。同样，在政府的精密仪器库中，当谈到技术时，标准应该是居于首位的，接下来是预算和税率。政府项目（研发支持、电子政务等）通常是新技术的初始动力来源。在这一章中，笔者只讨论了其中的一些元素，因为如果深入探讨每一个元素，需要再写一本书。

　　然而，预算作为一种工具，其作用远不止于此。2021年，美国联邦政府为本国民用联邦机构信息技术分配了近533.6亿美元预算，这还不包括军事开支（Holst，2020）中的信息技术预算。此外，还有许多授权和禁令。

3. 政府是风险承担者（规模化的作用）

政府在技术领域的第三个角色是扩大规模，这本质上是一项有风险的工作。有时，政府参与的技术，会造成很大的失败。其原因很复杂，主要包括：臃肿的政府科技基础设施规模；由于陈旧的公共采购系统而导致的，为十分简单的技术花费大量的时间和高昂的费用；官僚们为跟上一个不属于自己的领域而进行的斗争，在某种情况下看似是合乎情理的；那些让真相和事实更加不可企及的游说活动。此外，笔者很愿意看到复杂的、耗资数十亿美元的、医疗或社会保障领域的电子政务项目，可以由任何组织实施。然而，实际上，这些项目通常是由私人承包商执行的，所以他们就不得不承担部分指责。失败和巨额成本的普遍存在，其真正的原因是复杂的。部分原因也是为了维护公平而产生的某种被误导的官僚主义，而并不是因为政府无能。

4. 政府是技术的创新者

政府的第四个角色是技术创新者，通过在研发的早期阶段支持和资助创新者，从而推动技术的进步。例如：美国政府资金支持的谷歌搜索引擎、GPS、超级计算机、人工智能、语音识别、互联网、智能手机、页岩气开发、地震成像、LED、MRI、假肢、艾滋病研究及很多其他技术，都是政府发挥促进创新作用的例子（Singer, 2004）。

在成功地参与到这些技术中后，政府会获得一些洞察力，然而，这些洞察力往往被困在政府的小口袋里而得不到广泛推广，一旦跨界创新者离开政府去其他地方寻找更赚钱的工作时，这些洞察力就会消失。一些政府也不擅长改变自己的角色。事实上，有时他们更喜欢当前的知识。这就是情报或国防支出的作用。

当政府扮演创新者的角色时，它会同时做以下几件事：为研发提供资金，进行大笔采购，并通过风险投资或提供贷款来刺激创新。这种活动对大公司和小公司都有利。

在开发政务（电子政务）技术方面，一些欧盟国家、英国和一些亚洲国家和地区在大多数排名中都领先于美国（UNDES, 2018）。新冠肺炎疫情增加了一些当下需要被广泛发展的业务（Gurria, 2020）。首先，由于宽带需求飙升，目前，它甚至已经成为支撑商业和教育的基本需求，使得2020年之后的几年成为克服数字鸿沟的关键时间。特别是在农村和贫困地区，政府需要大力改善网络的连通性。

其次，信息的获取和共享比以往任何时候都更加重要，不仅是共享医疗数据，还包括解决供应链问题、内部和跨境合作与协调，随之而来的是恶意行为者在网络上开辟新活动，拉拢新成员。为此，必须关注数字安全。

再次，改善目前应该在网上提供的关键交易（当然是电子商务、远程工作和在线学习，但也可能是在线参与、在线投票和在线政务）也将是一个优先事项。这一挑战绝不仅是设备和技术能力的问题，还是提高使用技能的问题。然而，这些都是政府几十年来宏伟目标的一部分，可它们并不那么容易实现，而且由于其庞大的规模和复杂性，极容易出现丑闻和失败。

一般来说，技术行业并不欢迎技术规范，商界也不欢迎商业规范。

法规往往是一种政治工具，除非监管是为了简化政府并缩小其规模。正因为如此，它并不能解决所有问题，并且还会继续引起很多争议。当它在一个方向上波动太大时，往往会在下一个选举周期得到逆转。因此，尝试任何法规时都需要考虑到这一动态。由于缺乏激励机制，政界人士很少对法规和政策制定有长远的看法。或许需要调整这些激励机制，以允许这种长期视角的出现？还是应该选举更多的政府部门或使任期更长？又或者应该设置年龄配额，以确保年轻人能参与到决策

中来？当考虑到技术和社会的未来演变时，政府监管的未来是令人着迷的。目前，还不能断定它会朝哪一个特定的方向运动，而且没有数据能帮助人们判断。

5. 政府是保护者

政府的第五项职责是保护——不仅需要随时保护公民和选民的生命安全，还需要保护社会的基石（历史和未来）。保护作用可以通过监管政策来限制某些活动，也可以通过监测来提醒人们需要注意的事项来实现。除此之外，当技术真正影响到生死问题时，政府通常会介入。一个典型的例子是关于新药临床试验安全性和程序的规则。一些制药巨头、初创公司和等待新药的消费者可能希望临床试验更快、更轻松，但没有人主张取消这一步骤。此外，有时在危机时期，无论是前所未有的经济危机，还是外部力量引起的危机，例如流行病等，或两者同时发生，都需要政府的监管。如果监管得当，规则的浪潮将使所有的船顺利航行。而当它出了问题，监管就会让错误的船沉没，给每个人都制造暴风雨。不管怎样，如果忽视政府对技术的监管，那么后果不堪设想。

欧洲在技术监管方面是全球趋势的引领者，也许是因为其结构的本质——在保持语言和本地职能的同时，将不同的市场逐渐整合为一个整体。据一项研究发现，2019年提出的法规中有近一半源自该地区（Murgi，2019）。例如，汽车行业通过全球技术法规实现了全球化，该法规由欧洲创办的世界汽车法规协调论坛（1952年）发起，并且目前是根据《1998年协定书》制定的。该法规涉及照明、控制、防撞、环境保护和防盗。然而，许多国家的汽车也有其地区性要求，美国和加拿大虽然参与了1998年的协议，但它们没有参与1952年或1958年的协议。全球技术监管之所以复杂，是因为涉及了各国的巨大商业利益。

审查制度

政府确实倾向于在不同阶段参与审查。在美国，1998年之后，《数字千年版权法案》（*Digital Millennium Copyright Act*，DMCA）将可用于规避版权保护机制的技术的生产和传播定为犯罪行为，并限制了在线服务提供商对其用户侵犯版权的责任。现在，后者突然又成了人们讨论的话题。如果拟议的《消除对交互式技术的滥用和肆意忽视法案》（英文简称EARN IT Act）获得通过，技术公司可能会因其用户发布非法内容而承担责任（Newton，2020）。

互联网拦截工具往往被政府用来解决公共政策问题，主要采用三种方法：基于IP和协议的拦截、基于URL的拦截和基于深度包检测的拦截，但它们几乎没有效果（Internet Society，2017）。话虽如此，为了将互联网用作非公共内容的通信工具，服务提供商和政府重新关注付费墙和封闭式访问，这使得没有拦截的极端立场同样站不住脚。

▌政府在技术规范方面的作用

政府发挥特别积极作用的三个例子是反垄断、药品开发和标准化。笔者脑海中有以下例子：国会或反垄断大技术、23andMe和《健康保险流通与责任法案》（英文简称HIPAA）的标准化。

美国国会和大型技术公司的监管

在欧洲各国和美国的立法者准备出台一系列新的立法以遏制大型技术公司的增长和对政府、企业和社会的影响之后，关于监管大型技术公司，

如脸书、苹果、美国的Alphabet①、美国的电信公司等的类似争论也正在发生。脸书、亚马逊、苹果、微软（Microsoft）和谷歌（Alphabet）的总市值已经超过4万亿美元（Jones，2019）。

反垄断可以通过几种方式发挥作用。拆分大型技术公司虽然看起来很简单，但并不是唯一的选择，也不一定是效果最佳的方法。在欧盟，过于严格地执行竞争法将对国家冠军企业的发展产生负面影响，这是大多数成员国多年来一直追求的真实且经过检验的方法。鉴于原告的举证责任要求，在美国，政府采取激进的做法执行反垄断法是非常艰难的（Aridi & Urška Petrovčič，2020）。反垄断的目标也不同：美国的目标是消费者福利，但在欧盟，市场一体化和消除人为贸易壁垒是重点。在这两个经济体中，任何改变现状的尝试都面临争论双方强有力的游行活动。值得注意的是，这次不知何故逃脱审查的大型技术公司可能会试图支持对其竞争对手的反垄断。

欧盟于2018年5月通过了《通用数据保护条例》（*General Data Protection Regulation*，GDPR），该条例中包括了加强数据隐私的保护，给参与数字广告的小型和大型企业带来了巨大障碍。向订阅者发送时事通讯等，这些基本事务甚至也变得复杂起来，因为需要让公司承担举证责任。

监管大型技术公司的理由是，垄断市场的创新性较低，往往会束缚消费者，使得消费者的选择更少，而价格却更高。反对监管大型技术公司的理由是，这些公司有能力在全球范围内推出一系列创新，这为它们的供应链提供了大量机会，并生产出大多数人都喜欢的产品。拆分这些大型技术公司或改变它们销售某些产品的能力会干扰其商业运作，可能会减慢这些公司的发展速度；或者，在最坏的情况下，会降低创新的动力。不知道是否有一个通用的答案能最真实地描述目前这个历史时刻所

---

① 谷歌公司的母公司。——编者注

处的位置。一方面，可以说，在一些由单一参与者（如搜索引擎）主导的市场，干预时机已经成熟；另一方面，这个市场也已经显示出了自我调整的迹象。

美国政府对医疗披露和索赔的监管

DNA鉴定技术公司23andMe的成立，使得可以揭示几十种性状的遗传倾向测试变得不那么昂贵。2013年，23andMe的创始人安妮·沃西基（Anne Wojcicki）认为，她不需要得到批准，就可以向客户提供有关癌症等基因影响疾病的健康风险信息。可预见的是，美国食品和药物管理局有不同的观点（Hayden，2017）。

随后，该公司与政府机构进行了数年的斗争，才获准再次运营，但也并非完全自由。两年后，该公司申请公开一种罕见疾病的测试结果，并获得了批准，随后又逐渐有了更多的批准。但该公司仍无法公布据称尚有争议的其他测试结果，例如与BRCA基因有关的测试结果。

不管23andMe在未经批准的情况下采取的无视监管做法是否幼稚，它确实给公司带来了重大灾难，几乎让公司破产。在监管严格的行业，初创公司的创新者在采取这种行动之前，最好先征求意见。

消费者应该受到保护，不能因为公司对消费者的基因健康声明而受到影响，这是很重要的。事实上，这一领域可以说是必要并富有成效的政府监管的缩影。然而，很明显，如果政府需要数年时间批准发布有关遗传疾病的重要新信息，这在社会层面上同样存在问题。就像生活中的许多事情一样，这是一场相互制衡的博弈。

当涉及生命科学创新时，预防原则经常被援引。尤其是在欧洲，这既是一种道德考虑，也是一种实践考虑。而在个人自由意识概念宽泛且非常强烈的美国，这在政治上是有争议的。

政府对网络安全的影响（HIPAA法案）

一起来看看另一个领域：远程工作场所，在这个领域，安全和健康受到世界各国政府的密切关注。说服工人远程工作并不是企业主面临的唯一挑战。远程工作团队存在严重的法律问题；在共享的客户数据和员工数据方面，必须确保隐私和安全；网络安全日益受到关注；工资单必须考虑工人注册所在的州。政府必须做出合理的调整，以便新的远程工作场所不会歧视任何工人。

对于许多公司和政府职能部门来说，网络安全是远程工作的主要障碍。在家里，WiFi网络通常不如办公网络安全，个人电脑设备（台式机、笔记本电脑、打印机）也通常不太安全，因为有其他人可以访问。随着美国的视频会议软件初创公司Zoom在2020年春季几乎一夜之间成为商业和教育领域默认的远程工作解决方案，其平台上出现的黑客故事也随之出现。该平台根本没有为日益增加的关注做好准备，而是快速地做出回应。然而，Zoom现在确实为符合HIPAA法案的商业账户提供了远程医疗计划，其会议是端到端加密的，Cisco Webex自2018年以来就已经这样做了。云记录被禁用，却使医疗人员能够提供远程患者护理。

在美国，现有的隐私和网络安全类政府法规包括HIPAA法案、《格雷姆-里奇-比利雷法案》（GLBA），这些法案管理非公开的个人信息、美国证券交易委员会的合规检查和审查办公室（SEC和OCIE），管理SEC注册实体，包括经纪交易商，以及国家标准与技术协会（NIST）控制和标准（Orrick，2020）。

尽管以上这些监管很诱人，但许多人还是低估了政府的功能。与人们认为的相反，政府和技术之间存在着密切的联系。美国国防高级研究计划局项目资助了互联网。50年来，美国国家航空航天局（NASA）等政府专业人士一直主导着太空竞赛，直到私营部门占据了主导地位。欧盟研究框架计划资助了研发方面的突破（以及较少商业化的解决方案）。政府采购是许多行业的命脉，包括国防、运输、电信、能源、软件和制造业。

政府技术标准化

在标准化方面，政府扮演着特别重要的角色。没有任何一项技术可以离开政府标准机构的控制，政府控制其发展，或者至少对其发展进行监督。其目的是为竞争创造一个公平的环境，并确保政府本身、企业和公民享有平等的机会。可以说这是政府代表公众扮演保护者角色的典型案例。

国际标准化组织（ISO）成立于1947年，总部设在瑞士日内瓦。每个成员向ISO代表其国家的标准化活动，反过来又向自己的国家或地区代表ISO。美国国家标准协会（ANSI）代表美国的标准化活动。目前，有23217个ISO标准和大约10000个美国国家标准，但它在美国是一个半官方机构。

ISO将标准定义为"提供要求、规范、指南或特征的文件，这些要求、规范、指南或特征可用于确保材料、产品、过程和服务适合其用途"。ISO的营销人员已经找到了一个快速的描述，现在鼓励人们"把标准看作描述做某事的最佳方式的公式"。最著名的标准包括ISO 9000系列质量管理标准、ISO 27001信息安全标准和ISO 3166国家代码，这些标准方便了使用者。

ISO 9000系列标准基于许多质量管理原则，包括以客户为中心、对高层管理人员的激励和影响、对过程方法的持续改进。170多个国家

78

的100多万家公司和组织通过了ISO 9001质量管理体系认证。使用ISO 9001有助于确保客户获得一致、高质量的产品和服务（ISO，2020）。

ISO/IEC 27001广为人知，为信息安全管理系统（ISMS）提供了要求，尽管ISO/IEC 27000系列中有十几个标准。使用它们，任何类型的组织都可以管理资产的安全性，如财务信息、知识产权、员工详细信息或第三方委托的信息。

ISO 3166国家代码标准应用于技术的一个例子是，互联网域名系统如何使用这些代码来定义顶级域名，如法国的".fr"和澳大利亚的".au"。如果仔细想想，当标准发挥作用并已投入使用时，它们看起来非常简单。而当它们不起作用时，问题就来了。想象一下，如果各国在发送邮件或电子邮件时经常相互混淆，那将是多么混乱。以斯洛伐克和斯洛文尼亚为例。如果没有一个明确的标准，谁会知道哪个是缩写SL，哪个是缩写SK？

标准的商业利益

对于企业而言，标准是一种战略工具，一旦成功部署，它将为自身及其服务的客户带来诸多好处。标准可以通过减少浪费和错误次数来降低成本。标准可以通过简化流程提高生产率，从而提高效率。标准可以通过提供具有实现技术平台潜力的通用方法来实现网络效应。

话虽如此，然而作为一个标准的早期支持者或采用者，却很少能占有持久的竞争优势，除非它是由一家公司单独控制的专有标准（也称为事实标准）。这方面的例子包括20世纪90年代微软垄断桌面生产力工具的核心Word文档格式，它确保了Office套件的主导地位。

标准制定组织（SSO）是一个负责起草、协调、颁布、修订、修改、重新发布、解释或制定技术标准的组织，旨在满足一组受影响的采纳者的需求。

大多数标准的采用都是自愿的，因为它们是供人们或企业采用的，而不是法律强制规定的。当某些标准被监管者作为特定领域的法律要求而采用时，它们就具有了强制性。

从螺纹、集装箱到电子阅读器，人们使用的几乎所有东西都是私人的、自愿的标准。一个多世纪以来，它们对世界经济的每一次重大变革都至关重要，包括全球制造业的崛起和互联网的普及。

自愿制定的标准

到目前为止，本书已经讨论了政府组织的标准制定。然而，在欧洲和美国，有组织的自愿标准制定可以追溯到19世纪80年代。工程师委员会最初通常由工程协会赞助，后来由标准制定组织赞助，开始制定标准，供制造商采用，以满足公司客户的需求。

正如耶茨和墨菲（Yates & Murphy，2019）在《工程规则》（*Engineering Rules*）中指出的那样，标准化是一个对所有人的生活有着惊人的普遍影响的过程，尽管很少有人注意到。矛盾之处在于，私营部门是自愿进行自我监管的，例如，它承担了政府本来会承担的角色。当然，这样做的好处是，它对监管通过的内容有更大的控制权。

"到20世纪20年代，标准化人员开始认为自己是世界和平和全球繁荣的关键"，耶茨写道。"集装箱标准化帮助使今天的全球供应链成为可能……一些经济学家说，集装箱标准化对全球贸易的增长产生的巨大影响比世界贸易组织所做的任何事情都要大"（MIT Sloan，2019）。由于瑞典工程师奥勒·斯图伦（Olle Sturén，长期担任ISO的秘书长，也是标准化的先驱）的推动，国际联运集装箱（那些用轮船、火车和卡车运输货物的大金属箱）成为高效全球供应链的关键要素。他带领瑞典代表团参加了ISO的工作。1968年，ISO创建了40英尺（1英尺=30.48厘米）集装箱标准（ISO 668），遵循美国卡车的尺寸，迫使各种欧洲卡车和铁路运输系统做出改变。最终，这个简单的决定带来的全球规模经济影响几乎是无法估量的，并导致了目前全球货运和供应链的爆炸式增长。

即使在ISO成立后，自愿制定标准的工作仍在继续，尤其是在信息技术领域。1987年左右，由于人们认为政府标准化工作过于缓慢和烦琐，私人资助的标准组织"联盟"应运而生，它们继续对全球市场产生巨大影响。当今世界上有500多个技术联盟，其中大多数由代表公司的成员管理，尽管政府和大学有时可能会加入，但个人用户通常不能。显然，人们需要即插即用的产品。在产品迅速涌现的领域，这样的联盟可以在一瞬间出现。

创新技术系统的标准化过程（GSM、UMTS、WiFi、DVD、BlueRay、MPEG等）涉及竞争、协调和协作的混合。事实上，联盟通常是在知识产权所有权分散于多个市场参与者之间以及企业间技术竞争程度较高的情况下形成的（Baron & Pohlmann，2013），但即使联盟可能提高研发效率，但同时也可能减少竞争。信息技术的3个顶级标准协会包括IETF、W3C和OASIS。下面将简要解释它们的作用。

互联网工程任务组（IETF）制定、发布和监管互联网标准，特别是与TCP/IP相关的标准。万维网联盟（W3C）是一个由大量成员组织组成的社区，它们共同开发Web标准并改进Web服务。W3C开发的流行标准是HTML、HTTP、XML和CSS，每天都有数百万人在主动使用这些标准。

结构化信息标准促进组织（OASIS）是一个全球非营利标准机构（如"联盟"），致力于网络安全、区块链、隐私、加密、云计算、物联网、城市交通、应急管理等开放标准的开发、融合、咨询和采用、内容技术等，以促进互操作性。一些最广泛采用的OASIS标准包括AMQP、CAP、CMIS、DITA、DocBook、KMIP、MQTT、OpenC2、OpenDocument、PKCS、SAML、STIX、TAXI、TOSCA、UBL和

XLIFF，其中许多标准对商业或政府交易的运营至关重要。OASIS的起源可以追溯到1993年。鉴于其与ISO的合作记录，它宣称自己是获得批准的合法途径，以供国际政策和采购参考。

标准促进了互操作性，从而打开了市场

标准发挥作用的主要原因是，当得到正确开发时，它们可以增强互操作性。互操作性是不同的信息系统、设备和应用程序在组织和产品内部以及跨组织和跨产品之间的无缝协作能力。如果没有互操作性，人们就会陷入特定解决方案的风险，这将缩小人们的选择范围，并可能迫使客户永远从单一供应商购买解决方案。相反，平台公司通常会努力实现这种情况。因此，对互操作性的追求是一场持久战。

标准促进创新

毫无疑问，大多数供应商共同实施的成功标准是支持创新的。TCP/IP就是一个很好的例子，它被用来控制计算机系统与互联网的连接。没有这样的标准，就没有互联网。标准提高了透明度。以PDF为例，它支持文档的共享。标准可以帮助避免锁定，例如ODF，它是一种开放文档标准，现在已经取代了专有的微软文档（Microsoft Word）格式，在世界各地的许多政府中用于可编辑文档的交换，它使许多供应商能够提供文档编辑软件产品，允许自由市场。标准可以帮助创造稳定的市场，例如HTTP，这是网络通信背后的基本原则，其中超文本文件包括用户可以访问的其他资源的超链接。标准可以确保效率和经济增长。互联网就是一个例子，它可以说是当今经济增长的支柱。

虽然常规的基于论坛或联盟的标准活动是俱乐部商品（用经济学家的行话来说），因为它们不能完全为公共利益服务，但一些参与者并不满足于此，转而组成卡特尔（同行联盟）。最近一个引人注目的例子可能是

汽车制造商之间串通使用清洁排放技术，以愚弄欧盟监管机构。案件于2018年开始，包括宝马、戴姆勒和大众，这些都是德国主要汽车制造商（EC，2020）。体育媒体权利是另一个值得关注的领域。

需要注意的关键政策领域

技术政策不再是一种可以在远离主流政策发展的辩论中埋没的行业政策。到2020年，它完全进入了财政、贸易和技术政策的前3名，而行业政策则排在第4位，当然这取决于该部门在每个司法管辖区的战略重要性。

主要有5个重叠的政策领域影响政府如何监管技术，分别是：财政政策、贸易政策、技术政策、产业政策、创新政策，以及一系列不断重叠的行业政策（如单独的产业政策、卫生政策、工人监管等）。

政府的科技预算往往会随着国内生产总值（GDP）的增长而收缩或增加，其速度与政府总支出的速度相似（Makkonen，2013）。

政府在社会动态中的伦理卫士角色

最后，随着人们对技术重视程度的提高，对新兴技术的伦理和全球治理也应予以关注。如果不这样做，人们可能会在不经意间实施一项被吹捧为改进的变革，但事先没有充分研究其全部影响。这是一个需要跟踪的持续性挑战，由于不能预测所有负面影响，人们将不得不在事后减轻负面影响。

如何跟踪世界各地的政府监管活动

为了跟踪新的发展，一些机构脱颖而出，成为良好的信息来源，即经济合作与发展组织（OECD），欧洲议会技术评估组织（EPTA），欧洲其他各地的议会技术评估组织，促进公司、知识机构之间国际合作的创新附属网络，以及创新、技术和科学领域的政府组织（瑞士国家银行、荷兰投资公司、加拿大创新公司、挪威创新公司等）。

OECD对世界各地的创新进行了相当深入的跟踪研究，对创新政策的深入审查尤其有用。OECD最近几年对葡萄牙（2019年）、奥地利（2018年）、哈萨克斯坦（2017年）、挪威（2017年）、芬兰（2017年）和哥斯达黎加（2017年）进行了研究，每次审查都确定了其他国家可以借鉴的良好做法。

美国在20世纪70年代发展了议会技术评估，欧洲则在20世纪80年代和90年代发展了议会技术评估。这意味着人们更加重视技术对社会经济的广泛影响（Joss & Belucci，2002）。尽管保持相对低调，EPTA的成员对其技术政策的深度和广度上还是产生了冲击。由于议会的报告是用外行语言编写的，并且总是与政治辩论保持一致，因此这个组织专注于向议会提供建议。当笔者在挪威技术委员会工作时，曾为改变文件格式的互操作性政策作出了贡献，并制定了可再生能源政策。EPTA成员在2020年的新项目中包含了生物电子学、人脸识别、社交距离、数字心理健康、去精细化和生物特征学等（EPTA，2020）。

新兴技术的伦理

考虑到对社会造成的影响，必须对所有重要的新兴技术进行跟踪和及时的政策干预，如量子技术、人工智能、纳米技术、合成生物学以及第2章中概述的每一项技术。这些技术反过来，又将作为强有力的监管工具，提供新的机会（Brownsword & Yeung，2008）。在未来，人们可以设想的一种大规模的工作方式是跟踪和监控肉类包装厂等场所。以前，这需要进行物理检查。现在，随着新型冠状病毒威胁，这种检查成为核查人员的一个担忧，人们不得不期望在线监测能够成为常态，并带来潜在的效率

（当然还有道德问题）。可用的技术工具包括普通的老式网络摄像头、用于索引图像片段和跟踪异常的人工智能，以及用于监测外部环境的无人驾驶飞行器（Eggers et al.，2018）。如果在物联网场景中添加环境传感器，则可以实现远程控制。许多法规也可以作为代码进行解析，并且可以被机器直接理解，从而可以在现场实施补救措施。然而，在这些技术被完全理解或控制之前，这些应用可能会无法区分正在发生的事情，从而导致类似于人们在2020年面临的关于人脸识别的情况，这种情况误检测了很大一部分黑人，导致像IBM这样的公司停止了面部识别的工作（不管这意味着什么）。

立法跟踪软件正在缓慢改进，并将使人们更容易地跟踪正在进行的和新出现的举措，考虑到活动的绝对数量（这一点很重要）。最佳实践交流也有它的一席之地。笔者建立了欧盟最大的电子政务实践共享框架，称为ePractice.eu，现在已并入Joinup.eu。欧盟的用户从150名沉寂用户增至15万名活跃用户。然而，随着社会政治环境的变化，案例迅速变得陈旧和过时，维持这些成果变得很艰难。

基于国家的指数，如年度布隆伯格创新指数（BII）、世界知识产权组织的全球创新指数（GII）、透明国际的腐败感知指数，对跟踪技术政策非常有帮助，尽管每个指数通常都有自己的问题和衡量偏差。这些指数倾向于跟踪监管环境的一般特征（知识产权保护、司法独立性和立法过程的效率），以及更具体的信息和通信技术维度（信息和通信技术相关法律的通过或软件盗版率）。这些指数中的每一个都是高度相关的，但它们从来不是一对一的，因为它们使用不同的指标。其最大的区别在于，一些指数给出了国家规模的分数（无意或公开），而其他指数则没有，这影响了挪威、瑞典和新加坡等国的地位。

为了说明监管举措严重依赖社会环境，下面以人脸识别为例，作为人工智能取得了一些实际进展的领域之一，它受到如此严格的审查或许有些令人惊讶。然而，人脸识别只是构成监控社会的众多工具中的一种，而监控社会正是由技术促成的，只关注一个方面并不能解决这个问题。

具有讽刺意味的是，大型科技公司现在正在呼吁对仇恨言论、虚假信息、算法歧视、政治广告等进行立法，这主要是由执行不明确的规则和没有创造一个公平的竞争环境引起的（Sherman，2020）。

技术政策的新兴领域

未来10年，政府干预的几个领域显而易见：反垄断、隐私保护、消费者保护、审查、数字服务税、供应链安全和可持续发展。至于具体的新兴技术话题，请关注第2章中提到的所有新兴技术的监管，特别是人工智能、医疗IT、远程劳动力、网络安全、物联网、药品定价、面部识别、频谱共享、合成生物学、可再生技术、人类增强、自动驾驶汽车、区块链、神经技术、增材制造技术、量子计算和纳米技术（Bernard，2020；Kutler & Serbee，2019；Marr，2020）。

任何监管新兴技术的尝试都面临双重挑战：一是它们是全球性的，依赖的平台和网络并不完全符合每个国家和民族的监管框架；二是它们迅速崛起，这与官僚组织监管过程的稳定性和缓慢性背道而驰。即使有国际合作，甚至更有效的政府监管程序，这种紧张关系也不会消失。

在过去的25年里，世界各国政府掀起了一场放松管制的运动，人们认为任何新的监管都会带来不必要的行政负担。荷兰完善了对行政负担的分析，不仅有效地衡量了行政负担，而且还逐步取消了负担过重的立法。荷兰政府在2003年至2007年施行的行政负担减少计划得到了很高的评价，这项计划的目标是：到2007年消除40亿欧元的企业行政负担（World Bank，2007）。这种方法的挑战在于它应该在哪里停止。而且，当钟摆不可避免地回摆时，还剩下什么呢？

然后是谨慎或约束原则，即任何道德社区（政府或其他）都需要

小心，新兴技术不会削弱社区想要培育的社会条件（Brownsword &
Yeung，2008）。在某种程度上，政府试图通过利益相关者协商来维护
这一原则。例如，在欧盟，利益相关者协商是一种正式的程序，欧盟委员
会通过该程序从相关各方收集与政策有关的信息和意见、目标是确保参与
性、开放性、有效性和一致性（EU，2020b）。布鲁塞尔有相当多的组
织，其唯一目的是在欧盟准备和评估影响时对这些磋商做出回应。

自我监管能解决所有问题吗

在某些情况下，答案是允许自我监管（例如通过上述标准联盟或更不
正式地通过行业协会讨论和章程），但这并不总是正确，因为这种监管容
易被利用。随着利害关系的加强，需要一个"中立"的仲裁者进行干预。
不过，没有哪个政府或跨国机构在这方面是中立的。每个国家都有自己的
议程，监管过程的效率和合法性本质上都很复杂，但监管过程的缺失也同
样复杂。

小结

政策和监管对市场的调节作用非常强大，其效果可能是促进市场，
纠正市场，或者完全不利于创新。正如人类社会中的许多其他事情一
样，它的影响取决于许多因素。在本章中，笔者指出了消费者DNA公司
23andMe最初是如何误读联邦法规并遭受了两年的抵制，以及由于新冠
肺炎疫情的限制措施，远程工作可能会得到很大程度的提升。但这在一定
程度上取决于政府是否为希望更长久地做到这一点的企业提供放松监管的
便利。然后，本文提出了标准化的重要性，并以笔者所设想的伟大的技术
将如何以及在何处受到监管作为本章的结束。

从概念上，笔者已经描述了政府力量倾向于强调五种行动模式的方式：①质疑（通过咨询）；②促进（通过政策）；③规模化（通过必要的大规模项目实施）；④启动（通过研发和创新）；⑤限制（通过监管）。如果人们更清楚每种模式何时开放供商业或公民输入，他们就能影响自己所关心的技术方向。要做到这一点，需要投入时间和精力，具体学习如何做到这一点，可能还需要各种网络、组织和其他各方的支持。

作为专业人士，人们需要充分了解自己所创造或使用的技术所导致的影响。一旦确定了这种影响，就应该自由地采取强有力、大胆的立场，用自己的解决方案或评论来赋予社会权力。本章提供了一些额外的工具，以便在任何给定的时间对政府监管的进展进行批判性评估，或许还能提供如何进行干预的想法，以使政府官员和技术用户对正在发生的事情有更全面的了解。随着科技不断渗透到当前的社会结构中，这种意识只会变得更加重要。

笔者希望通过明确的概念来引导这些政策，并保持选择的尊严是不可侵犯的，因为生活质量是通过发明和反思来建立的，而不是通过监管（Brownsword & Yeung，2008）。在下一章中，笔者将从新商业模式如何颠覆市场的角度展开讨论，无论是通过新的技术平台还是仅仅通过一个好想法。

▎关键要点和思考

1. 反思你自己与政策和法规的关系。关于政府如何影响创新和技术，你首先想到的是什么？

2. 你如何了解新的政策和法规？你和政府决策者、政策制定者或官僚组织有关系吗？

现在，请在图3.3政府力量练习中填空，使用监管情况下的技术，与

你的业务相关的，对你自己，或对社会方面的理解。细化每个子类别。如果你想不出来，可以尝试使用人工智能、疫苗或机器人。在每个框中至少确定三个问题。

在图3.4中填上百分比。尝试对你非常关心的以及参与的技术进行一段时间（历史或面向未来）或跨国家的比较分析。你或你的公司能在多大程度上影响当前的优先事项？用了什么策略和战术？

3. 标准化：影响你工作的最重要的标准是什么？哪些标准是紧急的或它的出现有助于你的行业发展？

政策

1. 政策（遗留、新兴）_____
2. 相关政策_____
3. 横向问题：隐私、可持续性、风险等_____
4. 政策窗口_____
5. 政策类型：限制型、调控型、促进型_____

法律

1. 遗留法律_____
2. 新兴法律_____
3. 法规_____
4. 相邻立法_____
5. 横向问题_____

政策和法规_____

手段

1. 标准（法律上的或自愿的）_____
2. 预算、关税和税率_____
3. 授权和禁止_____
4. 价格、利率和工资_____
5. 评判、案例研究与法律_____
6. 政府项目_____

利益相关者协商

1. 公民和利益集团_____
2. 商业和贸易组织_____
3. 其他参与_____

图 3.3　政府力量练习

89

政府力量强化

技术＿＿＿＿＿＿＿

政策（促进）
＿%

法规（限制）
＿%

创新（赋能）
＿%

咨询（质疑）
＿%

图 3.4　政府力量强化练习

04

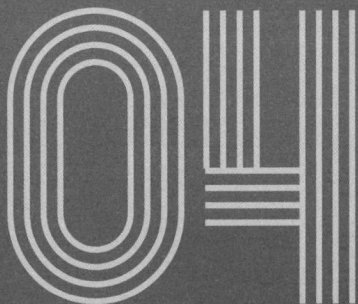

颠覆技术、市场和社会的商业力量

本章将揭示商业力量是如何颠覆市场、颠覆技术，并最终颠覆社会的。商业模式是商业领域中最重要的颠覆性力量之一。如今，商业模式已经成为创新的主要工具（如图4.1）。目前的挑战在于，这种新颖的商业模式可能无法帮助人们理解未来的发展方向。相反，人们需要自己去寻找此类新奇事物，去保护自己的企业，去把握机遇，去理解社会本身的变化。换句话说，人们需要超越商业模式分析。笔者从以下3个方面阐述并助力寻求正确答案：①提供关于工业分类的历史演变过程及其关键内容；②解释技术相关企业（近期）过去的运作方式；③着眼于未来3~5年，甚至10年，阐述总体战略框架如何明确未来的抉择和路径。

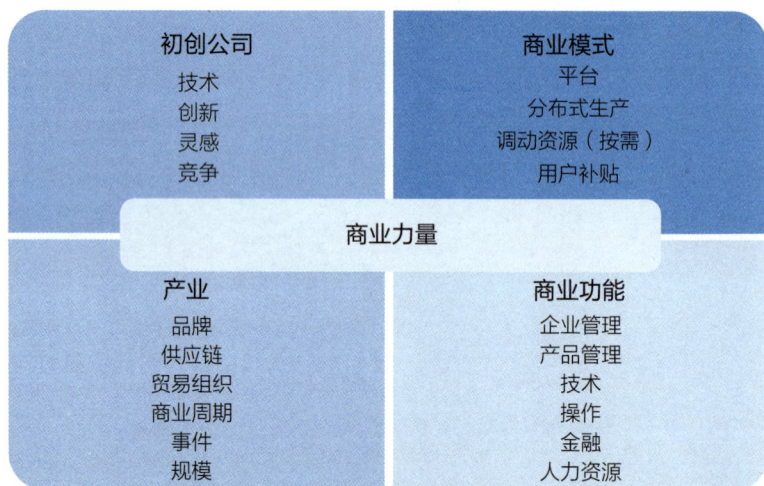

图 4.1　商业次级力量

工业分类反映技术革新

　　不同的行业有着各自的关注点（以及不平等的动态），这一观点在社会中由来已久，可以追溯到这些行业逐渐兴起的工业发展时期。熊彼特（Schumpeter）是工业变革的杰出理论家，他声称，由于技术进步使创造新的工业活动成为可能，而革新开启了创造新的工业活动，创造新的工业活动又是新部门出现的关键（Schumpeter，1942）。这些颠覆是由企业家推动的，而这个过程又是周期性的。

　　随着企业家的成就越来越大，他们进入资产阶级，创立了公司，最终成为强大的集团。例如，谷歌和亚马逊，和其他公司一样，它们也有一些共同的致命弱点，包括群体思维、自满和变革缓慢。正如杰夫·贝佐斯（Jeff Bezos）在2018年给亚马逊公司员工的一封信中提到的，具有创造性的颠覆变革最终（而且没有事先通知）会影响到每个人，并且他提出

"据我预测，亚马逊总有一天会失败，最终倒闭。纵观很多大公司，它们的生命周期大致在30年左右，而不是100年"（Steinbuch，2018）。

每个行业逐渐获得了自己的职业社团，形成了强大的内部联系，并设置了职业身份、关注点、甚至阶级意识（Marx，1848）。然而，在21世纪，各个行业的许多显著特征相互融合，行业的概念作为区分专业关注点、模式和趋势的手段，所起的作用越来越小。图4.2以时间顺序列出了相关行业类型，并且可以看出它们之间具有很大的差别。

产业出现

起始时间	公元前 4000 年至 公元前 2000 年	1500—1800 年	1800 年
食物 能源 防卫 服务	商品 金融 饭店 政府 海洋	媒体（15 世纪） 交通（16 世纪）	制造业（18 世纪） 教育（18 世纪） 电信（1830 年）

1900—2000 年	2000—2010 年	2010 年至今
消费业（19 世纪） 航空（1903 年） 技术（1904 年） 旅游业（1920 年至今） 医疗保健（1929 年） 公益 服务 2.0 时代（1950 年至今） 企业集团（20 世纪 60 年代至今）	软件行业	虚拟产业 3D 打印

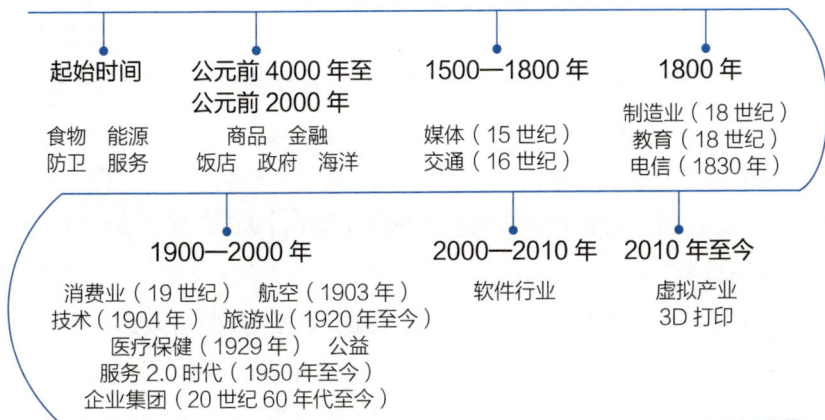

图 4.2 行业时间轴

当笔者研究分类法并开始使用它时，发现表面上它似乎很有用，但它的不完整却令人难以置信。实际上，几十个例外开始出现，而且比市场小得很多的子类市场逐渐出现。事实上，一个行业、一个细分市场、一个部门和一个新兴的焦点领域之间的区别并不是那么大。毕竟，市场或工业的定义很不明确。

市场的传统含义是一个实体市场，除了所有权结构可能不透明之外，其布局是完全明显的。然而，如今，只要你能描绘出一组参与者，并能计算出其领域的投资金额，就可以宣称它是一个市场。然而，这并不意味着所有这些较小的市场区域都必须作为一个市场运行。问题是，在今天的市场中，对市场本身的看法可能并不相同。

技术的进步帮助了一系列行业向前发展，提高了效率，甚至改变了它们的主题，也许最显著的是第二次工业革命中的制造业和过去几十年中的制造业发展。大多数人都知道，数字化虽然在每个行业都有不同的影响，但数字化已成了所有行业的支柱。有时，技术会培育新的产业。3D打印即将证明这一切，它即将培育一个分布式生产线，不仅将重构生产业而且会给消费行业带来巨大的变革，甚至长远来看，会淡化它们之间的边界。

同样，随着"移动即服务"、人工智能和自动驾驶技术的普及，交通运输业也将发生翻天覆地的变化。成功所需的技能类型，以及未来交通模式所依赖的基础设施类型，正变得与过去所需要的截然不同。然而，技术创新、商业模式、监管和社会动态性的相互作用将决定最终所有结果，而不仅仅是其中之一。

行业的相互转化、变化、互动和发展的方式不容易实时观察。追踪某个行业并不像每年跟踪宏观经济变量和每季度跟踪企业财务那么简单。追踪个别公司也不可能诱发这种效应。相反，本书中的核心论点是，创新、机会之窗、政府监管和社会动态性之间的复杂关系和相互作用创造并维持了这些产业。不要把目光一直专注在一种颠覆性力量上，如果你不注意其他因素，也许就在那时，变革就发生了。

即使是那些拥有最大研发部门的公司也会一次又一次地遭遇意外。注意，电信行业一直拥有世界最大的研究团队。它们在很大程度上无法预见到互联网技术直接颠覆电缆、交换机和网络等，并最终迫使他们中的一些转变为内容产业。作为网络提供商，这些内容产业原本在意识形态上是相互对立的。

了解技术如何影响新旧商业模式

商业模式描述一个组织是如何创造、传递和限制价值的（Osterwalder & Pigneur，2010）。因此，它包括了公司开发赢利型产品，以及将产品交付给目标客户的方法等。事实上，辛菲尔德等人（Sinfield et al., 2011）提出了关于商业模式需回答的六个问题。谁是目标客户？满足客户的什么需求？提供什么样的产品来满足这一需求？客户如何获得该产品？企业在提供产品过程中扮演什么角色？商业活动怎样赢利？

四种传统商业模式

有四种传统的商业模式：制造商、分销商、零售商和特许经营，以及大量的这四种商业模式的衍生或混合模式。制造商生产的产品，通常通过直接批发或分销商销售。分销商不生产自己的产品，而是以第三方的身份销售他人的产品。他们表示："可以像亚马逊网站一样，成为超创新的产品平台。"零售商有自己的店面去销售其他人的产品。最近，零售商业开设了加价销售商品的线上店面。特许经营允许特许经营者从自己的地点购买高度标准化经营的权利，通常提供强制性的全球营销方案和优先供应商的供应链，其利润按照一个精确的公式分配作为回报。

任何传统的商业模式都没问题。事实上，每个模式都可能会有显著的创新，成为里程碑。只要人类没有完全进化成虚拟物种（人类离虚拟物种还很远），体验式零售就会继续发展。

从过去的商业模式中学习

幸运的是，人们不必从头开始。为了学习、测试或掌握商业模型，人们提出了各种各样的战略框架。笔者按照它们出版的顺序只列出了其中五个，尽管其中一些想法在很早以前就已经流传了。

可以学习的商业模式类书籍包括《商业模式导航者》(*The Business Model Navigator*)(Gassmann et al., 2004)、《蓝海战略》(*Blue Ocean Strategy*)(Kim & Mauborgne，2005)、《IDEO，设计改变一切》(*Change by Design*)(Brown，2009)、《商业模式新生代》(*Business Model Generation*)(Osterwalder & Pigneur，2010)和《精益创业》(*The Lean Startup*)(Ries，2011)。画布方法(Osterwalder & Pigneur，2010)非常实用，提倡激进的实验。设计思维(Brown，2009)是如何从一开始就与客户合作开发产品的范例。蓝海(Kim & Mauborgne，2005)是一种被广泛宣传的战术方法，用于寻找没有竞争的空间，而不是被困在高度竞争的市场中。精益创业(Ries，2011)，源于硅谷企业家埃里克·莱斯(Eric Ries)自己产品失败的经验，主张快速构建最小可行产品(MVP)，然后通过访谈收集客户的体验，并通过快速迭代和反馈来改进。然而，重要的是要认识到，颠覆性创新是人们通过发明一些新东西来实现的。当看到其早期原型时，客户无法凭借想象力感知它，苹果公司的史蒂夫·乔布斯(Steve Jobs)就是最好的例子。说到底，把权利重新交还创业者手中也很重要。

每一种方法都有自己的优点：简单、经验基础、个性化品质、具体案例或新颖性。没有一个方法能同时具备所有的优点。例如，单纯地采用精益创业方法，商业游说，甚至设计思维，都可能导致错误否定的结果。这意味着，由于一些随机客户的糟糕反馈，好的想法往往被错误地拒绝。类似地，蓝海被吹捧为要么拒绝价值创新要么拒绝低成本，尽管会认为有必要问自己的一些有多个选项的问题(在有用性、成本、价格和采用方面)是对颠覆性创新的高度简单化的理解，也是竞争优势的来源。然而，这种竞争优势只是暂时的，因为其他人会很容易模仿和部署。

总的来说，框架占有一席之地。然而，重要的是不要陷在一个或几个这样的概念世界中，因为框架跟不上世界的变化。笔者希望读者能把同样

的怀疑论应用到本书中。当然，这本书是建立在早期的思想基础上的，包括PEST框架（Hague，2019）以及笔者熟悉的其他传统方法。

框架没有什么神奇之处，它们需要随着时间的推移而进化。当它的经验基础不再有效时，人们需重置或放弃该框架。这里存在着旧思维模式的危险，即它可能成为一个简化事情的机会，也可能成为一个问题。框架的主要价值在于它们的简单性和便捷性，这在日益复杂的世界中可能变得更加重要。相反地，如果你简化了一个实际上更复杂的现象，那你就是在搬起石头砸自己的脚，还不如直接处理这种复杂性。

发现新兴商业模式是一项艰巨的任务

相比之下，人们对新的、颠覆性的商业模式了解相对较少，而且大多是在新技术的背景下研究的（Schiavi & Behr，2018）。历史告诉我们，今天的新商业模式可能无法帮助我们理解什么将在未来起作用。

在同时考虑技术、监管和社会动态的复杂环境下观察商业模式是一件很难实现的事情。除非你是一个颠覆者，一个追求从各种颠覆中获利的企业家，一个提供销售变革相关服务的顾问，或许你也可能是被颠覆的团体。研究新兴商业模式充满了不确定性，因为人们只有实践之后才能知道一种商业模式是否能走向成功。创造性常常在商业模式中被忽略。企业家必须基于有限的真实信息做出决策，而这种决策很大程度上是一种预感，然后，通过测试和实验，验证这种决策的可行性。

如果初创公司不能根据他们最初选择的商业模式找到一个初始市场，通常会尝试转型，这意味着他们会尝试其他商业模式或市场。这种类型的商业模式实验对初创公司来说更容易实现，大公司也可以采用这种方式，特别是在新产品发布等相关决策中更适用。

商业模式和技术的关系

网上有很多商业模式可供人们探索（Board of Innovation，2020）。然而，它们都可归为几个主要类别。尽管新的商业模式在不断出现，笔者认为目前有以下几种技术驱动的商业模式（如图4.3）。随着技术、理念和消费者需求的变化，总有可能出现更新的、更好的商业模式。接下来，笔者将快速概述这九种商业模式。

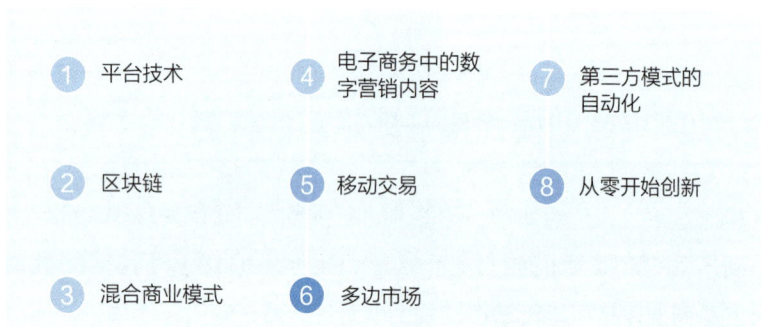

图 4.3　技术驱动的商业模式

平台技术——过去十年的主导技术

平台技术是那些建立在网络效应之上的技术，这些网络效应要么是以前的技术平台，或者是公司自己的平台，它们都是以互联网业务为主要内容。关于平台技术的书籍很多（McAfee & Brynjolfsson，2017; Parker et al.，2016）。典型的平台技术有电子商务平台（亚马逊、Shopify①、

---

① Shopify，加拿大电子商务服务平台。——编者注

WooCommerce[①]）、移动生态系统（iTunes、Android）、流媒体音乐（Pandora、Spotify）、社交网络（Facebook、Instagram、TikTok）。以无处不在的亚马逊为例，它集电子商务、云计算、数字流媒体和人工智能于一体，另加轻量的社交网络，亚马逊重视产品评论以及它支持和促进的大型第三方社区。有趣的是，这类平台的生态系统是高度动态的。尽管经济力量允许这些平台维持自身发展，但没有人能保证成功一年（或一个月）的平台会在下一年（或一个月）还能成功。

区块链

区块链（见第6章）是一种高度灵活的平台技术，它支持点对点的业务模型。点对点指的是不需要中间人，交易通过公开的交易账本进行。理论上，网络中的每个参与者都有权访问交易账本，这有助于创建一个可信任的网络。

基于区块链的商业模式使用代币来赢利。最直接的例子是它们被用作货币，例如比特币、瑞波币（Ripple）和以太坊（Ethereum）等加密货币。然而，代币在区块链生态系统可以用于许多其他类型的价值交换，甚至和传统的钱没有直接关系的价值交换。例如，代币可以获得权利、责任和生态系统内的价值（但生态系统之外是无效的，例如游戏币）。

证券型代币是一种投资合同，例如，它允许人们部分拥有实物资产并进行交易。最后，迅速崛起的区块链开发平台，包括BigchainDB、以太坊、Hyperledger Fabric、R3 Corda、瑞波币、Cardano和EOS，提供了新的功能，将允许平台本身继续创新、扩展案例，并延伸到新的行业和部门。

---

① WooCommerce，电子商务插件。——编者注

目前讨论最多的区块链应用是在金融服务领域，金融科技领域的智能合约平台将彻底改变合约的订立、维护，以及作为商业工具使用的方式。值得注意的是，区块链技术使数据的创造者和用户变得更可控。人们一旦把数据交给政府或电子商务提供商，本质上就是放弃了无限期持有数据的权利。人们几乎无法撤销这种权利，即使能撤销，他们依然拥有汇总性的数据。这一领域的早期参与者是以太坊，它结合了计算平台、操作系统和智能合约功能来运行去中心化的数字应用程序（或称"dapps"）。目前，基于智能合约的解决方案仍然存在可扩展性和其他技术问题，这阻碍了以太坊的广泛应用。这些问题可能很快就会被解决。

区块链即服务（BaaS）是一种新兴的服务方式，允许非专业人士在不涉及技术细节的情况下，部署区块链应用，类似于通过云端网页托管服务运行网站一样。这种服务方式暗示着区块链很可能成为未来所有行业开展业务的主导平台，就像现代社会的货币所扮演的角色。然而，由于点对点动态性和去中心化，区块链的特性比传统的货币更具有吸引力。

混合商业模式——开源和其他

如今，世界上有很多混合商业模式。基本上，一个混合模式结合了多个商业模式的几个方面。例如，同一个网站结合B2C和B2B营销，结合社会目标和商业目标，甚至混合3个或4个模式。例如，作为将制造商、经销商、电子零售商（Walmart.com）和零售商（Walmart）混为一体的沃尔玛公司，将自有品牌（20个类别的319个自有品牌）和白标签（现在所剩无几）结合起来，甚至还尝试订阅服务（Walmart＋）。

混合商业模式混合了两个独立但相关的概念：免费和付费，开放和封闭。免费这个词很好理解，就像免费啤酒，付费就像酒吧里的付费啤酒。开放指的是源代码的开放性，也指过程和协作方法本身的开放性。封闭专指专有的授权模式。第2章中介绍的互操作性是混合业务模式的重要概

念。互操作性作为免费与付费、封闭与开放之间的媒介，有其好坏参半的一面，因为它允许通过被普遍理解和描述的接口进行通信、访问和协作。混合业务模型往往需要互操作性才能很好地工作。没有互操作性，就会出现锁定，也就是说，您只能使用供应商提供的技术，因为其他人无法获取规范。

许多混合商业模式是基于剃须刀和刀片的原则，一种产品（如剃须刀）以较低的价格出售，同时增加一种互补商品（如消耗品、刀片等）的销售来弥补。这一原则适用于各种不同的产品，如打印机市场（打印机和墨盒，现在是3D打印机和打印材料），电脑游戏（游戏机和游戏），以及任何有时间限制的实物和虚拟商品的免费试用。这种混合商业模式是一种产品绑定。比如，有线电视服务提供商要求客户绑定的套餐里，可能只有一个频道是你喜欢的，而其余的数十个频道是你不喜欢的，并且也无法退订。类似的亚马逊的Kindle电子阅读器和相应格式的电子书也是如此。混合商业模式也有自身的风险，如果客户不完全理解签署的协议，他们可能会觉得被欺骗上当。反而，客户意识到交易的真正意义时，他们可能会拒绝签署。

讨论需要从开源开始。开放源码是一种特定许可下发布的计算机软件。在此许可下，版权所有者授予用户使用、检查、修改、增强和为任何目的向任何人发布软件的权利。这种类型的代码诞生于学术规范的开放交流、参与协作、加速原型、透明、精英管理和面向群体开发。在历史上，这种软件开发模式普遍存在于大学计算机系，但在当今社会，开源在机构和部门中更为广泛。

开放源码软件至少从1998年开放源码倡议（Open Source Initiative，OSI）形成以来就一直在使用。然而，直到21世纪初，双许可才作为一种开源商业模式出现。它通常指的是软件组件在两个许可下同时发布：一个传统的专有许可和一个开源许可。还有几种不同的开源许可，从非营利版权（copyleft）许可证开始，到更宽松的许可证，如BSD、MIT或Apache许可证等，这些许可中，只要承认版权，就允许商用开发。

"众包"（Crowdsourcing）通常指在网上向一大群人征求服务、想法或内容的行为，这个词是由记者杰夫·豪（Jeff Howe）2006年在美国的《连线》（*Wired*）杂志的一篇文章中提出。它的商业模式类似于"众筹"（crowdfunding），即通过从大量人群中筹集少量资金为一个项目或风险投资提供资金的做法。这一概念是由创业者迈克尔·沙利文（Michael Sullivan）在2006年提出，当时沙利文正在为自己的视频博客项目寻找支持者。

免费增值是另一个相关概念，即产品或服务部分或最初是免费的，但在一段时间后，或当用户意识到他们需要额外的功能来完成他们签署的业务时，需支付额外的费用。

电子商务中的数字内容营销

内容营销是当今一个蓬勃发展的商业模式。这很有趣，因为一些传统的内容企业（如报纸）需要为他们的内容寻找新的商业模式。当然，报纸很少靠内容本身谋生，而是很大程度上依靠广告。然而，他们对自己的看法不同，认为自己是内容的提供者（至少，记者是这样，也许报社不是）。内容营销不一样，因为内容显然不是企业提供的主要产品——它是用来创造商誉的附加产品。大部分内容营销都是免费或免费增值模式，可能纯粹是为了建立品牌知名度或忠诚度，而将其作为面向价值拓展的第一步。

通过在线市场，电子商务在过去十年中也同样蓬勃发展，因为传统的零售模式面临着物理限制、库存风险、拥挤的零售地点和其他挑战。

移动交易——小额支付，按次付费

小额支付的定义各不相同。一些公司将低于1美元的交易认定为小额支付，另一些公司将小额支付划分为低于5美元、低于10美元或低于20美元。如果查看自己的账单，你会意识到小额支付的费用比例有时可能高达40%，就像自由职业者平台Fiverr的情况一样，该平台提供5美元的广告服务，收取2美元的手续费。小额支付有很多种形式，从预付（社交媒体网站、在线游戏和报纸）到后支付（在线音乐销售），再到协同支付（在服务提供商的软件中普遍存在）和现收现付，每一种都有不同的商业含义，而消费者往往并没有意识到这一点。

移动交易不仅支持所有现有的商业模式，而且也创造了自己的模式。最好的例子就是小额支付如何在更细粒度的层面上实现按次付费。按次付费指的是按使用的单位（时间或数量）收费的商业模式。而反过来又催生出新的行为类型。人们不再担心通过贝宝（PayPal）进行小额交易时"盗刷"，因为人们的看法是，现在的收费比21世纪初的信用卡时代要低得多，尽管事实未必如此。

在现实中，数字交付带来了巨大变革，因为交付成本不再是问题。

多边市场

促进供应商和客户之间直接互动的双边市场在过去十年变得普遍。双边市场存在许多模式，包括中介、证券交易、佣金和拍卖。早期的例子包括游戏平台，比如雅达利（Atari，1971）、日本的任天堂（Nintendo，1972）、日本的世嘉（SEGA，1965）、索尼PlayStation（1994），以及后来的微软Xbox（2001），正如罗切特和蒂罗尔（Rochet & Tirole，2005）所述，需要玩家吸引设计师开发游戏，需要主机游戏来吸引愿意购买和使用主机的玩家。

优步（交通、食品），易贝（eBay，二手商品），爱彼迎（住宿）都是多边市场，其他的多边市场的例子包括苹果、微软、谷歌、阿里巴巴、亚马逊和脸书。它们也被称为平台，因为它们是技术支持的市场。

优步没有汽车，也不生产食品；脸书不创造内容；易贝和阿里巴巴没有库存；爱彼迎没有房地产。多边市场将某种程度上两个或两个以上相互依赖的群体聚集在一起，然后提供直接互动的交易方式，其中每笔交易通常都是可赢利的。

为了达到这种目的，企业家们首先寻找类似的市场。这种市场里有很多需要协调问题的执行者，或者通过促进交易（即使这些交易已经通过另一个渠道发生）可能带来高额利润。其次，企业家们需要克服"鸡生蛋还是蛋生鸡"的问题，即如何在平台的多个方面同时创造需求。

通常情况下，如果一方（通常具有弹性需求）补贴另一方（这很难实现），从而优化客户获取过程和终身价值，就能解决这一问题。事实上，多边市场的最大特征是价格结构。所有这些都基于规模经济下，整个行业仍然（或将变得）有利可图的假设。此外，企业家需要一定的资源和时间来让这种市场的动态性发挥作用（Parker et al.，2016）。

当它们成功时，多边市场就会产生经济学家所说的需求方的规模经济，更常用的说法是网络效应。当越来越多的人使用某种产品或服务时，它的价值会以积极的方式改变，尤其是当这种价值呈指数增长时，比如当越来越多的人拥有手机时，拥有手机这件事本身的价值会增加。

第三方模式的自动化

人工智能可以说正在成为世界上最重要的通用技术，尽管目前为止只对小部分商业问题起作用。随着人工智能迅速商品化，第三方自动化模式已经开始出现，尤其是基于备受争议的图像识别领域的人工智能。2019年，全球最大的摄影库存社区Dreamstime发布了PhotoEye AI，旨在利

用创新评估和优化工具帮助企业查找、过滤和编辑图片内容。在新兴的第三方风险管理（TPRM）市场，通过第三方可访问的人工智能模型，现在也可以提供各种形式的尽职调查。

目前总的逻辑是让非人工智能专业公司也能使用人工智能，这样他们就可以围绕人工智能建立自己的商业模式。从而，人工智能就开始改写传统的，甚至是新兴商业模式。人工智能正慢慢开始质疑所谓的人类智力领地的创意、创新和发明的真正意义，包括创造性工作、先进性制造决策、知识产权、驾驶、医疗诊断，等等。通过提供合成数据，例如为测试新的人工智能方法而专门创建的数据，并且不依赖于收集到的数据，或者第三方训练出的联合模型。在许多领域内人们开始质疑内部深度学习模型的必要性。人工智能、区块链、边缘计算和物联网相互交叉产生了这些新的商业模式（Leopold，2019）。

总的来说，基于人工智能的商业模式将领先出现在那些通过人工智能进行突破性创新的应用，比如人脸识别、传感、广告和产品定位。这可能意味着最初受益最多的行业将是营销、汽车、供应链和制造业。然而，医疗保健领域将是最具有潜力的领域，其中有许多价值超过数亿美元的等待人工智能商业模式来解决的问题。不过，任何经历过缓慢数字化进程的行业，都将通过人工智能实现最大的增长，因为这些行业有机会超越互联网推动的30年数字化繁荣，实现立竿见影的更大发展。

从零开始创新

这种商业模式是一种初创企业所采用的模式，大型企业只能部分模仿这种模式。其价值差异可能完全是由网络效应造成的，也可能是这种商业模式不依赖网络效应的其他固有的颠覆性优势所致。产品创新就是这样，品牌是差异化因素。

"从零开始"这个词有点儿不恰当，因为没有东西是可以凭空产生的。创新总是在一定的背景下发生。同样，即便是颠覆性公司，也会站在巨人的肩膀上，因为它们的创新很可能只在某一个方面，而且在整个产品交付过程中可能严重依赖其他方面。

"移动即服务"是一种新兴的商业模式，从个人拥有的交通运输方式转变为服务，从根本上使交通运输不再依赖基础设施，这种依赖性是阻碍创新的最显著因素。优步实际上是一个多边商业模式，它的崛起建立在从零开始的创新基础上。

初创公司如何颠覆市场

某些情况下，一家技术初创公司，或者更典型的是一群具有相似激进技术改进的科技初创公司，会颠覆整个市场，或者至少是一个细分市场。许多独角兽初创公司都发生过这种情况，尤其是软件平台初创公司，例如，英特尔、微软、思爱普、汤森路透（Thomson Reuters）等，甚至交通（优步）和酒店（爱彼迎）等不同行业也出现了这种情况。

最令人欣慰的是，那些几乎与旧模式一样的商业模式，或者那些被尝试过的商业模式发挥着令人满意的作用。因为这些商业模式往往会反驳倾向于颠覆性创新的风险投资家。例如，眼镜零售商瓦尔比派克公司（Warby Parker）在眼镜市场上做中间商的新想法在2010年就遭到了几位投资者的拒绝。然而，瓦尔比派克公司发现陆逊梯卡（Luxottica）几乎垄断了名牌眼镜市场，导致价格被人为抬高。瓦尔比派克公司目前在美国和加拿大经营着90家实体店，据报道其估值为17亿美元。你没听错，这是一家拥有成功的实体零售战略的初创公司（新冠肺炎疫情暴发前）。

订阅——基于"永久交易"的商业模式

永久交易是另一个新兴的关键理念（Baxter，2020）。它建立在所有小社区企业都熟悉的基本原则之上：充分了解你的客户，并坚持建立一种长期、持续的关系。初创公司并不是唯一使用这种方法的公司，但他们是唯一适合使用这种方法取得成功的公司。卖剃须刀的一美元剃须刀俱乐部（Dollar Shave Club）非常成功，因此，联合利华在2016年以10亿美元收购了这家公司。

从长远考虑，它与耐克、声田（Spotify）、领英（LinkedIn）、奈飞（Netflix）、亚马逊和塔吉特（Target）等强大品牌都建立了会员关系。很显然，其他规模较小的新兴公司也试图做同样的事情。然而，其缺点是它们建立的脆弱信任关系很可能被切断。一旦破裂，这种永远的交易就像离婚一样，可能会导致攻击性行为。这类似于顾客从可口可乐转向百事可乐，从HBO转向奈飞，从耐克转向阿迪达斯，从亚马逊转向规模较小的零售商，或从塔吉特转向沃尔玛。

从想象力的延伸来看，这种虚假的永久交易有悖于道德（你真的与这些产品和品牌联系在一起吗？）。除非是技术上的绑定，会员资格都是一种精神产物，是可以改变的。如果消费者真的想要切断这种联系，即使有这些人为阻挠，比如被额外锁定一个月或一年，也无法解决问题。然而，完全相信这种情况的公司相对少见。

通常很少被提及的是，初创公司通常需要与大公司在分销网络上互联，以获得平台业务的需求平衡。这就是为什么大公司会疯狂地进行并购，吞并那些市场上掀起波澜的初创公司。大公司可以控制市场，也可以通过吸取初创公司的能力来控制市场。所有大型科技公司（IBM、微软、思科、甲骨文、奥多比等）都以这种方式保持着主导地位。例如，2018

年，奥多比以47.5亿美元收购了营销软件公司Marketo，从而获得了客户体验营销市场的优势。

订阅商业模式是指客户或用户必须支付一笔订阅费用。这种商业模式已经存在很长时间了，例如，邮购图书俱乐部和葡萄酒俱乐部以及门票销售。由于订阅商业模式中公司和客户的关系具有长期性，所以这种商业模式一直是品牌忠诚度的缔造者。但正是软件即服务（SaaS）订阅的出现改变了游戏规则。现在，这种可扩展性和灵活性确保了数字化信息产品的全球覆盖范围，无论是杂志还是其他出版物，也包括实体产品。谁能想到订阅剃须刀（如Dollar Shave Club）会如此成功？但是，从提供产品到提供服务的转变，代表了20世纪制造业真正的变化。

根据美国的一家SaaS公司祖睿（Zuora，2020）的报道，订阅经济和行业正在快速增长。祖睿引用瑞士信贷（Credit Suisse）的数据称，2015年美国的订户支出高达4200亿美元。例如，祖睿是一个订阅即服务平台，为任何企业实时自动化所有订阅订单到收益的操作过程，提供订阅即服务或基本上端到端订阅管理解决方案。

真正新颖的新兴商业模式

如何掌握新兴商业模式？唯一确定的方法就是积极参与到商业模式的实践中去。

未来学家彼得·迪曼蒂斯（Peter Diamandis，2020）认为目前有7种新兴商业模式：群体经济、自由经济、智能经济、闭环经济、去中心化自治组织、多世界模式和转型经济。可以说，这些都不是特别新的。新冠肺炎疫情暴发之后，许多这些模型将被搁置而有了其他新的思考。特别是以下几个因素：①重新思考将高效与弹性供应链结合的真正意义；②考虑一条通往未来工作的更快的道路（但仍然困难重重）；③考虑回归到平均水平，这一点不能被低估，因为人们渴望回到原来的习惯。

通常，这些关于新兴商业模式的建议是基于新兴技术提出的，因为许多新的商业模式建立在新兴技术突破的基础上。当然，还需要考虑政府的力量，如政策和监管环境。同时，也需要人们对社会动态性具有一定的敏锐性。最重要的是，人们需对反馈信息保持高度敏感。如果人们不能从实践中得出正确的结论，那么仅仅实践是毫无意义的。

未来10年的几种新兴商业模式，有可能是：线上与线下整合（无论任何行业）、总品牌，即以便捷的方式为不同的消费群体提供终身产品——Baxter（2020）描述的永久交易的极端情况，以及多种商业模式的混搭，包括可行的各种怪异组合，例如，银行和生活方式品牌组合。

除此之外，类似第2章中描述的，假设每种新兴平台技术都至少支持2~5个新的商业模式，并且将每种技术的潜在n+1组合添加进来，那么未来的几十年里会出现数百种新的商业模式（如图4.4）。每个商业模式都将扩大全球市场，尽管有些可能是非常明显的商机。另一种方法是沿着四种力量中寻找新的商业模式，以及内外组合（参见本章最后的练习，让你的想象力自由发挥）。

例如，人工智能（科技）+隐私（政策）+订阅（商业模式）+新冠肺炎疫情（环境）可能产生诸如公共数据信托，人们可以通过明确界定调用

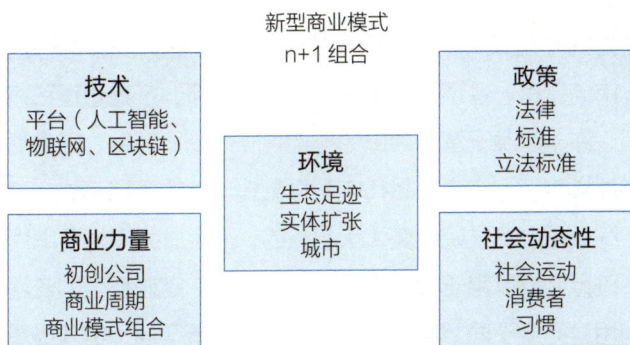

新型商业模式
n+1 组合

技术 平台（人工智能、 物联网、区块链）	环境 生态足迹 实体扩张 城市	政策 法律 标准 立法标准
商业力量 初创公司 商业周期 商业模式组合		社会动态性 社会运动 消费者 习惯

图 4.4　n+1 商业模式的组合

权利，来促进对公共数据的可靠管理。

策略框架——大背景下的商业模式

虽然商业模式解释了企业如何赚钱，但它们不可能包含企业可以用来制订前期计划的所有工具。为此，需要考虑一个更大范围的颠覆性策略。这就是策略框架通常会超越商业模式延伸到社会其他因素的原因。本书的基础是FIDEF策略框架。

策略框架是一种通过考虑周围力量的方式来理解商业的方法。如果使用得当，策略框架会让公司的中长期计划处于有利地位，因为它有助于理清思路和集中精力。策略框架是概念工具，有时被称为"心理模型"。它构建了现实，引导人们去寻找某些特定的东西。后续内容中，读者很快就会弄清楚这意味着什么。

最近，关于战略框架最好的书是《商业模式手册》（*The Business Models Handbook*）（Hague，2019）。要注意该书的作者黑格（Hague）定义的术语。他概述了50种"商业模式"，尽管他所写的内容笔者愿意更准确地称之为战略框架（例如，安索夫矩阵、波士顿矩阵、波特五力、卡诺的客户需求）。因为他们更擅长分析商业并采取行动（战略），而不是实施新商业（部署商业模式）。

黑格对50个框架中的每一个用例进行了有益的评论，并将它们分为6个类别：市场营销、普通商业策略、定价、创新、产品管理和客户分析。事实表明，许多起源于营销领域的框架是一个商业警钟，因为框架不像人们假想的那样明了，它本身就代表着框架提出者的营销策略。这类框架大多是由咨询公司或商学院相关人士引入的。而且，为市场营销而设计的框架不能不进行调整以用于分析不同的商业现象。有些框架的使用方式与它们原本的用途完全不同。某些情况下，这可能行得通，但前提是使用理由必须明确。该框架是否还能预测实际情况？使用一个糟糕的或过时的框架只会使思维变得更混乱。

虽然目前至少有50个相关的策略框架，但是其中只有5～10个具有泛工业影响，即商业模式如何带来颠覆性变革的策略框架。能列入前6名的有SWOT、4Ps、PEST、标杆管理、五力模型、净推荐值（如图4.5）。

策略框架

历史上重要的 6 个框架的提出时间、提出者、具体内容

60s

SWOT（1960 年）
斯坦福研究所——优势、劣势、机会、威胁

4Ps（1960 年）
麦卡锡——产品、地点、价格、促销

PEST（1967 年）
弗朗西斯·阿吉拉尔（哈佛）战略管理的宏观环境扫描

标杆管理（1969 年）
施乐——对比竞争对手的关键绩效指标（KPI）

70s

五力模型（1979 年）
波特——竞争、供应商的议价能力、替代品的威胁、新进入者、购买者的议价能力

90s

净推荐值（1993 年）
弗雷德·赖克哈尔德（贝恩）——通过了解顾客推荐品牌的意愿来衡量顾客满意度

图 4.5　策略框架

SWOT——过于简略

考虑优势（strengths）、劣势（weaknesses）、机会（opportunities）或威胁（threats）是应对任何可能出现的情况或在商业和生活中做决策时可应用的最简单的方法，甚至也可以作为人类倾向于依靠的通用策略。其缺点是，这并不是一个真正的框架，而是一个由4个术语组成的集合，你必须自己完全弄清楚它们的含义。劣势（内部）和威胁（外部）之间的区别是显而易见的，同样，优势（内部）和机会（内部和外部）之间的区别也是无须解释的。总结起来，只剩下两条建议：研究自己的长处和短

处，并考虑外部环境。

4Ps——价格和促销是最难的部分

掌握4P，即产品（product）、地点（place）、价格（price）和促销（promotion），对于理解市场营销的基础至关重要，这是支撑我们消费社会的一门学科。隆德尔（Londre，2007）专门提出了如何建立品牌忠诚度。自从框架问世以来，由于市场竞争和复杂性，品牌忠诚度变得越来越重要。该框架共包括9个P：规划（planning）、产品（product）、人员（people）、价格（price）、促销（promotion）、地点（place）、合作伙伴（partners）、展示（presentation）和热情（passion）。然而，当人们扩展一个框架时，很快就会失去它的简单性，从而它的有用性也会下降。最困难的因素是定价和促销。随着机器学习应用于各种因素和销售数据，这个领域已经发生了显著的变化。

PEST——环境扫描战略管理

当哈佛大学教授弗朗西斯·阿吉拉尔（Francis Aguilar，1967）出版了《扫描商业环境》（*Scanning the Business Environment*）一书时，在许多方面削弱了最初提出的4个因素：经济、技术、政治和社会的影响力。笔者的FITEF框架也是基于这个工作。在过去的50年里，我们面临的挑战是，如何使用它，它包括哪些因素，以及最关键的，哪些子因素是最重要的等问题缺乏严格的规定。答案取决于它的作用、可用的数据、对社会的系统性理解。总体而言，PEST的主要用途是快速了解影响商业决策的外部环境。相比之下，在本书中，严格区别了影响最显著的子因素，并试图推导出认知策略。本书还提供练习，以便磨炼这类框架的使用方式，最终使它能够应对21世纪管理技术的挑战。

标杆管理——将自己的方法与其他方法比较，并从中学习

标杆管理是一个非常通用的概念，你可能认为它起源于1971年施乐公司（Xerox）在质量方面的工作。事实上，标杆管理作为一个基于统计的概念，起源于1791年。19世纪，标杆管理成了一种描述大群体、人口或道德行为的主流工具。刚开始在军队，后来在城市中得到广泛应用。通过将一个研究对象与另一个相关实体进行比较，人们可以清楚地了解研究目标以及它对你周围其他实体的相对定位。因此，人们通过该方法可以对未来做出更明智的选择。不过，只有在正确的数据收集上分析和比较后，才能获取非常有用的结论。

五力模型——反应性和过时性

五力指的是竞争、供应商的议价能力、替代品的威胁、新进入者和购买者的议价能力。该框架由哈佛大学教授迈克尔·波特（Michael Porter）于1969年提出，几乎立即成为竞争战略分析的咒语，至今影响着许多企业。像蓝海和其他战略所强调的一样，行业选择需谨慎。除此之外，波特认为竞争决定了策略，而不是策略决定了竞争。如今，大多数以技术为基础的企业都会试着提供一些新的东西，尽量避免波特那样略带焦虑的情景。

净推荐值——客户是正确的

1993年，总部位于波士顿的策略咨询公司贝恩（Bain）的弗雷德·赖克哈尔德（Fred Reichheld）提出了净推荐值评分。他的想法是通过顾客对某个品牌的推荐率来衡量该品牌的顾客满意度。这个想法似乎很简单、有直观意义，而且已经被证明可操作性强，至少在过去10年的第二波数字化浪潮中是这样。然而，细节决定成败。试图从100个客户反馈中彻底了解顾客满意度仅仅是推测。很多口碑的评分都是基于错误的数据。话虽如此，如果你能让客户推广你，你就有了生意。顾客反馈对短期内的成功至关重要。从长远来看，它对于产品新颖的技术企业的作用可能会略小一些，因为首先需要的是科普市场。

有些读者意识到，这里所描述的框架中，最新的框架是在1993年创建的，这意味着它是30年前的想法。即使它可能立即应用，能称为成功的框架也需要一段时间。目前有许多想法在流传，但这些想法有多大的持久力，以及必要的内在品牌能在多大程度上占上风，目前尚不清楚。

小结

本章解释了如何利用颠覆性商业力量，特别是新兴商业模式与既定策略框架相结合，更好地理解未来技术怎样为企业和企业家提供更多的机会。然而，历史的教训是——过去的经验总是有益的，但它并不能保证未来仍然可行。原因在于，颠覆性技术往往会创造自己的商业模式、行业和全新的价值链。人们甚至不能确定，在过去10年中如此流行的平台商业模式在当前的10年中是否还会如此（或者下一个10年肯定不会如此）。当本书中重新设计PEST模型时，试图将它的前提条件调整到21世纪的环境中，并保持足够灵活，足够简单，以便在短时间内获得可观的洞察力。然而，正如下一章所解释的那样，单纯的分析是不充分的。没有什么可以深层替代你正在用来解决问题的技术。全面理解需要参与到实际解决方案中，从而了解真正需求，而不是简单阅读。事实上，许多公司都蜂拥到创业浪潮中，这一现象足以证明这种趋势，只要相互学习和互惠互利，就是很大程度上的积极向上。

关键要点和思考

反思你自己与商业模式的关系。你看到过哪些市场被颠覆的例子？

1. 试着总结一下你认为目前重要的商业模式（不要看本章内容），然后试着把它们分类汇总。

2. 策略框架：你认为哪3种方法最有用，为什么？ 选择其中1个，并将其应用到你现在面临的商业挑战中。然后，和你的同伴讨论你的观察结果（或者甚至让他们参与到思考中，互相成为对方的陪练）。

3. 商业功能：随着颠覆性的力量继续影响我们，哪一种传统商业功能更有弹性，并将很可能一直保留它的功能（如果有的话）？哪些功能会逐渐演变成其他功能，甚至可能会消失？

4. 想想你第一个能想到的组合是什么，给图4.6新兴商业模型练习填空。根据所掌握的概念，试着勾勒出一项商业活动。如果有任何新的发现，与周围的人讨论你的发现。试着在每次重要演讲或活动之后，并且在活动中受到新的印象或启发时，进行这样的讨论。

5. 每年，在方便的时候，对当年新出现的独角兽公司进行评估，试图描述并对其商业模式分类。首先收集一些调查数据，然后为你自己（或你的团队）准备一个练习，除了名字和一些初创公司业务的信息之外，不要使用更多的其他信息。随着时间的推移，获取每年的比较数据，这样你会占据非常具有竞争性的优势地位。现在，试着分析2～3家新的独角兽公司的商业风格、公司核心决策，并总结出该商业模式的形成原因。

6. 利用几分钟时间，阐明你目前的商业模式。然后，假设由于某些灾难影响你的市场，这个商业模式将不再可能适用。你将如何转向？总结3种方法：简单、适中和复杂。

7. 思考以下几点：重要的不是你听说过的商业模式的数量，也不是你能多聪明地向别人描述市场趋势，更不是任何与知识有关的事情：重要的是执行。因此，在考虑商业模式时，确保你的思维以行动为导向。思考，然后行动。尝试一种商业模式，冒个小风险，花点时间，参与到你感兴趣的初创公司的业务中。在你的专业范围内帮助他们，以此作为对该公司回报。你可以花几天时间观察他们的工作，建立一个计划。如果你错了，你就会失去一些东西。通过这种奖惩来挑战自己，让自己变得更好。

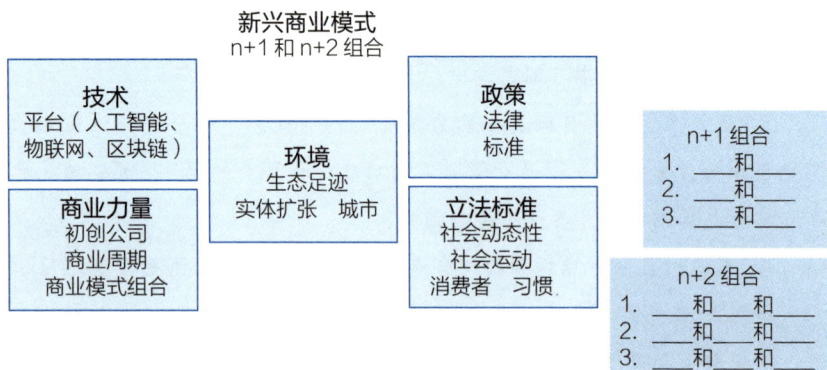

图 4.6 新兴商业模式练习

05

社会动态性驱使着
人们对技术的采纳

　　本章强调了社会动态性对技术趋势演变和被人们采用的作用，尤其是在制定、减缓或加速源自技术的变革方面的作用。社会动态性可以通过纯粹的数量，以及个人和团队行动，最终为企业、政府和技术提供动力和支撑，从而抢占、加速或阻止所有其他因素。

　　笔者从消费者、文化、世代、社会运动和其他相关社会团体的力量，包括代表组织利益和（或）个人（如协会和非营利组织）利益群体的力量的角度，描绘未来技术的具体影响。这些群体拥有权力的方式是通过代表他们的文化背景与世代经验进行动员，通过参与社会运动在公众中表达自己的意见。

　　消费者在零售领域已经变得非常强大。可以说，他们对产品的影响力超过了商店、供应商，甚至B2C企业或产品开发者。这是否会持续下去，以及未来的所有权、定价、产品策略、实体零售和其他一系列问题将在本章中讨论。同时，本章还会讨论消费心理学，这是由民意调查者剑桥分析公司推广的。

未来主义者眼中的社会动态性

社会动态性限制了其他所有力量，因为它们可以通过数量上的绝对优势抢占和阻止所有其他力量。共同行动的人们是推动社会的力量。此外，个人或群体的影响，取决于周围的环境，如他们借以表达自己的团体、获得的产品、频繁出现的场所、参与的治理结构和关注的商业策略等。

一般意义上，社会动态性指的是社会学的整个主题，即研究人类社会如何发展、运作和演变。就本书的目的而言，我们关注的是一组稍微有限的问题：如何定义与未来技术相关的社会动态性。

社会动态性就是对技术发展产生影响的群体所带来的所有颠覆力量，以及当有足够多的用户采用并发现这些技术长期有用时所产生的产品和服务的总和。

与技术相关的社会群体有很多形式。在当今时代，对技术发展重要的社会群体或因素似乎是：①技术产品开发人员（作为一个专业群体）；②技术初创公司的集体影响力（作为一种具有共同目标或至少是有共同关注点的组织力量）；③技术公司的游说平台（以美国为例，如苹果、谷歌、奈飞、优步、亚马逊、威瑞森）；④技术产品的消费者（大多数人发挥的重要作用）；⑤文化（特别是在技术生产被共同主导的国家和地区）；⑥时代性（同时代的，具有开创性的社会政治经验的消费群体）；⑦社会运动（基于一系列共同关心的问题而自组织的群体，可能产生短期演变或持久的影响）。

因为第2章中介绍了涉及全书内容的初创公司和功能平台，第3章中阐述了游说者的利益相关方的参与，第4章介绍了产品开发者，所以本章的重点是理解个人消费者（因个人原因或工作原因使用技术）和特定的社会群体：文化、世代和社会运动（如图5.1）。

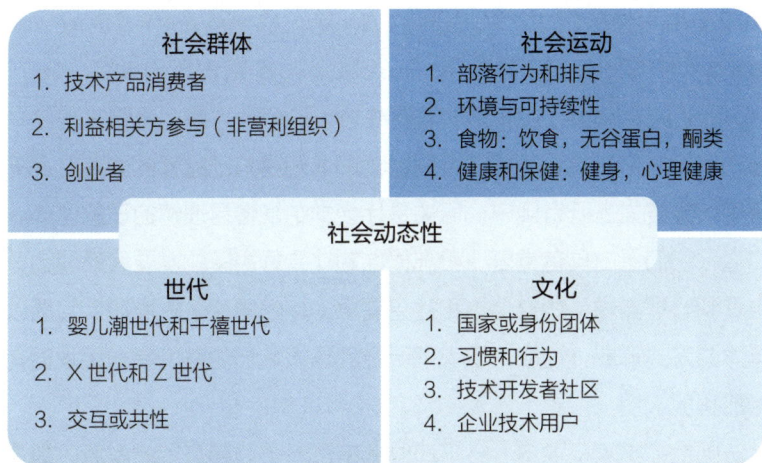

图 5.1　社会动态性的次级力量

消费者的习惯如何影响技术的产生

　　个人习惯比人们想象中的要复杂得多。习惯是在社会群体中形成的，而社会群体又影响人们对技术的应用。很多情况下，习惯决定了一个群体。伟大的技术先驱们利用了这一点。例如，苹果公司的史蒂夫·乔布斯，他设计的产品不仅基于习惯，而且与长期性习惯（例如，听音乐、创新、分享内容等）绑定。随后，根据这些习惯以及这些习惯在产品的整个生命周期中对各种消费群体，如年轻人、设计师等千禧一代的影响，他们重塑了公司产品。奥多比等公司也模仿和利用了同样的意识。现在，他们因为这种认知的提升而更加成功。

个人习惯如何影响技术的使用

　　美国的尼尔·埃亚尔（Nir Eyal，2016）在他的著作《上瘾：让用户养成使用习惯的四大产品逻辑》（*Hooked: How to Build Habit-Forming Products*）中指出，使用像脸书、Slack、赛富时（Salesforce）和Snapchat这样的应用（APP）需要成为一种个人习惯，否则这些公司就会破产。而且，如果服务不被定期地频繁地使用，产品就会逐渐变得不那么有用，最终失去所有用户。习惯是社会学中最容易理解的现象之一。人们知道，它们是由具有重复性和规律性的社会行为模式发展而形成的，同时也受到心理需求（如安全）和社会需求（如归属感）的推动。习惯以非常具体的方式形成，这取决于人们所处的环境，它们有可能约束人们，也有可能解放人们。

法国社会学家皮埃尔·布尔迪厄提出了一个非常有用的观点，即个人习惯是由社会条件决定的。事实上，他认为习惯既有一种主动模式（为巩固变化的结构化行为），也有一种被动模式（为应对变化的结构化行为）。被动模式有一种结构效应，因为现有的结构制约着人们的身心。主动模式具有结构效应，因为每次人们实施它，习惯就会得到强化。他把这种现象称为惯习，据观察，习惯是个体行为但受社会约束。

真正重要的是，习惯在意识和潜意识层面都很重要，而且不能完全由个人自己控制，因为人们参与的是一个已经创造出来的社会结构。这使得完全独立选择的想法成为谬误。惯习不仅指文化资本的物质体现和人们由于生活经验而形成的习惯、技能和性情，还指人类支配重复的一种本能这种原则。用体育作隐喻，正是"竞赛的感觉"，将日常行为区分出优秀、伟大和卓越。

人们总是只在自己所处环境或背景的限制下进行选择。除非人们更仔细地观察，否则在某些方面人们无法干涉或改变。苹果手机是一种社会构建，而不仅仅是一种产品。六年前，笔者买了一部苹果手机，之后升级过一次。一年前，笔者收到了最新升级版苹果手机作为礼物。为什么？因为送手机的人当然想送一份好礼物。但也是因为笔者被认为生活在苹果的

iOS生态系统中（详见第2章）。第三次使用苹果手机当然不是本人的选择，因为它是一份礼物。然而，把3次使用苹果手机认为是相互独立的选择也是错误的。潜意识里一部新苹果手机既是笔者想要的也是需要的（在某种程度上）。也许笔者曾经表露过这样的愿望，尽管肯定不是很多次。

礼物和礼物馈赠者之间存在一系列的约束，这种约束与路径依赖（iOS生态系统）、经济地位（苹果手机依然可以实现）和偏好（相比于各种基于安卓系统的三星手机，笔者更偏爱苹果手机）有关。笔者可能会不顾自己的惯习而购买第一部苹果手机（尽管将其归因于用户偏好以及从苹果平板电脑到苹果手机的路径依赖），但肯定会因此接着购买第2部苹果手机。

消费者的影响力

消费者在零售业中已经变得非常强大，而且不难想象，今天消费者对所售商品的影响力已经超过了商店、供应商，甚至B2C企业家。

如今，消费者对产品生产的内容和方式有着更大的影响力，因为大多数产品在投放市场之前，就已经通过消费者小组或焦点小组进行了测试。如果反响不是非常乐观，产品就会被搁置起来。产品会在周期中期被调整。此外，产品开发周期也在加快，在一些细分市场（如手机），每年都会发布新的升级版产品。

企业技术的失败

设计阶段，不考虑终端用户（和他们的习惯）的产品必然以失败告终。然而，技术产品的销售并不总是针对特定的社会群体，这种不可持续性导致了很多产品的失败。有一系列产品几十年来都是为了满足购买该产品的企业的需求而设计的，而不是终端用户的需求。

这里指的是企业软件和大量直接出售给企业的其他产品，它们显然是供这些公司内部的员工使用的。例如，黑莓（Blackberry）、微软Office 365、SharePoint、领英，以及20世纪90年代和21世纪初的许多"企业SaaS"供应商，如微软、思爱普、甲骨文和赛富时。根据Synergy Research（Miller，2019）的数据，2019年企业SaaS市场规模达到了1000亿美元，说明这不是一个小市场。

"企业软件"这个概念的惊人之处在于，它考虑到在工作中使用技术产品的每个用户的差异性。为了达到效果，用户使用的产品（无论是在工作中还是在家里）都需要在设计时考虑到终端用户。产品不应该只根据企业买家提供的规格（如复杂性、安全性和容错需求）来开发，而应该与销售给个人的产品有相同（或更好）的可用性。

自带设备（bring your own device，BYOD）产品是试图修正企业软件概念的第一个例子。除此之外，无论是否有官方BYOD政策，大多数员工在家工作时都将家庭设备和工作设备融为一体，这一事实进一步证明了BYOD是个未来趋势。人们一整天都是具有偏好的用户，人们的偏好是无法控制的，即使在工作的时候。

云计算和基于订阅的商业模式改变了许多企业产品的应用方式，特别是在企业尚未获得许可证之前，用户可能已经拥有了平台软件的个人账户。

事实上，相比于同一时期内（有时是同样的产品）消费科技的增长，企业软件是一个巨大的失败。很显然，独立专业人士的软件套件的质量远远超过了公司员工的。考虑到公司员工的私人软件账户，情况就更加复杂了，因为大多数人为了保持竞争力，会使用私人支出（或免费、免费增值）的解决方案来弥补公司的不足。

企业软件的用户化正在缓慢进行中，部分原因是自由职业者数量的增加。企业软件的用户化对参与其中的供应商、企业、员工在很大程度上都将是一件好事。例如，它允许自我登录，而不是公司过去运行的令人畏惧的入门课程，来解释他们所有的（蹩脚的）专利软件与无尽的插件。自助

服务概念，当然也包括"无代码"概念，反过来挑战了为什么首先需要一个公司的概念，这是未来10年席卷世界的挑战之一。如果社会不再需要公司来组织高级的工作，那究竟为什么还需要它呢？传统的答案是，它可以扩大产品规模。但这种规模（对社会群体）经济也是有疑问的。现收现付的商业模式（在第4章中描述）通过降低门槛和价码冲击来改变竞争环境。

社会群体对技术的影响

三种类型的社会群体对未来技术有强烈的影响：文化、世代和社会运动。随着时间的推移，文化相对稳定。一代又一代的人因为他们所处的时代不同而孵化和变化。社会运动的基础是发展了常识的一些个体他们的声音没有被听到，他们进而采取某种行动改变这种困境。他们是不稳定的社会群体，不像另外两个群体那样持续了很长时间。

群体如何定义和限制个人对技术的需求

研究（并越来越意识到）社会动态性不仅仅是为了捕捉消费者需求的持续变化，它也是为了试图捕捉和评论根深蒂固的结构约束。组成一个社会群体的相似性也具有约束性。事实上，这些约束与技术发展有关。

例如，今天生活在美国的公民是一个由税收、领土和相同文化而团结在一起的社会群体（虽然略有分歧）。然而，美国公民受各种法律的约束和统一。法律保障了公民一定程度的自由，同时也限制其他类型的行为。在美国，根据文化和教育背景、购买力或技术消费历史，不同群体的感受截然不同。他们渴望购买和使用不同的技术产品，而参与技术发展的机会各不相同。最后，他们对大型技术公司的态度和品牌忠诚度有所不同。沃尔玛超市出售的电脑与专卖店微软中心出售的电脑完全不同，两者的差异非常大。

同样，束缚一个社会群体的纽带既可能为技术发展铺平道路，也可能阻碍技术发展。

最典型的是数字化领域的软件开发者、技术初创公司、大型技术公司（脸书、亚马逊、奈飞和谷歌），以及在此之前的微软、IBM和甲骨文、社交和数字媒体用户、美国文化、千禧世代和自由软件运动（他们对用户的隐私不懈关注）等社会群体的关键作用。

文化与技术

技术创新发生在一定的文化背景下。各国技术巨头在对待隐私的方式、与政府的关系以及许多其他方面都有所不同。事实上，如果用颠覆图（disruption graph）来模拟它们，会浮现出很多不同之处。

一些技术产品在某些市场上比在其他市场上更成功这一事实，足以说服人们把文化视为技术成功的决定性因素。显然，还有其他原因，比如每个公司的原产地市场。无论产品的物理和价值基础多么相近，在本土市场内营销总是比较容易。然而，从中国大型技术公司（如腾讯、阿里巴巴、小米、字节跳动）的显著成功中，人们不能断定它们的主要用户是中国消费者。因为它们正在利用消费者对服务、文化和互联网交易的实际需求，因此，它们在国内的成功在某些情况下会转化为国际上的成功。

病毒式成功（viral success）的视频分享应用抖音，在2019年和2020年，该应用在全球安装数量达到20亿次，有八亿活跃用户。在很短的时间内（3年之内），抖音已成为全球排名第九的社交网络软件，每天视频播放量达到10亿次（Mohsin，2020）。

影响一项技术能否被接纳的文化因素包括：吸引指数的突出表现（如病毒式视频）、低门槛、社会影响力（在同群体中被视为"酷"），以及其

他相关的便利条件，例如相对优势，与生活方式的兼容性、简单性、可试验性和可观察性（Rogers，1962）。除此之外，人们总是把技术转化成为自己的某种技能，所以根据自己的需要调整技术的能力也很重要。

世代的观点对技术的影响

事实上，世代的观点与几代人息息相关。然而，既得利益的市场研究人员牢牢把握着这一概念的重要性，并在很多大公司的市场调研部门中进一步推动这种观点，利用它寻求一个简单的解决方案来集中营销并确定支出。但是，它的重要性正在淡化。消费者属于哪一代人并不像人们想象的那么重要了，而且近10年，这个问题变得越来越不重要。世代的周期在加速，人们的经历在更大程度上能在两代人之间共享，社交媒体以其压倒性的信息量把世代群体间的差异模糊化了。

以上论点的主要原则如下：成长在同年代的一群人或群体，他们的出生年份和经历大致相同。根据经济波动理论（Sterman，1987），定义经济和社会事件时，将年龄相差不到30岁的人们群聚起来，从而产生特定的政治和消费价值。这些人属于一个特定的"时代"，例如大萧条时代、第二次世界大战时代等。类似地，营销理论将消费者划分为几代人或"时代"，但将年龄跨度缩小到15岁左右。

代际营销——一种误入歧途的方法

代际营销把人们分为：GI世代（出生于1901—1926年）、沉默世代（出生于1927—1945年）、婴儿潮世代（出生于1946—1964年）、X世代（出生于1965—1980年）、Y世代或千禧世代（出生于1981—2000年）和Z世代或百年世代（出生于2000年后）。

这种分类方法吸引人的地方在于缩写名称简单，以及人们可以简单地将自己并不真正理解的人区别开来。认为不同年代的人有本质区别，这可能有助于营销人员针对性地推销产品。然而，事实上并非如此。因为许多同时期的大型事件（例如新冠肺炎疫情暴发）会影响所有年龄层，只是影响方式和程度不同。这种事件以特定的方式影响年轻人的思想，同时对所有年龄阶段的人都有明显影响。但是新冠肺炎疫情暴发前后的区别才是真正的区别。从消费者选择产品的角度看，这种事件与年龄的相关性不大。

很多情况下，这些代际营销划分是一个用来探索社会群体如何拒绝或接受某一技术的有用框架。例如，考虑1901—1926年出生的人们接触新技术的可能性较小，很容易推断出GI世代的人们比沉默世代更不懂技术。另外，虽然婴儿潮世代正在迅速掌握视频会议和电子邮件等工具，但在他们生命的前15年，根本没有机会接触这些技术性的工具。

同样，尽管X世代是在互联网的"教育"经历中成长起来的，但Y世代经历了移动互联网的彻底爆发，这解释了千禧世代为什么被认为是"数字原生代"。虽然，Z世代也被认为是数字原生代，他们对技术的体验可能更多与虽然有新技术但仍然存在的全球挑战混杂在一起，诸如新冠肺炎疫情暴发以及其他事件。

仍有争议的是，从世代角度分析技术的应用不是一个富有成效的方法。技术的应用将在未来一段时间内继续塑造新的技术产品。在产品开发和营销界，"世代"性已成为不言自明的真理。世代可能形成具有凝聚力的消费者情怀，但是其影响很可能比市场调研公司要小得多，后者宣扬的是几代人的信条。

社会运动对技术的影响

关于技术如何影响社会运动的文章有很多，内容包括和平运动、环保主义者等，但关于社会运动如何影响技术的文章却少之又少。最好的做法是通过利用社交媒体的开放性和普遍性，重塑社交媒体的格局。这种情况会导致一场监管净化，并会改变社交媒体的运作方式。

推特和脸书等公司已经有了审查制度。公众对声名狼藉的民意调查公司剑桥分析公司表示强烈抗议，人们向市场研究公司披露个人信息的意愿被改变，这影响了此类数据的收集方式，并且随着时间的推移，导致了调查研究质量的下降。

技术使远程行动成为可能，比如参与远程社会运动、实现远程监视（例如通过无人机技术），或通过参加视频会议或电子邮件交流，为实地活动人士提供知识支持。

相反，事实上，活动人士通过几种方式触发了新技术的发展（Weisskircher, 2019）。动物保护主义者倾向于抵制和反对使用动物试验开发化妆品或药物，这将意味着重大的生物技术变革。同样，环保人士也经常对风车或核电站等技术感到担忧，因为他们认为这些技术会对地球的生态系统产生长期的负面影响。

社会动态性对技术的影响：案例研究

举三个例子：赛格威（Segway）、手机、谷歌眼镜（Google Glass），来说明社会动态性如何影响主要技术产品的成与败。

技术产品的失败

技术通常被认为是颠覆市场的唯一力量。然而，历史上充斥着技术未能满足这种炒作预期的故事，例如，亚马逊Fire Phone、谷歌眼镜、Facebook Home、Quikster等。仅靠新技术并不总能引起行业变革。只有能够解决实际问题、满足实际需求（或创造"需求"）、通过监管审查并最终找到维持其推出的商业模式的技术才能盛行并引起变革。

许多非常成熟的技术仍然失败不是因为技术本身，而是因为没有足够多的人关注它们。技术也不是凭空而出，也依赖其他技术而存在。20世纪的大多数关键技术都是平台型技术。也就是说，它可以让新的业务活动出现在正在使用的技术所创造的网络平台上。例如，电力、互联网、区块链和5G，所有这些都是平台技术。这些平台构建在不同程度的抽象层次结构上，从而支撑各类应用、程序，以及其他技术。

不成熟的社会环境：赛格威

在世纪之交——一个技术乐观主义推动的时代，连续创始人、百万富翁迪恩·卡门（Dean Kamen）已经开发了无数个技术产品，包括胰岛素泵（AutoSyringe）。1999年，他创立了一家公司，该公司的技术的基础是早期轮椅产品iBot（Wilson，2020）的副产品，并且他将其命名为Ginger（Kemper，2005）。位于新罕布什尔州贝德福德的赛格威公司是两轮、陀螺仪稳定、电池驱动的个人交通工具的生产商。2001年12月3日，该公司推出了第一款产品赛格威HT（human transportation），后来被命名为赛格威PT（personal transportation）。作为"世界上第一辆自我平衡的人类交通工具"，其速度为每小时12英里（1英里=1.6千米），是步行速度的4倍，可将半小时的步行路程缩短为7～8分钟的骑行路程。从本质上说，它试图开发一个全新的市场。其用例非常清楚：跨越"最后一英里"，即从家到公共交通站点，然后再从公共交通站点到工作地点。这项技术令人印象深刻。陀螺仪的平衡是无与伦比的，并且在使用过程中，对用户的操作容错性好。

无法编造的炒作和热潮

所谓的炒作都类似于特斯拉的炒作，只有百万富翁和亿万富翁才能通过与其他名人的关系网来营销他们的新产品，例如，通过苹果公司的联合创始人史蒂夫·乔布斯，风险投资家约翰·多尔（John Doerr）等人试图传递一种信号——"使交通发生永久性变革"。

多年来，赛格威公司换了三位老板。2009年，好莱坞电影《百货战警》（*Mall Cop*）上映，主角是凯文·詹姆斯（Kevin James），他开着自己的赛格威。当年，他把公司卖给了英国百万富翁企业家詹姆斯·赫塞尔登（James Heselden）。2010年，也就是一年后，一名男子从9米高的悬崖上坠落，警方到达现场时，这名男子已经死亡，旁边还有一辆赛格威双轮车。这对市场营销没有任何帮助。事实上，这是一场公关噩梦。医疗专业人士开始注意到车主身上与赛格威相关的具体受伤情况。《国家法律评论》（*National Law Review*）的一篇描述加利福尼亚州有关这一问题的文章特别提到：脊髓损伤、头部损伤、面部和身体撕裂、腿和手臂骨折、头部损伤和永久性毁损。

此后，赛格威的主要用户仍然是商场警察和游客，这严重限制了它的市场。2013年，45岁的纽约市布伦特伍德的企业家罗杰·布朗（Roger Brown）在赫塞尔登去世后，从一个家族信托基金手中收购了赛格威，赫塞尔登也曾是赛格威经销商（Capps，2015）。2015年，美国风险投资集团红杉（Sequoia）和中国电子产品制造商小米出资收购了中国平衡车制造商和竞争对手九号公司（Ninebot Limited）。

2020年夏天，带有手柄的经典版赛格威PT（Segway PT）停产，这款车自2000年推出以来只售出了14万辆，马萨诸塞州贝德福德美国工厂的21名员工也被解雇，尽管miniPRO似乎还在继续。据美国联合通讯社（Associated Press，2020）报道，该产品在2019年公司收入中所占比例不到1.5%。在过去的几年里，该公司推出了非常便宜的产品，比如2016年推出的赛格威miniPRO智能自平衡车（Segway miniPRO Smart Self-Balancing Personal Transporter），标价300多美元，笔者11岁的儿子很高兴能拥有它。有趣的是，拆除扶手让赛格威变得更酷，也改变了它的很多爱好者。理论上的体重限制不再是100磅（约45千克），但现在你必须要有一定的平衡感才能尝试它。这听起来像是一个很有抱负的营销方式。然而，它在外形上的局限性仍然存在：外形笨拙，充电很麻烦，不能随便放在人行道上。

创始人迪恩·卡门表示，他相信赛格威对走路的作用就像计算器对笔记本和铅笔的作用。"你会走得更远，在任何人们能行走的地方"（CNN，2018）。这是创始人"最后一英里"的解决方案，"从车站到家门口，从公交站到办公桌旁"。它失败的原因有很多，但很难确定导致失败的具体原因。有人说赛格威试图成为一种通用产品，但败在没有专注在任何一个应用（Hartung，2015）。这是一个不公平的描述，因为它在通用性方面也做了很多努力，只是它的测试群体似乎是各种各样的专业用户（城市警察、商场警察、旅游公司等）。相反，赛格威HT/PT的失败更为明显。仔细观察这些产品可知，这是一个笨重的，有两个轮子的机器，人们很难将它们整齐地摆放在任何地方。想象一下人行道上到处都是它们，甚至数百人骑着赛格威在繁忙的通勤街道上，这种场景完全不同于骑着电动摩托车那样通畅。在笔者看来，单是外形因素就能断定该产品缺乏对消费者喜好的考虑。

2007年，它的售价高达近5000美元，但很多人认为这是极客的缩影，一点都不酷。互联网上有很多从赛格威上摔下来的视频，这些事件既令人惊讶，也是完全可预知的。这些视频看起来往往很滑稽，也很容易被嘲笑。

外形因素并不是唯一的问题，赛格威也没有正确的商业模式。首先，它的定价太高。支付5000美元，其价格就相当于一辆二手汽车，或者相当于200次短途出租车或拼车。而电动车在个人出行方面更受欢迎，尤其是近年来，以Lime和Bird为首的共享电动车商业模式的兴起，迅速席卷了旧金山、特拉维夫和巴黎等城市。

此外，由于赛格威PT被过度炒作的事实，以及其他很多问题——创始人的营销能力、产品发布的时机正好在互联网泡沫期间，这些并没能弥补这一糟糕的产品。这个事件对市场营销人员是有指导意义的，它警示营销人员在不知道产品是否有机会取悦消费者的时候，不要对其进行大肆宣传。

解决赛格威的监管限制

赛格威已经成功地游说美国各州和城市允许他们使用赛格威产品。首先，他们不让这台机器被联邦汽车安全运输管理局（FMSCA）归类为机动车辆或小型摩托车。然后，他们侥幸躲过了职业安全与健康管理局将赛格威归类为动力工业车辆的决定。此外，该设备可以作为私人财产使用。绝大多数州都颁布了允许使用该设备的法令。在美国的许多州，赛格威得以允许在人行道、自行车道和速度较慢的道路上使用。科罗拉多州、康涅狄格州、马萨诸塞州、北达科他州和怀俄明州已经通过法律，不允许在人行道或自行车道上运行电动交通工具。通常情况下，使用者在穿过人行道时必须遵守行人的规则。然而，由于流通中的产品数量有限，判例法也是有限的。

优秀的技术——残缺的产品

总而言之，赛格威HT/PT是一款基于优秀技术的有缺陷的消费品。它甚至可能被过度设计了，也包含了很多冗余部件使得该产品不可拆卸，这对今天的消费产品来说是令人厌恶的，现代消费品通常有内置的计划性淘汰部件。应用本文中的"颠覆力量框架"（如图5.2），它有技术上的前景，糟糕的商业模式，尚未解决的与监管机构的关系（它通常既不被禁止也不被鼓励，但如果销售开始激增，这对当地城市官员来说就会成为问题）。从社会动态性的角度来看，这完全是一场灾难，因为它的用例不清晰，学习曲线很缓慢。一般来说，你可以在这五个方面中的一个方面失败，你仍然可以在被中断之前修复你的业务，但你不能同时在几个方面都失败。

技术 90% 完美的 10% 设计缺陷		**法规** 50% 低调
	环境 50% 成功 50% 失败	
商业模式 100% 惨败		**社会动态** 90% 失败

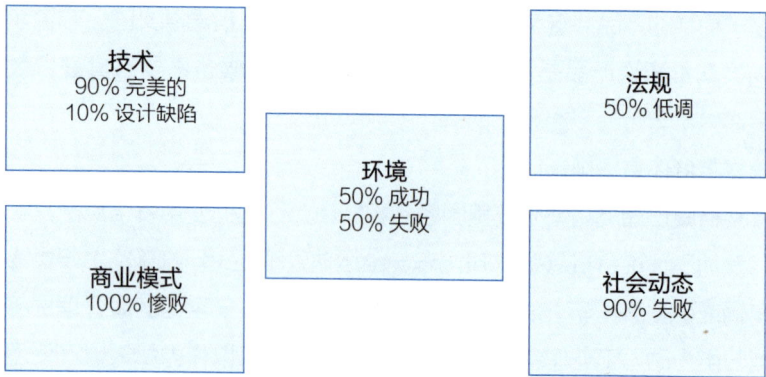

图 5.2　赛格威产品成功的要素

赛格威并没有完全失败

赛格威并不是完全失败的。考虑一下，赛格威公司的品牌仍然还在使用，赛格威仍然拥有大约400项与个人交通工具相关的专利，涵盖了广泛的以平衡为主导的个人交通工具。根据《连线》杂志的报道，它仅在自我平衡技术方面，就有多达1000项活跃专利（Wilson，2020）。根据维基百科的数据，该公司创始人迪恩·卡门也拥有1000多项专利。中国机器人初创企业九号公司使用赛格威品牌生产了一系列交通工具，从踢踏板车到电动车，还有电动悬停椅（一款在CES上发布的蛋形坐式移动产品）。

成熟的社会环境：手机

在仔细研究过一次失败之后，思考一下成功是什么样子才是更有意义的。有很多技术可供选择。据《连线》杂志（Goode & Calore，2019）报道，这10年的十大科技产品是WhatsApp、苹果平板电脑、优步和来福车（Lyft）、照片墙（Instagram）、苹果S、特斯拉 Model S、Oculus Rift、亚马逊智能音箱、谷歌智能手机Pixel和美国太空探索技术公司的重型猎鹰火箭（SpaceX Falcon Heavy）。笔者有一台苹果平板电脑、苹果手机和多个智能音箱；开特斯拉的经验足够让笔者认同这一点；在优步上打很多次车，认识到了它的价值；笔者刚注册了一个照片墙账号；笔者还有一个WhatsApp账户，但笔者并不是一个狂热的用户。

现代最成功的科技产品是手机（移动电话）。目前，全球有51.6亿独立移动电话用户（GSMA Intelligence，2020）。预计到2023年，移动电话的数量将增长到168亿部。除了苹果手机，还可以列出一大堆标志性产品。为什么手机如此成功？因为它最大化地扩展了现有的社会动态性。

刚开始的时候，很少有人拥有手机，而且打电话很贵。当时的手机很笨重，也没有应用程序，没有短信，也没有全球范围的漫游费协议，所以手机的可用性受阻。然而，在许多没有固定电话服务的地方，数百万人仍有潜在的接打电话需求（Carey & Elton，2010）。

然而，今天移动电话的用途（语音、文本、互联网）有很多，而且它的用例几乎是即时可得。移动电话通常使用简单，很少或基本没有学习成本。用户不需要设置基础设施，因为网络已经建立完成。手机也是身份的象征。除了充电时，手机不依赖电网，它有自己的电源（电池）。移动电话行业的投资大部分是由私营部门提供的，这就解释了为什么这些投资即使在非洲许多农村地区也能迅速而顺利地进行。大约50%的非洲人拥有移动电话，尽管穷人往往拥有不像智能手机的基础版手机，而且固网稀缺，但也不影响移动电话成为非洲最大的技术平台。在非洲，手机甚至在健康交流中发挥着重要作用。

从成功和失败中吸取的教训

许多人都对手机的未来进行了推测。可以肯定的是，它的外形将继续改善，与之相关的成千上万的技术和标准也将继续改善，从屏幕到处理器，到摄像头，到传感器，到处理单元，再到它们运行的网络。从1977

年的《星球大战》(*Star Wars*)到2008年的《钢铁侠》(*Iron Man*),全息显示屏在科幻电影中一直很受欢迎。由于有机发光二极管(OLED)技术的发展,现在可弯曲屏幕成了可能。进一步的个性化无疑将使手机更容易被视为人们自身的真正延伸,尽管每个物理单元的迅速衰落及其随后的替代品确保了手机附件将不得不从每个设备的物理特性转换成其他方面。

手机会继续成功吗?还是会有其他设备或技术取而代之呢?个人交通工具最终会是赛格威的继任者——电动踏板车获得成功吗?或者,在未来几十年,完全不同的概念会占据主导地位吗?时间会证明一切,除了这个事实:忽视颠覆性的力量就是在成功和失败之间冒险,没有什么是确定的。

手机最终会被增强现实设备取代吗?

可能取代手机的是另一种更先进的通讯方式,它会提供更强大的功能。不过,可能很难达到现代手机这样高的普及率,因此其技术必须要有很大的优势,即便如此,这种转变也需要一段时间才能发生。增强现实能成为这样一种产品吗?在可预见的未来不会,普通人群中也不会。话虽如此,作为一项技术,手机正在"老化"。更有可能的是手机与AR的整合,这已经开始发生。增强现实硬件通常昂贵而笨重。用营销行话来说,AR与手机兼容,VR需要自己的硬件,其实际情况要复杂得多。

下一步可能还包括手机植入,或通过某种形式,手机上的传感器进一步与人体集成。无论如何,这将不仅使手机成为人们自身的一个真正的电子延伸,它还将成为新的社交机会,如与另一个人在感官层面上的永久联系,形成更有趣的前景。无论选择何种解决方案,很明显,追踪和社会性接纳将变成更加重要的问题,并最终决定这种"增强"的大众市场是否成功。手机的最终继任者可能会成为一种更具有认知功能的设备,能够提前提出建议或执行用户的回应,而不仅仅是一个实时通信工具。那时,社会人这一概念将受到质疑，人们将开始讨论人工智能增强的社会动态性。这种社会动态性使得自然意向和合成意向的边界变得模糊。这是几年后的事情了，但它属于社会动态一章中讨论的问题。

在这一章中，笔者想问的问题并不是什么技术将取代另一种技术，而是社会动态性如何以强有力的方式与新技术相结合。手机带来的好处是它使人们能够进行大规模、个性化的通信。这项技术最终做的，在一开始并没有确定的，是几乎吞噬了另一项开创性的技术——互联网。无论出现什么技术，这都是一个艰巨的任务，而这是利基技术无法完成的。由此，具有增强功能的手机，而不是固定的、有线的互联网，将成为下一个千年的永恒科技。想要取代它的技术必须提供一种更直接、更大规模、更普遍的方式来降低延迟，并增加通信带宽。到目前为止，只有一个候选产品，而且几乎失败了，那就是另一个可穿戴设备，即智能眼镜。

社会环境不成熟，而企业已就绪：谷歌眼镜

谷歌眼镜的发展故事对理解技术的社会动态性具有指导意义。谷歌眼镜是佐治亚理工学院（Georgia Tech）的萨德·斯塔纳（Thad Starner）的创意，他是可穿戴计算机领域的先驱。它被设想为一种将穿戴者的视野与周围环境的实时信息叠加在一起的增强现实技术。最初的功能包括网络浏览器、摄像头、地图、日历和其他语音命令应用程序。

最初的挑战是无缝地实现这些功能。视觉信息的处理仍然是数据密集型的，在电池容量、图像识别和网络速度方面，可能还需要几代摩尔定律时间。换句话说，问题并不在于用例，而在于发布的时间和品牌承诺。

谷歌眼镜在2013年以主打增强体验的功能被发布——毕竟，它在2012年的演示版本中的功能是方便用户跳伞、骑自行车和攀爬墙。但之后，作为一款消费产品，它很快就惨遭失败，并于2015年退出市场，原

因显而易见。Statista估计，它在2014年的销量超过了83.1万台。它的目标受众是普通大众，但其标价高达1500美元，给人一种它是一款超级高端产品的印象，而实际上它更像是一个产品雏形。其主要功能是查收信息、查看照片和搜索互联网，而与之竞争的产品，尤其是手机，在这方面做得更好，几乎不会让大多数用户感到不适。

你能在糟糕的设计形式下取得成功吗

谷歌眼镜有着笨重的设计——也许不像批评者所说的那样是一种会让大多数人反感的美学设计，但也不像某些名牌眼镜那样，能吸引消费者把它完全作为一种时尚标志来佩戴。考虑到眼镜会记录日常交流（美国政府从未认同这一点）或系统地识别陌生人（执法人员或专业人士使用），以及操作个人移动设备（从汽车到踏板车）时的安全性，人们担心这些隐私问题。

软件"经常发布，提前发布"的口号并不适用于硬件消费产品，谷歌的创始人谢尔盖·布林（Sergey Brin）并没有完全接受这一观点。此外，谷歌眼镜并不是真正意义上的增强现实，它更像是补充现实——用人们之前分析过的比喻来说，它无疑更像是维生素而非药物。事实上，它并没有做得特别好。由于其功能有限，至少在不是每个人都戴眼镜的时候，它对日常社交的干扰大于帮助。事实上，智能眼镜最初在市场上失败是因为该产品没有存在的必要。

从消费者转向企业

今天，谷歌眼镜是一款企业级产品。笔者之所以知道这一点，是因为麻省理工学院的企业家内德·沙因（Ned Sahin），他创办了一家名为大脑力量（Brain Power）的公司。谷歌眼镜企业版已经被沙因博士成功地用于帮助自闭症儿童学习社交技能，这个案例证明了这一技术对于特定的医疗和专业使用案例是绰绰有余的。谷歌眼镜企业版2于2019年推出，采用了新的设计、新的配置，价格为999美元。企业用例是高度具体的：医生、仓库经理、维护工人（他们在制作机器时能够专注于面前的工作，同时能够访问手册）、工厂工人、农场工人等。例如，它可能允许医生直播病人就诊过程；它可以让外科学生更准确地以第一视角看到他们老师在做的手术；它可以为哺乳期母亲提供实时哺乳咨询；或提供其他家庭支持服务。与2013年发布的时尚偶像版本相比，这款产品的使用案例略显乏味。总的来说，这种设备可以减少错误，提高效率，提高人们执行任务时的专注度。而在此之前，人们必须停止活动来做笔记、记录活动，或查找一些东西。弗雷斯特公司预测，大约有1400万工作者可能会佩戴谷歌眼镜。

在每种案例中，对佩戴者来说，重要的不是与他人的互动，而是与其他技术和远程环境的互动。在这些环境中，社交互动不是常态，而是罕见的。谷歌眼镜增强了用户的工作能力，同时不会妨碍他们的社交互动。其重点是安全和效率，而不是沟通，这一点是非常与众不同的。

谷歌眼镜是谷歌X唯一真正的产品。不管你是否认为谷歌失败了，谷歌将智能眼镜的公众认知度提升到了前所未有的水平。智能可穿戴设备肯定会继续存在下去，即使需要再花十年时间才能将其外观因素与直观的、令人印象深刻的功能相匹配，从而超越或补充手机和其他移动技术。

谷歌或其他公司能否很快重返智能眼镜市场，总是存在这样的谣言。许多厂商都有可能提供改变游戏规则的接口或技术，特别是索尼、谷歌、微软、爱普生、东芝、高通、Recon（美国的一家机器人厂商）、Vuzix（美国的一家智能眼镜创业公司）、APX和CastAR等。未来五到十年，智能眼镜市场的估值在50亿美元到1000亿美元，市场研究行业显然没有人知道这个市场可能会发生什么。这在一定程度上使智能眼镜成为一项引人入胜的未来技术。然而，重要的是要意识到，增强现实的命运并不取决于智能眼镜本身。增强现实可能需要自己的产品，但也将以某种方式与大多数其他因素集成。

无论是谁提出的，当智能眼镜的概念回归时，终极应用程序的功能必须是某种令人敬畏的增强现实，能够做一些手机无法轻易做到的事情，同时又不会让人感到毛骨悚然。这或许是苛刻的要求，但这是产品设计师为了取得成功必须面对的。

新兴的互联网接口

最后，还有一些其他的技术也在竞争一个新的互联网接口，尤其是AlterEgo，这是麻省理工学院媒体实验室的学生阿纳夫·卡普尔（Arnav Kapur），用他的思维上网的系统。AlterEgo（2020）能够让用户安静地从谷歌搜索引擎里检索问题，并借助通过头骨和内耳的震动听到答案。然而，尽管这种设备可能对语言障碍患者很有用，但目前还没有设想成为一种通用的交流设备，尽管这显然是一种潜在的应用。

▌小结

误解或忽视社会动态是先进技术最初（或有时肯定）无法抓住目标用户想象力的主要原因，因此未能融入他们的生活。在这一章中，笔者研究了赛格威、谷歌眼镜和手机。在这方面，许多其他例子也同样具有启发性。不幸的是，未来和正在出现的案例将继续存在。展望未来，笔者希望公司、产品开发人员和政府加倍努力，了解社会采纳技术的决定性因素。

话虽如此，如果人们将创新完全留给目标消费者，人们可能就不会体验到创始人所特有的激进创新，他们无视常识、聚焦小组和专家建议，只是根据自己的更深层次的愿景开发产品。这些产品很罕见，也很少成功，但当它们成功时，比如史蒂夫·乔布斯的一些苹果产品，他们取得成功的方式令人惊讶，同时也改变了社会。

当然，无论人们多么努力地想象或猜测现实生活中的人类在面对一种技术产品时会做什么，都无法完全预测它。

关键要点和思考

1. 思考一下你属于哪些主要的社会群体,以及这些群体对技术的潜在影响。你在多大程度上参与团体活动,参与或表达你对所拥有的技术产品的意见。

2. 根据未来10年的技术采用周期选择一项你关心的技术。绘制出主导消费的4代人(婴儿潮世代、千禧世代、X世代和Z世代)采用这项技术的可能轨迹。在什么时候,你认为这项技术会被另一种技术取代?

3. 想象一下,围绕一项尚处于萌芽状态的技术发起一场社会运动——无论是作为反对它,还是支持它进一步被采用的团体。你会向谁寻求支持?你是如何建立这个运动的?你的目标是什么?

4. 设想现在是2030年,回顾过去的10年。这10年主要的社会运动是什么?它们是如何出现的?它们运用了什么技术?

06

五项重要技术

在本章中，笔者将深入探讨目前五项重要的技术：人工智能、区块链、机器人、合成生物学和3D打印。描述每一项技术如何嵌入一组复杂的颠覆力量（科技、商业模式、政策和法规、社会动态和环境），每一项技术今天能够实现什么，以及它在10年后可能实现什么。在附录中，读者可以找到的名单有：①你应该追踪的人（科学家、创新者、创业者）；②你应该读的内容（出版物）；③你应该参加的技术会议（虚拟形式参加或亲自参加的会议），从而可以认识到日复一日，年复一年变革的新兴技术。

技术变革可能看起来令人困惑。根据笔者的经验，大多数高管在任何时候都只能处理少量的优先事项。笔者认为，现在有五项关键技术很重要：人工智能、区块链、机器人、合成生物学和3D打印。

笔者之所以从众多新兴技术中选择了这些技术，是因为这些技术相互作用，创造了以前不可想象的技术、生物、材料、社会和心理变化的条件。利用这些技术，一堵墙、一块布，甚至一个人，这些普通而被人熟知的名词可能会变得与它们一千年前大不相同。

这五种技术中的每一种都对新冠肺炎疫情暴发后的世界作出了独特的贡献。人工智能正在使流行病学模式、药物发现、供应链高级跟踪等方面的分析成为可能。区块链正在赋予无数领域的下一代点对点经济交换能力，即允许这种活动在没有中间人的情况下发生，从而鼓励人们在去中心化模式中进行分布式活动。在这种模式中，人类需要分散开来以避免传染。在未来，合成生物学正在使用一种更有效的方法生产疫苗，并有可能加快临床试验。3D打印技术使制造业产品的分布式生产和消费无须通过脆弱的物理供应链。

这些技术在帮助应对新冠肺炎疫情方面能否取得成功，将取决于人们对尝试这些壮举的科学家的支持程度。为了促进这一过程，监管机构需要对每一项核心技术即将发生的变化有一个基本的把握，并需要就他们认为这些技术将如何发展和相互作用形成论点。政客们将需要在科技领域提供广泛的程序化的研发支持，但并非所有这些都能立即看到成效。企业将不得不对这些机遇和挑战做出反应，并充分利用它们。随着这些技术的成熟，消费者可能不得不忍受一段时间的缺憾。简而言之，未来的技术没有保证。它们的成功最终将取决于它们能否很好地融入当前的社会，以及它们如何理解人们已经使用的琐碎解决方案。

人工智能的未来

笔者对人工智能的定义是，具有学习和解决问题能力的机器或计算机程序。简单地说，人工智能即机器学习。虽然当前还远未达到计算机接管社会的科幻世界，但有必要注意到最近发生的一些事件，即机器已经能够在思想深度上超越人类。例如，2016年，深度思考（DeepMind）公司的阿尔法狗（AlphaGo）程序打败了人类世界围棋冠军李世石。这是一项显著的成就。围棋是一种古老的棋类游戏，因其复杂性而被认为是人工智能领域最具挑战性的经典棋类游戏。围棋有10^{170}个走法状态，比已知宇宙中原子的数量还多。围棋基于严格的规则，符合可以合理预期的当今计算机适合参与的挑战类型。近年来，这种系统开始在所有经典游戏中超越人类，尤其是国际象棋、围棋和将棋，并延伸到早期的雅达利电脑游戏，甚至是一些当代游戏，如Dota 2。

人工智能未来的成功取决于四种力量的影响，即科技社区、人工智能在商业中的应用、监管环境和人类（社会）如何接受人工智能。

科学界对人工智能的影响

考虑到所需要的知识深度，人工智能领域的进步依赖一流大学的博士科学家的工作。一种例外可能是，大型跨国公司，它们可能在其各个部门探索人工智能以实现业务目标，但C级领导（首席级领导）具备的是上一代的技术素养，这可能意味着它们只能触及真正技术的表面。

商业模式对人工智能的影响

在商业环境中，当人工智能可以用来解决消费者愿意掏钱的问题时，它就会在商业环境中变得富有生产力。早前几代的人工智能之所以被抛弃，是因为它们在最初的特定领域限制（如在国际象棋中击败人类）之外，还缺乏其他可支撑的成果，同时也缺乏一种在不需要太多修补的情况下的扩展性。可解释性也是商业应用的关键，除非机器所采用的方法能够至少以某种简化的方式被理解，否则人们不会信任机器，让它们来执行业务。

监管对人工智能的影响

由于人工智能涉及隐私和安全等敏感话题（想想机器人技术和自动驾驶），它已经引起了政策制定者的注意。正如韦斯特和艾伦（West & Allen，2020）在《转折点：人工智能时代的政策制定》（*Turning Point：Policy Making in the Era of Artificial Intelligence*）一书中所写的，近期的政策决策可能决定技术走向乌托邦还是反乌托邦。他们建议建立道德原则，加强政府监督，界定企业责任，在联邦机构设立咨询委员会，使用第三方审计来减少算法固有的偏见，收紧个人隐私要求，使用保险来减少人工智能风险，扩大关于人工智能用途和程序的决策，惩罚对新技术的恶意使用，并采取积极措施应对人工智能对劳动力的影响。所有这些建议，甚至更多，都是有必要的。最重要的是，需要提高政治家的技能。如果不这样做，任何监管活动都可能在某个时候适得其反。

随着人工智能被嵌入越来越多的工业应用，审查只会增加不会减少。美国外国投资委员会（CFIUS）出于国家安全目的将人工智能列为敏感技术。2018年，美国国会颁布了《外国投资风险评估现代化法案》（*FIRRMA*），将其管辖范围扩大到对美国公司的所谓非被动、非控制投资，涉及三个重点领域：关键技术、关键基础设施和敏感个人数据（CRS，2020）。据路透社（2020）报道，2020年1月，美国政府对人工智能软件的出口实施了某些限制。该措施涵盖了可被传感器、无人机和卫星用于自动识别军事和民用目标的软件，但没有实施全面的出口禁令，否则将危及更广泛的人工智能硬件和软件出口市场。CFIUS条例还包括向CFIUS提交涉及关键技术相关特定投资的交易申报的授权（Dohale et al.，2020）。CFIUS的最终规则在"关键技术"的定义中包括"新兴和基础技术"（包括人工智能）（Carnegie et al.，2020）。

2018年欧盟发布了《通用数据保护条例》，对处理个人数据的人工智能进行监管。现在，欧盟委员会（EC）正在解决工业数据的问题。2020年2月，欧盟委员会发布了一份白皮书，旨在寻求"高风险"人工智能的社会保障（EC, 2020a）。委员会强调人工智能模型如何通过与信贷审批、保险索赔、健康干预、审前释放、聘用、解聘等相关的关键决策，从而影响数百万人（Engler, 2020）。根据欧盟的说法，人工智能有可能"导致人们的基本权利受到侵犯"，比如偏见、压制异议和缺乏隐私。该报告还呼吁人们关注交通、医疗、能源、就业和远程生物识别等行业。

该委员会特别关注的一个领域是面部识别。一份泄露的白皮书草案建议在5年内暂停公共场所的面部识别，但最终文件只呼吁对面部识别政策进行"广泛的欧洲辩论"（Chen, 2020）。欧盟认为，负责任的监管将建立公众对人工智能的信任，允许企业在不失去客户信心的情况下构建自动化系统。它提出了一些法律要求，如确保人工智能被代表性的数据训练，要求企业保留人工智能开发过程的详细文件，告知公民何时与人工智能进行互动，以及要求人工智能系统由人工监督（Chen, 2020）。在白皮书中，欧盟表示有意增加投资，以与美国和中国相匹敌，同时强调对技能和中小企业的重视。

社会动态性对人工智能的影响

人工智能在许多方面与社会动态性紧密相连（如图6.1）。为了获得真实世界的准确性和相关性，人工智能模型经常根据人类准备的数据集进行训练。这意味着有一大群人积极地参与到数据集的标注中，无论是标注图像、分类术语、产品还是其他。他们所遵循的原则将决定由此产生的AI模型的生产力（有时甚至会产生误导）。

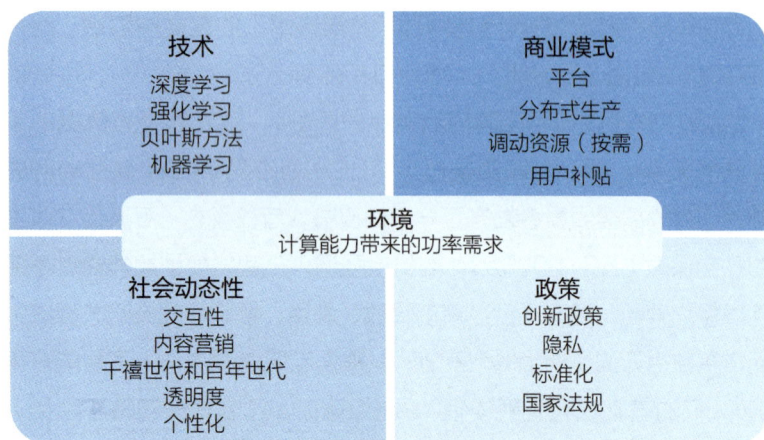

图 6.1　作为颠覆性力量的人工智能

今天的人工智能技术能做些什么

今天，人工智能能够从大量证据中获取和构建信息，这是人类所无法做到的，而且速度肯定比人类更快，但到目前为止仅限于有限的领域。如果你有一个经过10万张图像训练的人工智能模型，它可能会比人类更快地找到所有猫的图像，但主要是因为它是根据几十个人之前完成的分类进行训练的（尽管一些新的人工智能系统在没有人类指导的情况下也能学习识别重要的区别）。

类似地，如果你有一堆非结构化信息，但要寻找一些非常具体的东西，使用训练有素的人工智能模型，你可能会得到人类很难得到的结果。这种方法最近被用来尝试发现与新型冠状病毒疫苗相关的潜在化合物。

人工智能在优化任务中也非常有用，比如在复杂的供应链中权衡不同的选择，如何安排货物的路线，如何组织交通等。最终，人工智能将在自动驾驶方面有出色的表现，特别是在智能道路基础设施改善的情况下。目前，市面上的实验系统已经足够完成一些有限的任务，比如车道辅助，但其他任何事情仍然很危险（如果合法的话）。

在以前不可想象的领域中，人工智能开始发挥其力量，包括由麻省理工学院初创公司Affectiva开创的感知人工智能实验，该实验首先给巨大的数据集手动贴上面部表情标签，并在上面添加机器学习分析，分析人们观看广告时的情绪，重点是汽车用例，如驾驶员、乘客和车内物理环境的环境感知。在不久的将来，也许在未来的1～3年，它的人工智能感知可能会被部署到各种创造性的场景中。任何需要人工智能增强感知的地方，无论是从在线会议观众里得到反馈，还是从在线焦点小组获得产品反馈，或者任何需要实时分析社交线索的远程场景，都可以应用。

人工智能在未来10年内可能会实现什么

在未来10年内，人工智能的实用性将大幅增加，但可能不会呈指数级增长。如果人们投资硬件（特斯拉及其新兴竞争对手的硬件）和智能道路基础设施，那么或许可以利用它在高速公路和市中心实现近乎全自动的驾驶，这在一定程度上取决于政府投资和监管机构的批准。人们将能够依靠它完成大多数计算任务。人工智能将被嵌入大多数行业的决策软件中，但可能尚不普遍。语音识别的挑战仍然存在，但在大多数常见应用中将被解决。在所有结构化游戏或基于规则的场景中，AI将是一个强大的竞争对手（或助手）。

关于如何追踪人工智能，有两种思考方法。第一种方法是通过跟踪在该领域活跃的计算机科学家、阅读和参加会议来自学，来研究基础技术的发展。本书在附录中提供了这些方面的建议。第二种方法是研究主要的应用领域，特别是那些因读者自己的商业利益而经常关注的领域，以及一些对理解人工智能的潜力非常重要的新兴应用领域。该方法的挑战是，选择哪些领域作为重要领域，并在其他领域变得更加突出时替换它们。一个切入点可能是浏览年度出版物中关于"最热门"技术的市场研究和咨询类说明文件，但这确实只是一个起点。这些文件的价值几乎不值得读者花10分钟阅读。相反，重要的是读者所关注的技术或应用领域的专家所说和所做的。

区块链的未来

区块链是一项存在不到十年的新兴金融技术。人们可以把它看作一种数字账本，只是进入其中的记录不能被编辑或删除，而且数据可以以数值格式匿名保存。区块链提供了一个分散的点对点网络来维护从一方到另一方的传输记录。这些交易的完整性，以及账本本身，都是通过加密工具来维护的。此外，区块链需要一个具有共识机制的协议来验证存储或传输的数据，并包含用于确定是否、何时以及如何更新分类账本的规则和过程（Dewey, 2019）。

从根本上说，区块链是建立在没有中介的点对点模型上的一种新的金融模式。其主要的好处是信任和效率。通过增强信任，区块链可以使它所支持的系统更加高效。同时，高效的系统通常更受信任，因为它们提供了高价值，所以这两个好处是相辅相成的。在金融领域的初始使用案例之后，区块链在几乎每个行业，从金融服务和支付到医疗保健、能源和财产（甚至知识产权）管理，都在进行测试。

所有的颠覆性力量相互作用将决定区块链会成为什么。无论是其速度还是方向都完全不清楚，但有几件事是肯定的：无论是否有现任者的阻力，它都将发生，它将对参与其中的每个人都具有颠覆性，它将挑战现有的权力结构。话虽如此，接下来的将由现在要描述的颠覆力量相互之间的确切作用来决定。

监管对区块链的影响

如今，监管机构正在努力应对将区块链纳入金融中心的后果，许多监管机构担心其潜在的犯罪应用。

一些国家已经禁止比特币和其他加密货币（Dolan, 2020）。美国则采取了更加宽松的态度，整整32个州都有与区块链相关的立法（Morton, 2019）。然而，2009年6月，在所有公司中，脸书提出了一种名为Libra的区块链加密货币，并配有一个名为Calibra的数字钱包。从那天起，它就在立法者的辩论中变得根深蒂固，特别是在美国参议院。这导致贝宝、易贝、万事达、Strip和维萨等公司在Libra基金会成立之前就退出了。

2020年1月，欧盟第五次反洗钱指令（5AMLD）签署成为法律，这标志着加密货币和加密服务提供商首次受到监管审查。

商业模式对区块链的影响

尽管该技术用例可能很有前途，但在区块链成为主流之前，仍有一些重大挑战需要克服。区块链供应商仍然不会与主流商业同流。他们受困于技术术语，而市场需要用户价值和效率。写在区块链上的数据需要作为一个整体进行标准化，并允许区块链之间的互操作性，才能正常工作。

区块链的成功需要面临的其他挑战包括成本、专利和知识产权问题，以及监管机构的介入。即使有这样的承诺，人们不仅需要从技术上解决安全问题，也需要将信任渗透到经济系统中。这些事情需要时间（Yoshi, 2020）。

社会动态性对区块链的影响

除非区块链有大量的消费者、选民和利益相关者群体理解它，看到它的潜力，并开始试验它，否则区块链将不会成功。考虑到在今天，解释和演示区块链是一件多么复杂的事情，就知道这是一个多么大的挑战。

接下来的10年将用于验证区块链在各种场景中的应用（如图6.2）。

在很大程度上，人们第一次接触区块链的情景会影响他们对待区块链

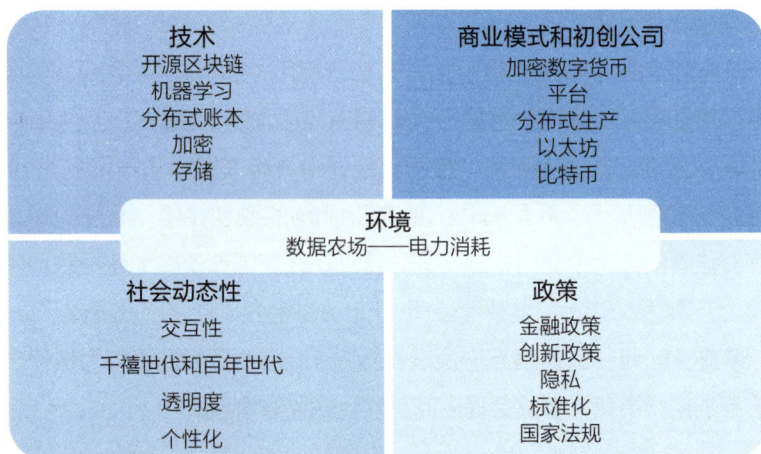

图 6.2　作为颠覆性力量的区块链

的态度。一方面，如果你发现它阻止你的贷款申请，这会使你对区块链的态度产生负面影响。另一方面，如果你发现它减少了腐败，那么这可能会给这项技术带来积极的影响。区块链当然可以两者兼有。就像所有的技术一样，它是一把双刃剑。区块链上的交易确实可以被监控，但它们也是加密的，这意味着除了交易的内容和数量之外，你无法确切看到谁在交易。

今天的区块链技术能做些什么

如今，区块链为小众金融科技应用提供动力，并正在接受未来10年可能承担关键金融功能的测试。它会取代银行传统的金融集中化和把关功能吗？不太可能，但这将彻底改变它们的运作方式。

一些政府，如委内瑞拉使用Petro（一种政府支持的数字货币，旨在成为该国遭受重创的货币的替代品），以及巴西巴伊亚地区（Macaulay,2019）开始试验区块链如何帮助减少公开招标中的腐败。爱沙尼亚是发展较快的国家，也是较早采用电子政务的国家，其先进的电子政务基础设施可以追溯到十多年前。它的无密铜签名基础设施（KSI）区块链系统保护了政府和公民之间传递的大部分信息。迪拜正在进行区块链上的整个城市数字化进程，从去中心化学习平台开始，实现无纸化，并为所有政府实体部署共享平台，其目标是仅基于文档处理就可以每年节省55亿迪拉姆（约95亿人民币）（Consensys, 2020; Smart Dubai, 2020）。

区块链在未来10年内可能实现什么

今天，区块链已经被用于改善英国土地注册，将农村银行融入菲律宾银行系统，并跟踪和追踪奢侈品（Consensys, 2020）。高德纳公司预测，到2030年，区块链将创造3.1万亿美元（约20亿人民币）的商业价值（Wiles, 2019）。但其他分析公司的预测与之大相径庭。在某些方面，这并不重要。需要记住的重点是，该数字很大，市场正在迅速扩张，从逻辑上讲，可能的机遇和颠覆必然随之而来，但其实现的方式仍然是个问题。

在未来10年，它可能会成为默认的金融科技方式，它将支撑人们的金融体系，它将在金融领域及其他许多领域，也许几乎所有领域，创造一套全新的商业模式的支柱。

区块链主要的通用用例是验证。验证是任何市场的关键：商品、产品、服务（就业、承包商、采购），它通过加强安全性、标准和合规、互操作性、透明度，来提供供应链监控、跟踪并确保公平的市场。

人力资源行业是区块链非常适合的领域，工资是最重要的用例。使用区块链可以在支付基础设施有限，或法定货币不稳定的偏远地区或国家，用于支付雇用工人的工资（Wiles, 2019）。这项服务还处于起步阶段。也许更重要的是，区块链是为信任而设计的（Mercer, 2019），验证简历和人事记录以及协助背景调查可能会成为真正的杀手级应用。

法律协议是一个典型的区块链用例。其好处是显而易见的：智能合约永远不会被更改，没有人可以篡改或破坏合约。2017年，白俄罗斯成为第一个将智能合约合法化的国家，美国的一些州（亚利桑那州、内华达州、俄亥俄州和田纳西州）也通过了立法。欧盟正在建设一个服务基础设施，并积极研究区块链的影响，旨在获得前瞻性优势（EU, 2020）。目前选择了四个用例：公证、文凭、跨国界的自我主权身份、可信数据共享。

生命科学可以利用区块链使临床试验的各个方面以及市场上的药物更加可信，确保从研发到医疗应用的整个价值链的真实性。跟踪生命科学产品的各个方面的能力是非常有价值的，目前还没有实现。美国食品和药物管理局与IBM已经开始合作使用区块链来识别、追踪在全国范围内分发的处方药和疫苗。另一项举措是FDA的MediLedger①试点项目，该项目与25家制药公司合作，试图满足《药品供应链安全法案》（DSCSA）2023年的要求，该法案要求跟踪供应链中药品所有权的法律变迁。

在审批药物时，药物开发的后期、临床前和临床阶段产生的大量数据都要通过电子方式提交给监管机构。公司需要向监管机构证明，这些数据自首次获得以来没有被篡改过。2019年，勃林格殷格翰公司（Boehringer Ingelheim）同意管理IBM加拿大公司提供的区块链技术的临床试验。外包研究市场Scientist.com，现在也在使用这项技术来做这件事（Lynch, 2019）。

在零售业，区块链可以减少假冒商品的影响和存在，特别是在奢侈品领域和时尚领域。对供应链的影响将是革命性的。在媒体和娱乐领域，区块链可以大幅减少盗版知识产权，保护数字内容，并促进真实数字收藏品的分发。区块链有可能颠覆社交媒体，让用户有机会拥有和控制自己的图

---

① MediLedger，是由美国基因工程技术公司基因泰克和美国生物制药公司辉瑞公司联合推出的区块链药品追踪项目。——编者注

片和内容。目前，在大多数平台上，当你分享内容时，你就放弃了对这些内容的权利。即使你不想这样，也几乎没有办法控制它被重用。在体育和电子竞技领域，区块链可以通过增强忠诚度计划和激励措施提高粉丝参与度。

通过创造性地使用区块链，覆盖大量以前可能被电子政务方法尝试过的政府服务和功能的时机已经成熟。其应用案例包括税收、执法（如犯罪记录）、公共采购、投票记录、军事记录、养老金记录、医疗记录、福利记录、安全数据共享、数据个性化等。这些领域需要不断验证其记录是正确的，且需要更新其记录，需要允许访问某些特定的记录而非其他记录，并且需要分析这些记录以提供最上层的服务。每个领域都可能通过区块链方法得到增强。想象一下，如果有一种方法可以跟踪全球各地的疫苗接种情况，那么就可以确切地知道哪些人用了哪些疫苗，以及疫苗何时需要更新。想想在食品检查方面所做的所有努力和仍然看到的不合格产品，就知道人们当前无法控制和监控每一个机构。

区块链的总体价值和在社会中的重要性在未来10年中都将有显著增长。有迹象表明，这项技术将在世界顶级金融中心及其周边地区，甚至新兴市场得到大力实施，因为这样有可能跨越传统金融基础设施的建设。

机器人技术的未来

机器人是代表人类感知、"思考"、行动和交流的硬件。目前，此类系统可使用数千个传感器。机器人还不能真正思考，但它们运行的算法使它们能够做一些类似于人类思维的事情，如识别对象，理解自然语言（在某种程度上），有时还能创建内容。今天的机器人是高度依赖场景的——换句话说，除非这些场景是高度配置的，否则它们不能在不同的场景中非完全独立地运行。

工业机器人越来越成为主流。在新冠肺炎疫情期间，许多制造商从好奇或测试机器人技术迅速转向了部署机器人。消费机器人是一个较小的领域。市场上其他类型的机器人包括在工厂制造环境之外发现的专业服务机器人；用于自动完成危险、耗时或重复性任务，解放人类的认知功能机器人；用于反潜作战、布雷、火力支援、电子战、战伤管理、打击任务、空中加油等作战支援的军事机器人；还有旨在取代保安、控制财产、并提供移动闭路电视监控的安全机器人。

监管对机器人的影响

随着机器人变得更加安全，人们需要重新审视围绕机器人的整个监管框架，特别是关于责任、隐私和自主性的问题。机器人手术在大多数司法管辖区的医疗器械法规中都有涉及。欧盟医疗器械法规（MDR）要求所有产品获得欧洲统一（CONFORMITE EUROPEENNE，CE）标志，该条例于2021年5月生效。这可能会使一半市场离线，并导致重大创新，以符合新环境并在新环境中竞争（Schweighart, 2020）。在美国，监管机构传统上最担心的是安全性。欧盟很早就解决了这个问题，通过一个名为RoboLaw（2014）的研发项目，研究了四个领域的指导方针：无人驾驶汽车、机器人假肢（和外骨骼）、手术机器人和机器人伴侣。该项目强调了对机器人的定义达成一致的重要性，并强调了标准化。2019年，欧洲议会通过了一项关于人工智能和机器人的全面欧洲产业政策（EU, 2019）。一个尚未解决的问题是，机器人是否会像组织一样被赋予"人格"和法律地位。

商业模式对机器人的影响

目前，工业应用是机器人技术的最大领域，而且很可能在未来10年继续如此。鉴于此，一系列复杂的颠覆力量（科技、商业模式、政策和法规，以及社会动态）将导致价值链上的企业和政府之间产生密切互动。

社会动态性对机器人的影响

虽然人类被机器人的概念所吸引，但可能是由于科幻小说和电影中描绘的情景，人们仍然担心机器人出现的后果。

由于机器人将越来越多地承担危险、重复和繁重的工作，社会对工厂车间机器人的接受程度将大大提高。越来越多的机器人将是合作机器人，例如，它们与人类合作，而不是完全独立于人类做事情。当这种互动效果良好时，它会在将合作机器人放在合适领域的执行者之间以及在机器人和人类之间的"情感"方面建立起良好的关系。

除了这些观察之外，第9章的全部内容都与人和机器的共生关系有关，所以笔者将在第9章中对风险和回报进行一些更深入的探讨（如图6.3）。

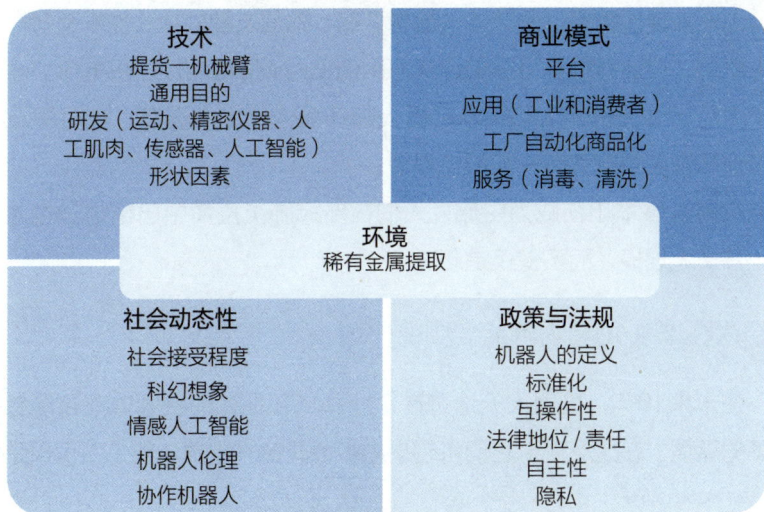

技术	商业模式
提货—机械臂	平台
通用目的	应用（工业和消费者）
研发（运动、精密仪器、人工肌肉、传感器、人工智能）	工厂自动化商品化
形状因素	服务（消毒、清洗）

环境
稀有金属提取

社会动态性	政策与法规
社会接受程度	机器人的定义
科幻想象	标准化
情感人工智能	互操作性
机器人伦理	法律地位/责任
协作机器人	自主性
	隐私

图 6.3　作为颠覆性力量的机器人学

今天的机器人能做些什么

如今，机器人技术的主要应用是仓库或工厂中的工业机器人，它们要么根据高度标准化的动作组装产品，要么从货架上挑选商品并将其带到物流链的下一部分。Kiva Systems（2003）是一家位于马萨诸塞州的公司，生产移动机器人运营系统。整个系统旨在实现仓库库存的移动。该公司于2012年被亚马逊以7.75亿美元收购，现在被称为亚马逊机器人（Amazon Robotics）公司。亚马逊的仓库里有20万个机器人在工作，鉴于新机器人的能力和需求的激增，摩根士丹利（Morgan Stanley）[1]预计亚马逊将在2022年运送65亿个包裹（Edwards，2020）。

机器人过程自动化（Robotic Process Automation，RPA）系统是最近的又一个机器人故事，它更多的是关于数字自动化，但聪明的商人借用了机器人的标签。RPA允许公司将整个流程集配置为自动触发的事件链，而之前这些流程都是手动步骤。到目前为止，其用例已经包括客户服务、工资处理和销售订单准备、信息存储、销售发票处理、技术支持以及个人使用，但还有很多可预见的其他用例（AI Multiple，2020）。

工厂自动化机器人和手术机器人都在受控环境中运作。他们每天24小时都在做重复的动作，却很少思考。

机器人技术正在成为主流，人们在新冠肺炎疫情中已经将其投入应用，并扩大规模，而不仅仅是测试。

机器人在未来10年内可能会实现什么

在未来10年，机器人无论是在工业领域还是在消费领域都将能够做更多的事情。在工业上，它们将越来越多地具备多步骤功能（不仅仅是物

---

[1] 摩根士丹利，是一家成立于美国纽约的国际金融服务公司。——编者注

流、拣选或单功能动作）以及监测、卫生和维护功能。无人机将越来越具有机器人的能力，并将能够在各种条件下拾取、运输和投递货物。

在消费领域，吸尘、消毒和清洁机器人将激增，特别是考虑到新冠肺炎疫情的影响。它们会夺走数百万人的工作吗？肯定会的。但真正的问题是，与此同时，它们还能创造多少需要人类参与的工作岗位？任何需要认知技能、需要在许多不同地点和环境之间流动的工作，或者需要社会情感技能的工作，如互动、护理或培训等，目前看来也都是安全的，尽管这些功能的某些方面肯定可以自动化。机器人与其说是替代品，不如说是共同工作者（Smit et al.，2020）。

在未来的10年里，仿生机器人有可能不仅仅是原型。将活细胞植入机器人体内的人工肌肉领域的研究工作正在进行中。如果人们在脑—机接口（或其他方法）方面取得重大进展，这可能有助于机器人理解人类的心理状态。情感人工智能的进展（如通过麻省理工学院的衍生产品Affectiva）可能使机器人能够理解面部表情或语调等社交线索，并以某种有意义的方式与人们建立关系。由于机器人伦理很有用，所以人们在未来10年需要在该领域取得一些进展（Gent，2020）。

能量储存是移动机器人技术的一个主要瓶颈，因为电池组太重。一个解决方案是人们能找到办法让机器人利用环境中的能源，或者根据需要提供大规模的分布式能源。

合成生物学的未来

合成生物学是一个新兴的跨学科领域，涉及将工程原理应用于生物学，以设计和构建新的生物实体，如酶、遗传电路和细胞，或重新设计现有的生物系统。合成生物学行业的投资已经超过120亿美元，既有成熟的生物技术公司，也有风险投资，其中三分之一发生在突破性的2018年（Cumbers, 2019）。

合成生物学的历史始于20世纪90年代的基因组学革命（基因组序列数据急剧增加，DNA合成成本指数级下降）和随后的系统生物学的兴起，尽管该领域的第一次国际会议于2004年在麻省理工学院举行。但真正不同的是能够将工程学科应用于生物过程，最终开始试验（Cameronet al., 2014）。这些形成期以电路为隐喻，因此产生了基因电路以及开关基因表达的概念。

科技对合成生物学的影响

合成生物学比其他任何技术都更能挑战人们当前对人类意义的假设。合成生物学的某些形式，如补充剂，可能相对无害（而且有益），而其他形式（如克隆人类或修补病毒）可能导致人类灭绝。哈佛大学乔治·丘奇（George Church）希望复兴猛犸象并将其放回西伯利亚的物种复兴项目肯定是其中之一，因为这一举措的价值值得商榷。

监管对合成生物学的影响

该领域的监管尚处于起步阶段。审议"合成生物学"法规的主要国际机构是《生物多样性公约》（CBD）缔约国会议。这是于1992年起草的一项多边条约，也是里约地球峰会的成果，目前由联合国环境规划署（UNEP）监督。与所有这样的条约一样，它们只有在国家层面上才能得到强有力的执行，而只有在新加坡、英国、新西兰和坦桑尼亚等国，国家层面的执行才具有一定的效力，而美国尚未批准该条约。

当然，整个世界，特别是在学术界和产业界的合成生物学前沿拥有强大科学团队的国家，将需要能够满足需求的监管方法。然而，这仍然面临很多挑战。可以这么说，不仅监管机构必须在某种程度上跟上科学的步伐，科学家为了解释自己的成果，也需要了解更多，在科研前景是创造全新的合成生物物体时尤其如此（Cameron et al.，2014）。当新发明的基因电路开始变得非常复杂且有用，致使其他实验室和应用领域开始以基因电路领域的工作为基础时，真正的挑战就开始了。由于电路的功能没有被完全理解，因此，为了防止失控的电路流出实验室，或可能破坏应用实验室的工作，拥有一个适合共享的框架，并拥有某种方法来衡量这种共享的风险，是至关重要的。

欧洲转基因指令（2001/18/EC）暂停了对转基因生物（GMO）的批准，但允许转基因作物和由转基因生物制成的食品或饲料销售或进口到欧盟，前提是它们必须通过严格的安全评估（特别是风险评估、监控、标签和可追溯性），这些都是根据具体情况来实施的。然而，转基因生物的培育留给了个别成员国（Law，2020）。鉴于禁止和采用标准不明确，目前的监管框架因没有"按比例、可预测和可执行地"监管通过基因组编辑繁殖的生物体而受到批评（Wasmer，2019）。

商业模式对合成生物学的影响

合成生物学的新兴应用包括生物传感（能够从生物环境中获取信息的传感器）、治疗学、生物燃料、制药和新型生物材料。尽管医疗应用很可能首先出现，但合成生物学将重塑可以在生产中使用合成材料的各个行业的商业模式（如图6.4）。由于生物设计具有将自然特性（生长）与工程能力（精确、可预测性）相结合的潜力，因此它有可能重塑人们今天所知道的许多有价值的材料。例如，合成生物学现在正在纺织业进行测试。

目前，全球市场由美国赛默飞世尔科技公司（Thermo Fisher Scientific, Inc）主导，该公司提供广泛的合成生物产品组合，并拥有广阔的分销渠道。

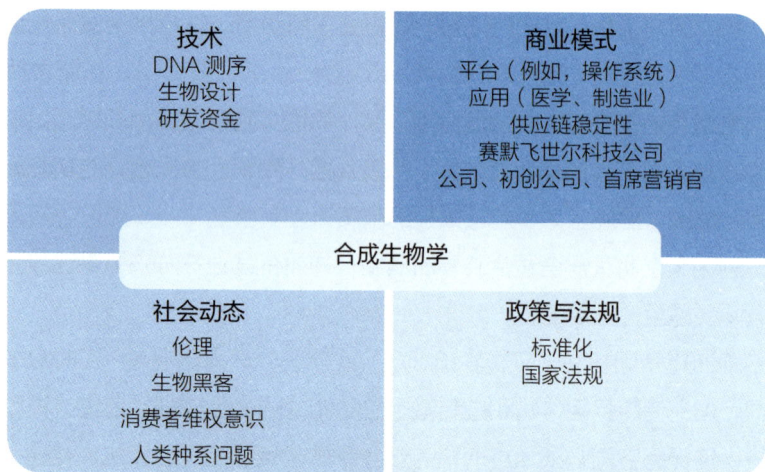

技术	商业模式
DNA 测序 生物设计 研发资金	平台(例如,操作系统) 应用(医学、制造业) 供应链稳定性 赛默飞世尔科技公司 公司、初创公司、首席营销官
社会动态	政策与法规
伦理 生物黑客 消费者维权意识 人类种系问题	标准化 国家法规

合成生物学

图 6.4 作为颠覆性力量的合成生物学

该市场的增长取决于人们对合成基因和合成细胞的需求,超越合成生物学研发阶段应用范围的增长,以及DNA测序和合成成本继续下降的速度,研发资金持续增长(政府资金成了很大问题),合成生物学在全行业内的协调计划的成功,以及对合成生物学创业领域的增长性投资(Markets & Markets, 2020)。

在生物设计进入常规供应链之前,需要克服的一些关键挑战,包括标准化(构建类似于软件行业的"操作系统")、可扩展性和关键工业应用领域的专业化(Cambridge Consultants, 2018)。这些挑战中的很大一部分可能会落在下一代合同管理组织(CMOs)身上,因为制造商更可能信任它们,而不是小型初创企业或大型企业集团。

规模化生物设计所需的新商业模式是在这10年内出现,还是在下个10年初出现,还取决于企业家是否能提出单一的盈利应用,并能够在市场上销售该产品。其规模也将取决于平台创新,比如前面提到的对"操作系统"的需求。

社会动态性对合成生物学的影响

影响社会接受度的主要因素似乎是"对生物技术益处的了解和认知；对生物技术生产者的信心和信任；以及风险、不确定性和复杂性的概念"（Pauwels，2013）。

业内人士将大胆尝试用计算机行业中熟悉的术语来描述合成生物学行业，将其作为生物计算的一种形式。如果成功，合成生物学被应用的速度可能会比失败更快，因此，这个行业必须作为一个全新的事物被审视，人们需要十分警惕，而且必须采取谨慎的方法，不要破坏"自然"生态系统。关于什么是"自然"的争论在很大程度上取决于文化和政治背景，在欧洲比在亚洲和美洲更为敏感，亚洲和美洲主要在"后自然"范式中运作。

关于生物设计越来越多地被采用的重要辩论应该在所有领域进行。虽然它在工业材料中的应用并不令人担忧，但它在基因组编辑或摄取等领域的直接或间接应用需要更仔细的审查。对该行业的道德规范和基本的实践发展进行深入研究是一个值得投资的主题。不管是好是坏，生物设计将塑造当前的10年，在某些方面，它已经开始了。

今天的合成生物学能做些什么

今天，合成生物学能够利用自然界的基本构建模块来制造产品或改进已有产品。它从酵母开始，现在正在向生物食物链的上游移动，尽管速度很慢，但人们花了很多时间在分析大肠杆菌的基因电路上，大肠杆菌在分子生物学中的地位几乎与小白鼠在实验生物技术和心理学中的地位相同。

跟踪当前合成生物学应用情况的最佳方法之一是通过BIO，这是一个贸易协会，代表美国和大约30个其他国家的生物技术公司、学术机构、州立生物技术中心和相关组织。BIO（2020）引用的当前使用案例包括自然复制的合成橡胶（而不是降解橡胶树等有限资源）、可再生的生物丙烯酸（以减少对石油的依赖）、绿色化学品（减少农业废物）、用于疫苗开发的定制基因（大大加快了开发速度）、合成抗生素的生产（加快生产过程）、使用低成本糖的生物燃料（取代石油）、合成发酵己二酸（尼龙生产中常用的化学品，减少环境足迹）和生物塑料（通过自然发酵聚合物）。

合成生物学在10年内会实现什么

在接下来的10年里，合成生物学将取得相当大的进展，并且依靠管理机构的监督，还可能会开发出一些以相当剧烈的方式改变进化方向的新方法，尽管不能完全保证这些方法是积极的，但人们仍然希望如此。通过下一代诊断技术、基因和细胞疗法，该领域无疑将在未来10年推动医学发展。克隆肯定会成为这10年的一个关键问题，但更有可能的是，针对阿尔茨海默病等真正毁灭性的人类疾病的有限的疗法，更有可能成为研究重点。

很明显，合成生物学除了改变生物技术和医学，也将对整个制造业产生重大影响，尤其是消费品（例如美容）市场。

在世界各地，由于气候快速变化而导致的植物和野生动物的灭绝，将因转基因生物而得到拯救。这些也是农民、渔民和消费者们急需得到的帮助。人工血液可能会出现。新的生命形式将被"创造"或通过杂交被创造出来。某些外科手术中的远程操作可能会成为现实（Caplan, 2020）。

人们希望减少罕见遗传病的发病率。在抗病毒植物和藻类以及能够更好地应对人为气候变化的耐温植物和野生动物方面应该会取得一些进展。抗衰老研究的进展也应会受到影响。认知科学的跨学科交叉将变得更加明显。该领域与计算机科学之间会因脑机实验的进展而产生真正的融合。缓解各种形式的环境退化仍然是一个值得挑战的问题。对流行病做出快速反应和设计更好的治疗方法的能力将变得既必要又非常有用。在促进进一步的空间探索方面也可能有所进展。

精准医疗，这是未来十年中被预言的超级治疗策略之一。我们认为人们可以非常精确，因而可以为特定的群体开发药物，甚至是一个个体，以及高度特定的条件和环境，这在一段时间内一直是医学界的白日梦。目前大多数精准疗法都处于研究阶段，但一些实验性疗法正在进入较大的研究型医院。

精准医疗的使用案例包括癌症治疗、预防性保健、药物效率、减少药物副作用、改进临床试验，以及避免反复试验。

康复医学或许能够通过神经刺激、可穿戴机器人和基因修复来治疗疾病而不是替换器官，也许可以通过再生的通用供体细胞进行重新设计。可能打破的另外一个障碍是，基于人—猪嵌合体的人工血液，即使对罕见血型也能有效输血和移植。最后，也可能会出现结合3D打印技术，打印临床应用的活细胞和器官（Brownell，2020）。

无论发生什么，有一件事是肯定的：合成生物学的优点（和缺点）将远远超出医疗和农业领域，这意味着它不是一个特定领域。相反，它更类似于数字化——以改变社会的方式影响着所有人。

现在，合成生物学发展得相当快，与其花太多时间重新审视过去（也就是说，在过去10年中）所做的事情，不如尽可能深入地研究正在进行的实验，描绘不久的未来可能会发生的事情（也就是说，未来3年）。这就是为什么，与其他任何领域相比，追踪创新者是人们能够理解不断演变的动态的唯一方法。

3D 打印的未来

3D打印是制造产品的一种新方法，它不需要像传统塑料或金属零件那样制作模具，而只需创建产品的各个层，并将它们逐层叠加在一起。

3D打印也被称为"直接制造"，因为它无须通过模具进行制造，或者甚至是"增材制造"，它从添加的配料直接到获得所需产品，而不是通过极度浪费的二次切割而形成。

增材制造起源于立体光刻技术（SLA）在逐层印刷领域的商业化，就是将液体塑料转换为固态物体，早在1987年，它就已经发展成为一个蓬勃发展的、范围广泛的3D印刷业，并且拥有一批供应商。数字光处理（DLP）是用光来快速硬化最终产品的技术，通过DLP的扩展部署使3D印刷业变得更实用。这一扩展是在增材制造数十年试验之后取得的，对整个领域来说，增材制作或许是更好的名称。

日本制造商（索尼、三井等）专注于SLA，但在美国和以色列，其他方法也在蓬勃发展，尤其是FDM（熔融沉积成型）打印，这是迄今为止价格最实惠的3D打印技术，也是麻省理工学院衍生的 Formlabs所采用的方法。通过这种方法，人们可以在打印过程中为正在形成的对象使用支架材料，该支架材料随后可以移除或溶解。

SLA面临的一个挑战是，其主要成分（树脂）的颜色数量非常有限，通常是透明或半透明和白色的材料。相比之下，FDM打印有多种颜色可供选择。另一种方法是层压对象制造法（LOM），它将纸张或塑料片等薄片材料切割成特定形状，然后使用黏合剂层层黏合，这非常适合用在建筑或施工中需要快速成型的大型对象中，因为在这种情况下，使用化学工艺的成本过高，可持续性差、浪费严重且过于复杂。在高端产品中，可以使用选择性激光烧结技术（SLS），它可以利用任何能够被粉末化和加热熔化的材料，包括热塑性塑料、钢、铝、钛和其他金属和合金。它的一种变体，是选择性激光熔化技术（SLM），它会完全熔化特定粉末材料。

在过去的10年中，材料投入已经从塑料扩展到液态金属，这催生了一种新兴的金属3D打印工艺，有望在航空航天工程产品方面取得重大突破。其中，第一批零件是在太空中制造的。

监管对3D打印技术的影响

在美国，FDA于2017年12月发布了首个专门管理医疗设备增材制造技术的指南。尽管根据欧盟委员会的数据，到2021年，3D打印市场可能价值96亿欧元（约690亿人民币），但在欧盟，仍然没有针对医疗设备或制药产品的增材制造指导方针（Miglierini, 2018），这造成了监管的不确定性。然而，该领域仍然有强大的创新研发支持。

须开刀植入的、针对患者的设备，如植入物和假肢，能否根据受者的身体结构进行定制？手术器械和其他医疗设备是否可以根据专业医疗人员的反馈来改进和完善？这些都是可能实现的，但需要严格的监管审查。

商业模式对3D打印的影响

3D打印消除了传统批量生产的长交付周期。在3D打印中，备件可以在现场或家中快速打印，并且制造商的周转时间更快。

通过3D打印，企业能够实现按需生产，降低了企业在工厂进行定制或大规模生产所带来的高成本。相反，人们可以下载它们的规范（"电子蓝图"），并在现场打印出来。

在最佳的情况下，3D打印可以实现客户和公司之间的共同创建过程，从而生成定制产品。双方可以交换原型并进行测试运行，从而快速实现产品原型开发。由于这种分布式的产品开发特性，设计理念和生产过程的其他部分也有可能被众包。

在消费者领域，3D打印可以实现数字化制造、家庭制造和大规模定制，而无须传统的开销。消费者可以不费吹灰之力地改变颜色，甚至是基本材料。三种商业模式正在同时出现：基于产品、基于平台和组合模式（Rong et al., 2018）。

虽然3D打印的魅力在于它的便利性，但从中获取利益可能会变得具有挑战性，因为很多生产过程都外包给了客户。如果开源规范成为正式的行业规范，那么某些产品的大部分利润可能将属于材料以及3D打印机的硬件制造商，而不是那些创建电子蓝图的制造商。此外，复杂的蓝图应该很有可能被申请专利，因此人们需要获得许可才能大规模部署它们。

问题是谁将承担整个价值链的成本，包括产品开发、材料成本、供应链成本（材料必须被运送到制造商，给最终客户，或两者的其他组合形式）、硬件成本（昂贵且复杂的3D打印机）、维修成本（这类机器可能会发生故障，需要维修），以及升级成本（总是有新型号出现）。当然计算机设备等其他产品也存在这样的问题。租赁或购买，这种组合模式可能会共存一段时间。这也是一个便利性的问题。普通消费者即使有能力自己动手组装一台电脑，也并不意味着他们有兴趣去学习如何组装，并实际动手组装。例如，尽管笔者和儿子花了三个月的时间研究自己动手组装游戏电脑的视频，但我们最终还是选择从制造商那里直接购买。假设价格实惠、高清、有多种材料可选的个人3D打印机问世，那么，有多大比例的消费者会选择购买打印机，而不是直接从商店订购需要的产品呢（Rayna & Striukova, 2016）？

社会动态性对3D打印的影响

基于3D打印的社会动态性在很大程度上仍不为人所知，而这将取决于哪种商业模式会获得成功。然而，很明显，基于社区的创新具有很大的现实可能性。大规模的众包创新也将极大地改变个人与行业、个人与产品创新的互动方式，并可能更普遍地改变产品融入社会的方式。如果出现这种情况，人们应该能看到更多更好地为用户服务的产品，更少的产品故障，以及更适合特定社会群体和用例的产品。

3D打印的生产过程与3D打印本身截然不同，这一事实会对车间工人的社会互动产生许多影响。由于工人之间的互动是数字化的，因此，它提供了一种更好地理解彼此的潜力，这可以改进生产过程，改善工人之间、工人和最终用户之间的社会关系。

人们才刚刚开始看到3D打印技术在当地社区、文化和社会运动中的应用（如图6.5）。媒体大肆渲染的最可怕的场景可能是某些国家的人们运用3D技术打印枪支。然而，考虑到3D打印医疗设备、假肢、疫苗、低成本住房和救灾所需品的积极潜力，你可以开始想象由这项技术推动的新的社会动态性。尽管进入3D打印机的材料仍然需要在某个地方生产并带到打印现场，但最终，这种技术会减少货物的运输，也就意味着污染更少。此外，需要提醒一下，印刷过程本身是高度耗能的。

今天的3D打印能做些什么

如今，大多数3D打印机能够打印塑料（ABS、PLA、尼龙），但金属合金、陶瓷、木屑、盐，甚至糖和巧克力也都可以用于创建3D打印产品（Rayna & Striukova, 2016）。直到几年前，大多数打印机一次只能

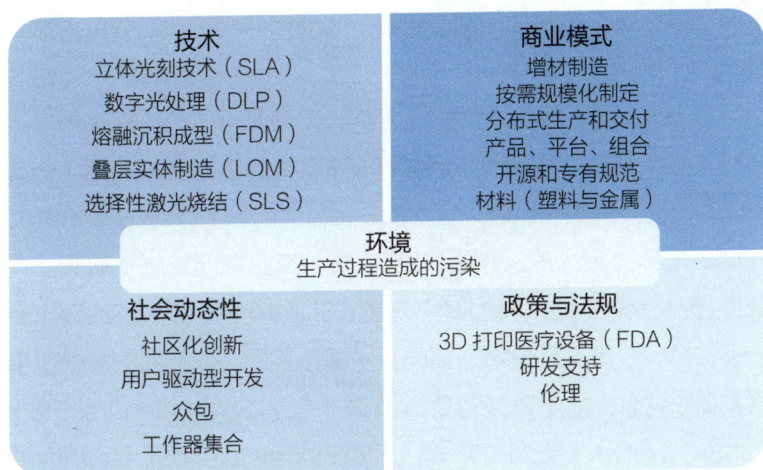

技术	商业模式
立体光刻技术（SLA） 数字光处理（DLP） 熔融沉积成型（FDM） 叠层实体制造（LOM） 选择性激光烧结（SLS）	增材制造 按需规模化制定 分布式生产和交付 产品、平台、组合 开源和专有规范 材料（塑料与金属）
环境 生产过程造成的污染	
社会动态性 社区化创新 用户驱动型开发 众包 工作器集合	政策与法规 3D打印医疗设备（FDA） 研发支持 伦理

图6.5 作为颠覆性力量的3D打印

打印一种材料，但高端机型正在迅速改变这种情况，小型桌面机型也将发生改变，这样，消费者就可以随时使用这些产品。

3D打印可以生产的产品范围也很广，而且正在迅速扩大，包括"原型、部件、模具、工具、身体部位（器官）、假肢、玩具、艺术品、食品、乐器、家具和衣服"（Rayna & Striukova, 2016）。

3D打印机的入门价格已降至几百美元，这使得大多数消费者都能买得起。它们越来越多地在普通百货商店销售。然而，能够打印更大、更多材料产品的高端机型会变得相当昂贵。例如，在2017年，3D打印厂商Desktop Metal公司的演播室系统的成本为12万美元，但办公室或实验室也可以按照每月3250美元的价格租用该系统，而生产系统的价格是42万美元（Kolodny, 2017）。可以看到，尽管Desktop Metal的系统在2020年的成本似乎完全没变（Cherdo, 2020），但销售价格一直在缓慢且轻微地下降。今天的金属印刷系统根据其复杂性，售价一般从5万美元到100万美元不等。考虑到金属粉末每公斤的价格在300~600美元，机器本身往往只占总成本的一小部分（Greguric, 2020）。今天的大多数金属打印机还不是即插即用的机器，必须由专门培训过的工人操作或监督。

阅读量较大的行业指南《2020年沃勒斯报告》（*Wohlers Report* 2020），迄今为止，共记录了超过250种增材制造材料的应用。一家值得关注的公司是美国和以色列合资的Stratasys公司（成立于1989年），该公司是世界上最大的3D打印机制造商，其业务涉及航空航天、汽车和医疗行业。从Stratasys的客户来看，3D打印应用最广泛的国家是美国，排名第一，其次是日本、德国、中国和英国。该行业的其他关键参与者是3D Systems（第2名），以及通用电器公司（General Electric Company, GE）、英特尔、家得宝（Home Depot）、Autodesk和亚马逊，以及越来越多的初创公司，尤其是波士顿的Desktop Metal、

Formlabs和Markforged。

　　金属3D打印已经被用于制造从飞机燃料喷嘴到髋关节植入物等各种物品。然而，使用金属3D打印制作的物品很容易产生裂纹和缺陷，这是由该过程中固有的大热梯度造成的。因此，到目前为止，3D打印机主要用于制造产品原型。然而，随着最新的进展和人们的广泛关注，它们已经开始用于制造产品的装配夹具和零部件，甚至是最终产品，这为大规模生产部署3D打印机铺平了道路。顺便说一句，用来解决这些产品质量问题的是另一种技术，人工智能。目前，实验方法正在试图部署先进的仿真模型，以检测和纠正此类缺陷。

　　假肢是3D打印已经实现的一个领域。在新冠肺炎疫情期间，它还被用于打印个人防护设备以补充供不应求的产品（Bell，2020）。新的治疗方法和设备的原型是3D打印的另一个用例。

3D打印在未来10年内能实现什么

　　未来10年，3D打印有望使用新材料，以及创造新的混合材料，可能包括世界上最丰富的聚合物纤维素以及碳纳米管。这种纳米材料可用于柔性电子和低成本射频标签。下一个应用领域是医学。进入生物材料领域还可能需要培育人体组织，既可以作为替代器官，也可以作为与药物发现和效应相关的医学实验的测试场地，甚至可能需要培育能够解开阿尔茨海默病秘密的大脑类器官（O'Leary，2019）。医疗设备是另一个有前途的应用。除此之外，3D打印更广泛的好处是，它能更加有力地促成数字化供应链的发展，改变制造和生产行业。

　　自2014年以来，太空中的宇航员就有了一台基础的3D打印机，但2019年出现了一种新版本，即专门为使用回收零件而制造的重构器，这是传统3D打印机通常无法做到的（Goldsberry，2019）。3D打印机可以让宇航员在几天内快速制造零件，这对解决眼前的问题没有帮助，

但肯定比等到可以将零件运送到太空要好，因为把货物送到国际空间站
（ISS）至少需要三四个月的时间。这项技术可能会在未来的某一天被用
于打印其他星球上的栖息地或着陆垫。

荷兰初创企业MX3D开发了一种金属3D打印系统，通过将多轴机械
臂与焊接机结合在一起，可以在没有支架的情况下打印金属零件。其采用
的方法是，把金属丝推到一个进料喷嘴，在那里通过电弧把它熔化，然后
依次添加到构建的平台上。该公司以这种方式，花费了一年的时间，建造
了一座金属桥，还打印了一辆极具现代风格的自行车，但打印自行车只用
了一天的时间。

麻省理工学院的衍生产品Desktop Metal采用了不同的方法，设计了
第一种适合办公的金属3D打印技术。

小结

在本章中，我一直认为目前最重要的五项技术是人工智能、区块链、
机器人技术、合成生物学和3D打印。虽然笔者能想到至少还有十种其他
候选技术能被列入名单，但选择这五种技术是因为它们相互作用，创造了
以前无法想象的技术、生物、材料、社会和心理变化。

考虑3D打印如何利用人工智能支持的机器学习，使供应链进一步
数字化，以及供应链中机器人使用量增加，并促进制造业的自动化，这
对其他所有行业都有影响。当区块链用于制造业时，它使供应链更加安
全，因此消费者可以验证产品的来源、完整性和位置，并启用智能合
约，也可以改变业务动态性。合成生物学还重塑了制造业，因为人们现
在知道的产品可能具有他们从未设想过的生物特性，这实际上是在培育
产品，而不是制造或打印产品，或者在生产或打印产品的同时，将大量

新产品推向市场。

这些技术共同培育了人们成为全新的自己的方式，成为设计师（从设计思考的角度来看，每个人都是有抱负的世界设计师）、公民、消费者、金融参与者、父母、爱人，事实上，涵盖了我们所有或大部分的多重角色和身份。

然而，重要的是要记住，技术的成功应用依赖于规则、业务模式和社会动态性。监管不可能凭空产生。商业模式实际上可以清除一项技术，培育其他技术。社会动态性可以让一项技术迅速发展，也可能使另一项技术失败，它们可以促进监管的需求或创新的动力。正如人们看到的新冠肺炎疫情，环境这一背景因素可能会突然在没有迹象的情况下转移到前台。这种情况可能会在另一种病毒、自然灾难、气候变化或相关现象造成的生态退化中再次发生。先见之明并不意味着预见未来，而是对未来的各种可能性采取行动，就像正在学习成为一名武术专家并不意味着你一定要去街头斗殴（事实上，恰恰相反）。

无论人们如何看待人工智能的好坏参半，或它目前的局限性，它都将推动各行各业、政府和社会的创新。区块链不仅正在渐渐地成为继货币发明之后的下一个金融平台，也会为困扰人类社会大多数部门的信任问题提供一个可能的解决方案：验证出处、身份、供应链，验证个人、产品和内容的轨迹，这是目前能看到的重建信任的主要途径。随着机器人技术成为主流，人类终于可以从危险、重复或传染的场景中得到喘息，人们可以在工作中，甚至在休闲中，达到预期的最高效率。合成生物学无疑将成为更有效地改造周围环境的可行途径。通过将生物特性改造成预期的样子来实现新材料，其效率远远超过当前的技术工具。而3D打印，凭借其分布式生产、近乎即时供应和远程消费的承诺，通过增材制造工艺组装的先进产品，将变得更便宜、更易获取且功能更强，并将使最后一英里问题在未来10年得到解决。反过来，如果这项技术发展得好，还将可能使人们能够纠正由于地理位置而产生的不平等，而使近距离的增强技术变得非常方便。如果还需再提一项技术，那就是增强现实技术。

为了更好地预见未来，人们不能局限于选择几种技术来观察。相反，在一个领域成为一个深入的专家，并精通数十个其他领域是至关重要的，这样就可以跨领域交流，并拥有吸收各种新奇事物的能力。这远远超出了目前推荐的成为"T型"专家（一个领域的专家但对其他领域认识较浅）的方法。保持好奇心也很重要，虽然你没有在某个领域数十年的研究基础，但仍然需要对新现象有批判性的见解。

关键要点和思考

1. 从这五种技术中选择一种，然后按照以下方式绘制你的知识图谱（理想情况是，在你阅读这一章之前，在你阅读这一章之后，然后你两周后又重新温习这一主题时）。

2. 用一张白纸和一些箭头画出这五种技术之间的关系。你可以部署五种颠覆性力量，本章讨论的次级力量以及任何你认为相关的次级力量。

3. 想象一下接下来重要的五项技术是什么。记下每一个你所知道和相信的，与你信任的人比较你的笔记，讨论你们评估中的共性和差异。

07

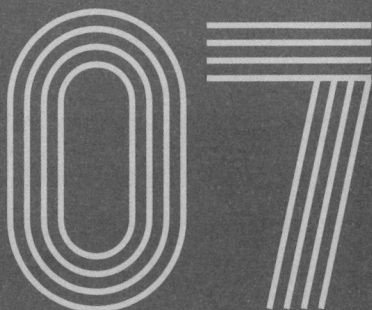

如何成为后现代
时期的博学者

　　本章中，笔者概述了一些人的成长机会，这些人接受新技术与其他颠覆性力量互动所创造的前景，特别是探讨了如何成为"后现代博学者"，即通过将技术洞察力与其他领域相结合，成为能够推动变革和创新的独立思考者。研究五种颠覆力量（技术、政策、商业、社会动态、环境）的意义在于，需要深入理解各种力量的不同组合。除此之外，真正需要的是将T型或Pi型专业知识的典型概念从专业知识的领域延伸出来，以获取系统性的理解，孜孜不倦地追求智慧。笔者关注的是在个人、家庭和社会层面上实现博学驱动的系统智慧的实用方法。

"T型"人才的含义

在《首席执行官》（*Chief Executive*）杂志2010年的一次著名访谈中，设计公司IDEO的首席执行官蒂姆·布朗（Tim Brown）将"T型"人才这一术语推广为一个拥有深度技能的人，使他们能够为创意过程（垂直维度）作出贡献。在IDEO的背景下，创意过程可能源于许多不同领域的知识：工业设计师、建筑师、社会科学家、商务专家或机械工程师。此外，这样的人会有跨学科协作的倾向（水平维度）。可以说，这两个方面的结合产生了当代工作场所所特有的协作工作所需的同理心和热情。这一论点直截了当，与学术界几十年来谈论跨学科或交叉学科的努力相比，它既是更好的品牌推广，也是对努力整合知识的最佳的、更准确的描述。然而，这一概念也带来了自身的挑战。如何证明这样做更好？有多广泛或者多深才足够？它比其他选择好多少？怎样才能聘用到这样的人？如何成为T型专家？成为T型专家就足够了吗？

诚然，传统的教育体系最多只能培养出"I型"人才，即在某一领域（一种职业、一种应用型职业技能、一种语言或一种艺术）有技能的人。"T型"专家是一个更高的要求，它的目标是成为两个或更多领域的专家，拥有广泛的专业知识，这样就可以与各种各样的人交流。在战略人力资源领域，他们已经开始把"T型"专家作为一种理想的比喻，也许是因为它将评定标准从简单可测试的单领域技能转向组合技能，组合技能更有用，但更难测试。

在现实中，人们或许可以通过学习成为"T"型专家或者以招募的方式召集"T型"专家，但这显然不足以成为未来技术的塑造者。在本章中，笔者将介绍如何成为两个或多个领域的专家（实际上是一个"Pi"型），并同时深入到更多的领域。然而，在这个过程中，你需要摆脱"专家"的态度，开始接受共性，发现可能阻碍进展的岔路口，寻找交叉点，并开始在实际（和理论）应用中真正结合这些领域。

开始一段多领域结合的洞察力之旅

只有"T型"轮廓是不够的。即使你只看今天的创新者，他们也不局限于成为某一领域的专家。相反，正如人们将看到的，今天的大多数创新，以及那些经得起科学、技术和艺术史的时间考验的创新，都是将专业知识与新应用结合到一个领域，或通过一项发明创造一个新领域。进入"T型"之旅，就像一刻不停地连续跑3英里，这就是本章的开篇。

学科间的协作能力

蒂姆·布朗是商业领域的先驱，但他并没有创造出跨学科协作这个术语，也没有相关的应用案例。几十年来，欧洲的大学都设有跨学科系。在美国，尽管跨学科的受欢迎程度是一波三折，但跨学科研究的学士学位项目也已经存在了几十年，当然有些已经停止了。在教育背景下，跨学科的挑战之一是如何进行更好地综合，如何真正协调来自不同领域的洞察力，使之形成一个全面的理解。这不是一个简单的问题，问题的根源在于认识论，即知识理论。

不同领域之间往往是不可比较的，正如人们从科学史上所了解的那样，即使是同一学科中的范式也可能具有这种特征。科学理论家托马斯·库恩（Thomas Kuhn，1962）有一个著名的理论，即范式只会随着其创始人而消亡，并对如何解决这一问题持悲观态度。

这里有一些需要记住的区别，它们表明了博学多才是如何逐渐变得更加复杂的。第一，跨学科（interdisciplinary）意味着至少与另一个领域的交互，这是第一步。你需要找到学习模式和材料，对这种潜在的交互持开放态度，或者你需要自己仔细思考这些交互。第二，多学科（pluri-disciplinary）经常用于政策的应用主题，如医疗卫生领域，这意味着各领域不仅相互作用，而且以某种重要的方式相互关联。人们普遍认为，多学科意味着需要从几个特定领域输入信息，才能完全理解一个问题，但这并不意味着必须让同一个人理解这些领域。第三，交叉学科（cross-disciplinary）是两个领域的并列，但有时边界之间也会交叉，专家之间有具体的领域之间的联系，但通常没有领域的整合。一个例子可能是早期机器人的攻克方向结合了工程技术与计算机系统。第四，多门学科（multidisciplinary）意味着将两个以上的领域放在一起，而不试图将这些领域进行整合。最好的例子就是今天的机器人技术，它建立在工程学、数学、信息学和计算机科学、神经科学或心理学等领域专家的见解的基础上，以某种方式相互合作。另一个例子可能是生物工程，它结合了生物学和工程学的最佳元素。

下一个目标是超学科（transdisciplinary），这涉及共同的公理，即在不同领域之间找到共同的核心思想。超学科方法的早期例子包括马克思主义、结构主义和女性主义理论，但当代最好的例子可能是系统论，它建立在数学、心理学、生物学、博弈论和社会网络分析（有时甚至更多）的结合之上。系统论用于理解组织变化和许多领域、人以及系统相互作用的复杂现象，如气候变化。

运用超学科的方法，当务之急是形成知识的统一性，通常情况下，这个问题很难解决，而一旦成功，将会对当前的理解能力产生巨大的推动作用。目前最好的例子是合成生物学，因为它试图将心理学的认知研究与应用神经科学相结合，并且更广泛地结合了统计学以及数学中衍生出来的计算机科学和算法思维，即这种技术结合了生物学和人工智能技术的最佳成果（见第5章）。

当你更仔细地研究第2章中提到的这些新兴技术时，你会发现，在理论或实际应用的最高水平上，甚至在基于这些技术制作产品时，尽管只需要很少的知识整合就能取得部分成功，但如果想要取得真正的进步，往往需要一种超学科的心态。

如果你想学习系统论，有很多博客、书籍、播客和在线课程都是关于这个主题的（见附录）。经济合作与发展组织（1972）很早就试图澄清了这些概念，但该报告只在特定政策圈内传播，而没有得到广泛理解，否则这将使我们的教育制度在过去50年里发生很大的变化。尽管可以论证，变革现在已经加速到了一定程度，但从历史上看，改变这样的观点仍然需要很长时间。如果你还没有完全理解上面这些，说明你已经落后了。

当你考虑学科界限时，重要的不是只考虑学术，还需要考虑以下这些：①理论和实践之间的关系；②研究和教学之间的关系；③学科内部和学科之间的关系（定性和定性方法）；④科学发现和商业应用之间的关系；⑤讨论你在产品开发或在工作场所需要解决的其他话题，所有这些都是非常重要的。

超学科个体

在2014年的一篇文章中，奥格斯伯格（Augsburg）概述了超学科个体的四个维度：①对与超学科态度一致的一系列技能、特征和个性特征的欣赏；②接受超学科个体是智力上的冒险者的观点；③洞察超学科实践中的细微差别和伴随的基本道德；④尊重创造性探究、文化多样性和文化相对主义的作用。

超学科的挑战之一是超越学科的科学坚持，即虽然研究方法可以（在一定程度上）共享，但原理却不能共享。

更大的目标：为社会创造价值

为社会增加价值的最佳方式是尝试搭建学科间的桥梁，建立超学科的视角，在这种视角下，你会将特定领域的关注点和公理深度整合在一起，并应用于统一的视角。

无论你是在初创公司工作，还是在大公司参与创新，无论你是在政府部门工作，努力创造良好的政策举措，还是努力成为一名好家长，超学科思维是成功的必要条件，它能为他人带来价值（并超越你自己的直接利益）。

毕竟，这可能就是基于证据的决策如此困难的原因，因为科学知识必须与当地知识和关注点相结合，从而在科学、政策和社会之间形成更有效的接口。类似地，成功的产品设计需要将不同领域的关注点与其所应用的环境和目标市场的约束（和机会）相结合，以构建产品。想象一下，你试图创造一款产品，却声称无法将设计师的设想与技术人员的模型相结合，你就不可能完成它。同样，在教学和学习中，教师和学习者都必须与他们的媒体（屏幕、软件、书籍、声音、电子邮件、聊天）进行"融合"，通过将课程、媒介、导师和学员融合在"表演"中，才能形成强大的能量（Subrahmanian & Reich, 2020）。

成为一个博学者

培养超学科思维最开始的方法是追求博学多才。你不应该为了某一领域的知识本身而去追求它。人们所寻找的是学科领域知识之外的东西，而领域内的知识仅仅是人们制定决策、开发产品和引领进步的工具（或者技术）。

难点在于，超学科的概念引入了新的关注点，这些关注点源于尝试融合传统习俗，以及社会关注点（如可持续性、道德、对社区的影响）和其他全球问题。然而，其结果往往是越界的，因为它们可能违反边界，挑战社会规范、既定真理、精英甚至道德约束。正如科学被认为是一种不断超越、消除和重建各种学科、社会伦理或生态界限的活动（Krings et al., 2016），并且主要通过失败和分析失败来进步（Firestein, 2016），这也是整个技术创新实践的追求。你应该设计聪明的方法来尝试那些似乎与你正在做的事相关的事情，在失败时你应该感到兴奋，因为这会开启一个学习的时刻。与他人分享你的观察结果，反思已发生的事情，关注当你试图从代价高昂的失败（时间、金钱或声誉）中恢复时所发生的心理调适过程，最终你将在下一次尝试时，有可能做出开创性的探索。

成功往往只不过是在失败到来之前的那一刻，对失败的拯救。要做到这一点，除了博学的心态外，还需要两种品质：耐力和绝对的自信。事实上，这些更难学习，它们是天生的，或者是在你"成长"的最初几十年中慢慢学习，并融入你自己特定的社会心理身份中，作为遗传、个性、环境和日常努力以及一些运气成分的混合体。

通过寻求导师的帮助来设计自己的博学之路

在现实中，实现超学科甚至更加复杂，因为不同的教学理念在不同程度上借鉴了不同学科的洞察力。例如，行动学习（也称为经验学习）运动（Kolb, 1985）强烈主张，如果你不实践一个行业，或者至少在学习的同时实践，你就无法掌握它，即使该领域是一个有很多理论需要学习的学术领域。那么，想象一下，"实践"领域又是一个额外的学科变量。

学徒式学习是对这个问题的一种更为传统的回答，其概念是，如果学徒没有直接从师傅或专家那里学习，没有在实践中学习并接受批评（这种情景的理想情况是有一小群学生在身边），真正的洞察力就不能恰当地转移。因为这种学习方式会引发反思，它也被认为是学习专业实践的一个很好的方法（Schön, 1983）。

然而，这一传统忽略了单一"大师"在学习过程中引入的高度个性化的偏见，这可能会使具有不同需求的人的学习变得复杂。你需要谨慎地选择导师。如果你发现他们不是适合你的导师，就必须远离他们，因为一个糟糕的导师会让你倒退几年。

用科学的视角也无法很好地解释创造力，因为它很难描述。因此，IDEO扮演了"T型"这个词的推广者角色也就不足为奇了。毕竟，正是在设计实践中，特别是IDEO使用得非常宽泛的定义中，"T型"人才真正获得了最大的成功，因为设计作为一个类似于工程技术的过程，有着深刻的文化内涵（Subrahmanian & Reich，2020）。笔者所能看到的关于"T型"概念的唯一价值是，它可以隐喻地象征锐利和优势，它也可以代表"技术"。"T型"一直伴随着人们，因为它具有隐喻的力量。T表示tau，源于闪米特语字母taw，通过希腊字母τ（tau）（希腊字母表中的第19个字母）衍生而来。考虑到社会的发展方向，你肯定会想在成为一名博学者的道路上融入技术。但并不是以你首先想到的那种显而易见的方式，比如"学习如何写代码"或"学习元素周期表"。以下将对此进行解释。

技术与"T型"的讨论密切相关，可以说，技术是一种加速学习和应用过程的方法，因为它更普遍地改变了人类周围的环境。在现代希腊语中，"技术"（*techne*）一词的意思是"倾听"（listen），而这源于一个古老的术语，通常被翻译为"技艺"（*craftsmanship*）。人们需要"倾听"技术（就像倾听导师的教诲一样），才能很好地使用它们，每一种技术都有一个略微不同的"声音"，并且会根据激活它们的人而产生不同的声音。

笔者最近有了一个爱好，即播客。这时，笔者才发现倾听的比喻非常有用。音频是进入灵魂的直接渠道，顺便说一句，是进入大脑的相当直接的途径（通过人们的耳朵），这与学习神经科学有关。笔者在大学时期最忙的时候，积极地使用了自生训练，这是一种由德国精神病医生约翰内斯·海因里希·舒尔茨（Johannes Heinrich Schultz）在前人的基础上完成的脱敏放松技术，人们通过这种技术可以获得心理生理决定的放松反应。这种方法会教你的身体对你的口头命令做出反应。这些命令"告诉"

你的身体放松，帮助控制呼吸、血压、心跳和体温。然而，笔者也能够在更深层次上学习学术科目时使用这种方法。通过诱导自我催眠状态，可以（现在仍然可以）在学习周期的关键时刻（需要突破的时刻）思考复杂的话题。在第9章（与机器的融合）中，笔者将从当前多感官学习的科学进展中进行深入探索。

这种方法与相对神秘的大脑整合生物动力学有关，这是一种与应用运动学相关的整体疗法，笔者也尝试过，并取得了一些成功。虽然传统科学对这些过程仍知之甚少，但笔者认为，有理由推测，一旦人们在描述这些过程方面取得进展，并发展出坚实的、以证据为基础的实验方法，能够在人类的大脑积极"学习"或连接独立区域（无论是通过侵入性或非侵入性方法）的准确时刻进行干预，那么不仅在理解神经可塑性方面，还将在学习更好地控制它、实现学习效果方面取得巨大的进展，并有可能帮助人类解锁新技能。

在这一点上，笔者的意见是，几乎任何你发现有可能帮助你集中精力、全神贯注，或放松（或以上各点的组合）的方式，无论是锻炼、冥想、自发的训练、具体的活动（阅读、坐在咖啡店、按摩、与他人交谈），你都应该深入地探索如何优化和系统化这些活动，以便在你的一生中取得更大的成就。

选择要专攻的核心技术集

此时你必须问自己的问题是：哪些技术最适合你？换句话说，综合考虑所有因素——与社会的相关性、你的天赋、以往的经验、你目前的兴趣、现有的商业机会，对你来说，所有这些，哪个最突出？

可以这样去思考：假设将所有的技术简化为前一章中分析的五种技术，在接下来的十年中，如果你必须选择一个垂直维度，希望自己至少为这一项特定技术的进步作出独特的贡献，你会选择哪一种？是人工智能吗？还是合成生物学？更重要的是，仅仅选择一个技术领域是不够的。你希望自己作出什么样的贡献呢？如果目前答案不够具体，说明你的目标还不够明确。

如果你必须选择一个或两个水平维度，也就是朝着"Pi型"的方向而去，它是否一定是同理心或团队合作，因为这似乎是等式中的软技能？答案肯定是一个响亮的"否"（可能会有争议）。原因是，不应该试图以个人的身份进行优化，而应该努力融入高效的团队，因为个人的洞察力（无论智商还是知识网络连接）很少能与当今的需求匹敌。

你还必须设想引进互补的技能来应对自己的生活，这时你不用假装自己是暖通空调、管道、电力、园艺或教学专家。正如人们需要同理心专家一样，他们也需要非常负责任的领导专家、问题解决专家、沟通专家、组织专家、市场营销专家、项目管理专家、写作专家、创意专家等，你可以列出所谓的这些"软"技能，而在其最高水平的表演中，没有一个是特别"软"的，谁会说一个爵士俱乐部舞台上的爵士即兴演奏者，或者一个刚获得普利策奖或诺贝尔奖的作家，或者一个会说四种语言的人是在练习一种软技能？关键是为了产生影响，你需要在某些方面脱颖而出。是什么事情可能并不重要，重要的是你如何找出自己的闪光点。即使你花了很长的时间，你也不可能在没有做出选择的情况下脱颖而出。你只是达不到所需的深度。

难道在广泛的认知中，同理心和团队合作能力仅仅是软技能吗？深入研究只是为了成为专家吗（或者当你深入学习时，你学到的思维方式是否存在共性）？就此打住有关这方面的讨论吧：如果继续以这种方式简化，"T型"逻辑是不会有成果的。

在接下来的10年里，想要成为"T型"人才的唯一方式是，对最快速发展的领域（水平轴）有广泛的理解，并在至少两个领域有深刻的洞察力（这样就有能力在更深层次上重新组合自己的洞察力）。有人将其称为

"TT型"，也有人将其称为"Pi型"或"π型"。

这可能有些复杂，但专注多个学科并没有什么神奇之处。当你高度专注某些领域，并且思考如何以独特的方式将这些领域结合起来，从而为你自己和社会带来价值时，奇迹就会发生。然而，正如蓝色和绿色的混合是青色，你也必须做好准备，最终的结果确实是每个领域的关注点的混合，不能因为哪个领域在某个产品决策或社会设计中占主导地位而难过。

可以说，麦肯锡解决"T型"问题的方式也是你处理问题的方式，理想情况下，首先是通过观察更广泛的影响，然后只有当你知道这里要深入研究时，你才会这样做（Working With McKinsey, 2013）。

重新评估水平技能

在现实世界中，水平技能和垂直技能并没有明确的划分。例如，如果研究团队技能，没有什么能阻止该主题成为垂直技能。而仅仅练习团队技能是不够的，最终需要的是深入的、基于研究目的的思考：什么是一个好的团队，如何促进它的形成，如何为团队的繁荣和发展创造条件。这些问题的研究属于社会心理学领域，并得到了来自传感器方法（来自Affectiva和其他麻省理工初创公司）的大量数据的帮助。人们不能指望5个小时的团队技能网络课程就足够了，同样，也不能指望5个小时的人工智能课程就足够了。软技能并不容易获得。

改变学习经验

如何成为一个博学者，或者培养别人（比如，你的孩子、你的同事，或者你的员工）成为一个博学者？必须从改变学习方式、学习的背景和理论基础开始。第一，必须介绍培养个人使命和学习动机的重要性，以及每个人想要完成什么。第二，需要让特定的目标足够简单，以取得进步，让学习者看到他们是如何进步的。第三，需要引入对学习者来说足够重要的激励机制。

近些年，人们对参与游戏化、在线竞赛和学习者测验等技术的潜力充满了热情，甚至几乎忘记了这些技术一直是人类学习技能的一部分，而这些技术使得学习工具的范围更有限。之所以提到这些方法，是因为面对成为"Pi型"人的压力，人们可能需要一种不同的刺激教育的方式来支撑。显然，尽管四年的学位课程也会让人们有时间和地点进行结构化的、耗时的、全方位的学习，但这不是（唯一的）正确答案，因为有些东西本来就是，或者将来会是复杂的，难以在瞬间消化的。

当代在线学习平台——游戏场地

Interview Kickstart是一家为新晋专业人士提供面试培训的公司，它利用了面试在机构学习系统中没有既定培训协议的事实。许多在线学习平台采用了屏幕连接模式。企业培训和教育资源提供商（所谓的企业LMS）包括顶级大学、麦肯锡学院（McKinsey Academy）、Lessonly、Loop、Gnosis Connect、SAP Litmos、TalentLMS、Articulate 360、Saba Cloud、Adobe Captivate、Cornerstone OnDemand、Docebo和Learn Upon等竞争者（Pappas, 2015; Trustradius, 2020）。

微学习——启动这个过程

一种非常具体和有用的方法是微学习，即人们只需要进行几分钟的训练就能学到一个特定的概念。随着2007年苹果应用程序的发布，微学习迅速发展。社交媒体服务推特之前设定的内容长度不大于140个字符的限制已经扩展到了280个字符，甚至还会更多，这就是过去十年中微信息影响的缩影。可能一些人从未使用过它，但这并没有阻止媒体进入政治选举和社会辩论等关键领域。另一个例子是美国的一个问答网站Quora，它将来自全球的专家对高度情景化的问题的答案进行排序。在新的微学习传统中，视觉学习与之有着紧密的联系。

微学习的原则有：每节课只有一个目标、对学习者进行测试、将内容分块、简洁（3~4句描述）、时长短（通常为3~5分钟或更短）、改变学习主题时用项目符号的形式。

微学习输出格式通常是可视化的，例如信息图形、视频片段和动画、流程图、插图、图形、图表，甚至可能包括作为传递工具的文本消息。也存在其他的实现形式，包括二维码中的情境化物理空间（博物馆、教室、展览）。典型的尝试还包括"情感挂钩"，这体现了该学校如何借鉴行为心理学和当代设计原则并与之结合。一个小问题是，自2017年以来，只有Grovo Learning一家公司拥有了该商标，这降低了该术语本身的实用性和广泛性（尽管没有实践过）。一场TED演讲或者一个结构化在线学习课程的片段，甚至是压缩形式的表演，都是微学习的其他例子。事实上，微学习可以通过多种方式传递——电脑、播放器、手机。它被用来作为企业的学习空间，但同样适用于在油管上观看各种关于"如何（How To）……"主题视频的个人（Elearning learning, 2020; Valamis, 2020）。

选择你独特的"Pi型"组合

正如前面已经指出的，你可以通过学习成为"T型"专家，但还不够。你应该是两个或更多领域的专家，并深入研究十几个领域。这两个专业领域应该与你目前的主要职业相关（或者应该与你职业生涯的下一步相关）。其中一个应该是技术主题，另一个应该是"软"主题（如同理心、团队技能、语言技能、人际网）。至于这十几个领域应该是什么，可以是与你的兴趣无关的十大新兴技术、经过市场研究公司的验证技术、最近发表的未来主义报告、你自己的独立研究等。

建立"Pi型"团队来制定项目和决策，不仅是组织的责任，也是个人的责任。

贯穿历史观念中的多层面利益价值

高层次的超学科思维一直是人类社会中颇具创造力和多产的思想家的特征。下面提到几个人，来说明这一点可以在久远的历史中得到追溯，以及这几个人对人类世界的影响有多深，这样做很有意义。爱因斯坦说过："最伟大的科学家也是艺术家。"

一起来看看一些著名的学者（希腊语：πολυμαθής，polymathēs，"学到了很多"）的整个思想史（Chiappone, 2020; Tank, 2019, 2020）。其中有几位女性，她们是在历史的不利条件下涌现的，这充分证明了这样一个事实，往往是勇敢且具有逆势思维心理特征的人，才会作出颇具创造性的贡献。

笔者列举的人有：亚里士多德、宾根的希尔德加德（Hildegard of Bingen）、伊本·赫勒敦（Ibn Khaldun）、列奥纳多·达·芬奇（Leonardo da Vinci）、斯塔尔夫人（Madamede Staël）、玛丽·居里（Marie Curie）、路德维希·维特根斯坦（Ludwig Wittgenstein）、尼古拉·特斯拉（Nikola Tesla）、格雷戈里·贝特森（Gregory Bateson）、弗朗西斯·克里克（Francis Crick）和理查德·菲利普·费曼，就如何成为博学者而言，他们是历史上值得深入研究的人。本书附录中详细介绍了每一个人，这里将重点介绍几个当代的例子。

现代时期

梅卡罗尔·杰米森（Mae Carol Jemison），是一名美国工程师、医生，曾任美国宇航局宇航员，同时也是一名舞蹈演员和社会科学家，创立了两家科技公司，并担任金佰利（Kimberly-Clark）、Scholastic和威士伯（Valspar）的董事会成员（Jemison, 2020; Priester, 2020）。小时候，她最喜欢待在学校的图书馆（Biography.com, 2020）。杰米森目前的计划是在未来100年内让星际旅行成为可能。

埃隆·马斯克，精通物理学、工程学、编程技术、设计、制造和工商管理，是一位连续创业者和开拓性发明家，他从事的领域（表面上看起来）大相径庭，比如电子商务、汽车工程、太空飞行和能源技术。他将自己清晰的思想归因于总是回到"第一性原理"。从十几岁开始，马斯克每天都会读两本不同学科的书。他还表示，尽管交谈比阅读要慢（马斯克视野很广），但仍可以从与人交谈中学到很多东西。然而，他强调了拥有一个能够支撑知识的概念性框架——他称之为"语义树（semantic tree）"，是非常重要的（Stillman, 2017）。

史蒂夫·乔布斯（1955—2011），拥有非凡的毅力。1976年，他和一位高中朋友在硅谷的一个车库里创办了苹果公司，10年后，他被迫离开。他一直坚持听从自己内心的声音，这导致许多员工都对他持负面看法（当然，他解聘了那些与他的审美选择不一致的人）。不仅是开始的时候，在他的整个职业生涯中，很多产品都失败了（尤其是Apple Lisa、Macintosh TV、Apple Ⅲ和Power Mac G4 Cube）。

乔布斯在2005年斯坦福大学毕业典礼上的演讲中有句名言："我当时没有意识到，但事实证明，被苹果公司解聘是我这辈子遇到的最好的事情。由成功带来的沉重被重新开始的轻松所取代，每件事都不那么确定，这一点解放了我，让我进入了人生中最有创造力的时期。"他还说："不要被教条束缚，教条就是活在别人思考的结果中。不要让别人的意见淹没你内心的声音。最重要的是，要有勇气跟随自己的内心和直觉。"（Stanford, 2005）

然而，他并没有被定义为失败，并坚持在1997年回来拯救公司。乔布斯将设计、硬件和软件结合起来，创立了苹果公司，它是这个时代最具标志性的公司之一。在苹果播放器、苹果手机和苹果平板电脑出现之前，还有其他音乐播放设备、智能手机和平板电脑，但在史蒂夫·乔布斯的触屏出现之后，全世界都想购买这些设备。2010年，在经济大衰退期间，他推出了苹果平板电板。

比尔·盖茨在大学里有如下的学习策略：不上他报名的课，而是去上他没报名的课。他是著名的哈佛辍学生。他一直做的一件事就是记笔记。他使用了康奈尔笔记（Cornell Notes）的一个版本（由三个部分组成：事实注释、问题提示、关键词和摘要），该版本由康奈尔大学（Cornell University）教育学教授沃尔特·波克（Walter Pauk, Cornell, 2020）在20世纪40年代设计。在该系统中，从某一个点开始，使用者必须立即背诵和排练这些笔记（使用线索），并且这些动作需要持续进行。当然，做笔记也会传递出你正在积极倾听的信息（不幸的是，正如人们在尝试做笔记时所经历的那样，在手机上做笔记时的信号刚好与此相反）。

盖茨改革了非营利组织衡量影响力的方式，他还将通过盖茨基金会（Gates Foundation）改革公共卫生领域。此外，他是一位重要的初创企业投资者，拥有一个引人注目的深度科技投资组合。

朱莉·泰莫（Julie Taymor）是一位导演、演员、布景和服装设计师，因将《狮子王》（*The Lion King*）改编成一部百老汇音乐剧而闻名。她是第一位获得托尼奖的女性（Britannica, 2020）。她说，她的创作过程始于一幅表意文字，一幅日本毛笔画，"三笔就可以画出整个竹林"。例如，她将狮子王的概念简化为一个形象：圆圈（May, 2013）。

罗文·威廉姆斯（Rowan Williams），前坎特伯雷大主教（2002年至2012年），神学家、哲学家、教育理论家、诗人，著有四本书，包括神学书籍和随笔，会说12种语言。

毫无疑问，在笔者看来，如果这些博学的人生活在不同的时代，他们会适应当时可用的技术工具。列奥纳多会创立一系列初创公司。伊本·赫勒敦本可以与欧洲航天局合作。德斯塔尔夫人将创建一个开创性的精英社交媒体网站，将在线和离线聚会结合起来。玛丽·居里将是一位生命科学大亨。

成为专家需要多长时间

许多人现在相信，为了击败竞争对手，或者到达某一个领域的顶端，或者在某项技能上达到世界级水平，他们必须完成1万小时的有意识练习（5年全职时间，或者更现实地说，如果你把它作为业余爱好的话，则需要10年的非全职时间）。这个概念，是被马尔科姆·格拉德威尔（Malcolm Gladwell）的书《异类》（*Outliers*）普及的，它是基于心理学家埃里克森（Ericsson）等人对运动员和音乐家（1993年）的研究而得出的。虽然对有天赋的运动员或象棋选手来说可能是这样，他们起步早，有顶级教练的指导，有父母的支持，有强烈的动机，但这些条件不容易在普通人身上复制。然而，这也并不能阻止其他人在两到三个学科上练就强大的专业技能，他们能做到这些技能上投入1万个小时。正如埃里克森所写，愿意花大量的时间，进行反复的实践，才是专家与众不同的原因。

应该说，大多数在任何事情上投入1万个小时的人，在任何地方都不会像格拉德威尔或埃里克森暗示的那样出类拔萃。每天晚上在练习场打高尔夫球，连续10年，如果你的训练方法错误，或者实际上只是在没有接受任何专业训练的情况下击球，你很有可能得不到提高。还应该注意到，大多数人至少在学校待了12年，许多人在大学待了4年或6年，但在任何领域的学习都没有超过平均水平。

笔者认为，个体差异将是巨大的，可以想象，一个能积极有效地学习的人，在几天内学会一些有意义的东西，在几周内学会一项基本技能，在几个月内开始熟悉一个小领域，并在几年内学会一门手艺（许多职业都会以这种方式颁发实践证书）。博士学位通常需要4~7年的时间，再快也快不了多长时间。笔者在3年内完成了这项工作，但这可能太快了，导致了本人无法完全消化自己试图涵盖的专业复杂性。除了博士水平的专业知识外，个体差异是相当大的，因此根本没有必要建立这样的时间尺度。

以上是粗略的估计，你可以根据自己的能力和自己适合的领域，加减20%～80%的时间，当然还取决于主题。如果你想成为邻近领域的专家，可能会符合这种预期，但如果是一个全新的领域，可能需要更长的时间。如果你对某个领域特别感兴趣，这些时间表可能没有任何意义，因为你可能会将100%的时间都花在它上面，只是因为你对它着迷。不管怎样，专注于一件事是非常有意义的，不要试图在一个月内成为一个博学者。

怎样让你的隐藏"T型"具有多样性？

多样性指的是很多事物，这是理所当然的。你会问，多样性与"T型"专业知识的讨论有什么关系？因为"T型"员工在工作场所的整体价值主张与个人无关，而是与整个组织单位的认知多样性和生产力有关（Maitland & Steele, 2020）。认知多样性本身就是一个目标，它有助于避免认知偏见，而认知偏见是导致有害决策的主要原因。发现和接纳自己的多样性（无论是什么），就已经迈出了第一步。这并不是像说一句，"我是非洲裔美国人，或者我是女性，或者我是外国人，所以我是一个有价值的多元化贡献者"那么简单。

多样性的象征性价值只是表面上的问题，它关系到不歧视任何一个群体，这是一个独立的（也是重要的）问题，但不是本书的这一部分关注的问题。然而，就创新而言，公司需要的是一个在看待眼前的挑战时，能够始终如一地提供多样化、与众不同的、创造性的观点甚至可能唱反调的人。毕竟，属于一个或多个身份类别并不决定你的想法（首先，我们不要忘记，反歧视政策的重点是什么），为了真正履行你自己的多元化身份，这当然只是一种简化。还需要努力接受横向思维。

横向思维（De Bono, 1967）通常源于有不同的经历，深刻地学习了独特的东西，经常对所学知识进行反思，并且能够以适当的方式应用这些知识。成为一个能为组织作出贡献的、高效的"T型"人才还需要天时地利。要想做到这一点，你必须建立一个有话要说的跟踪记录，这样你就可以被邀请到可以让你展示风采的环境中。你不仅需要在私人场合脱颖而出，还需要在公共场合脱颖而出。你需要自信，承担风险，站定立场，并准备好捍卫你的立场。另外一个层次是，有智慧，这不包括在"T型"人才范围内。有关智慧的科学（Jeste, 2020; Sternberg, 2020）正处于初期，但无论会包含哪些要素，它都将是从经验中获取的隐含知识，以及你可以学习的特定知识。

"T型"组织

"T型"组织（Wladawsky-Berger, 2015）的特征刻画者显然是具备"T型"知识的管理者（Hansen et al., 2001）。他们能够辨识人才，并将其牢记在心，能够利用协作的方法平衡运营中的需求，以解决不断出现的复杂而快速变化的问题。

运作良好的团队可以弥补团队中缺乏成熟"T型"人才的不足，"T型"组织的不足也可以得到弥补。然而，这需要巨大的协作努力和共享机制，以对抗领域专家或公司领导层之间的信息孤岛状态、领地意识和自我意识。然而，这种说法往往言过其实。在许多方面，这种弥补只是理论上的。如果你的思想比较狭隘，你开发的技术将不会引起广泛的兴趣，也不会吸引更多的观众。出于这个原因，在组织中，没有办法到处找"T型"专家。事实上，如果没有"T型"思维，这些人甚至可能无法正确地解决问题。麻省理工学院等学校很早就意识到了这一点，他们聘请的教授既擅长动脑，又擅长动手，还能将理论和实践以及研究和商业结合。无论如何，这比依赖松散的组织沟通模式要快得多（Wladawsky-Berger，2015）。

小结

"T型"比以往任何时候都重要，但不是人们在博客文章中读到的简化版本，也不是因为"领先"这一简单的理由，这是这类论点通常出现的标题。既有深度又有广度的"T型"才是最有价值的，真正的"Pi"型人才是社会下一次迭代的基础，无论是否基于技术水平。

社会特别需要更多的技术专家，这不仅是为了延续当前所处的快速创新周期，更重要的是，要用符合人们真实需求的技术创新，而不仅仅是短期内的卖点，来吸引更广泛的人群。此外，需要对技术和社会发展的相互作用有更多的理解，这本身就是一个"T型"话题，因为它至少涉及两个独立的学科和经验。

在这一章中，笔者研究了"T型"概念在艺术、科学和技术思想史上的重要性。在使用清晰的"T型"概念时，笔者认为"T型"是不够的。相反，你需要成为一名博学者（如图7.1）。书中有一些非常具体的当代博学者的例子，以及一些如何成为博学者的建议。现在任务是你的了：去做吧，你会比他们更好。

在下一章中，笔者会更细致地研究你如何将你的洞察力系统个性化，以实现新的"T型"人才身份，通过加倍地努力，成为一个双"T型"甚至更强，并持续向上，使自己在工作场所和生活中取得成功，最终成为真正的超学科专家。

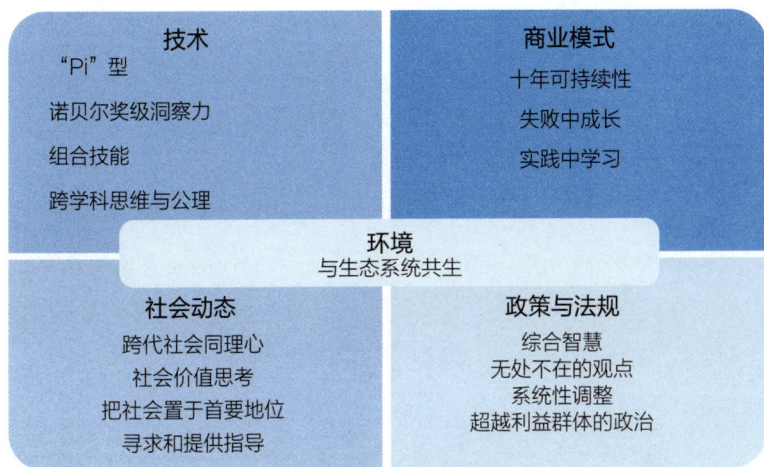

图 7.1 博学者的颠覆性模型

08

将洞察力生态系统个性化

在这一章中，笔者将探讨你如何将你的洞察力生态系统个性化，以实现你新的"T型"身份，以及你的博学抱负，并为自己在工作和生活中的持续成功奠定基础。首先，定义洞察力。然后，讨论学习技术行业信息和发展的传统工具，包括市场研究、搜索引擎、时事通讯、事件、顾问、专家网络、合作伙伴和远见。接下来，我将详细说明个性化洞察力工具包的关键元素，这是为你自己量身定制的，因为你必须首先保持平衡，其次明确你想要克服的挑战，最后，找到与你合作实现这些目标的组织。没有人能解决所有的问题，更不可能同时解决。因此，聚焦是必要的，你需要把光圈设置得很大，以吸收大量的观感信息，这样你的响应才能有创意、新颖且引人注目。在本章的末尾，讨论建立（和重新建立）焦点的标准。最后，讨论技术人员如何将讨论的问题人性化，使我们能够看到每个发现背后的动机。在附录中，我给出了要追踪哪些人的建议。

什么是洞察力

洞察力本身就是一个难以理解的概念。具有洞察力意味着什么？是不是意味着你比周围的人更了解某件事？如果是，你如何向更广泛的群体，甚至是你自己的团队解释？说服行为通常需要持续的共存和动力，以及大量的支持、盟友、偶然的情况和突然打开的机会之窗。你需要在机会之窗关闭之前把握住。

笔者认识的许多咨询师，以及越来越多的企业技术人员和战略家，都订阅了与他们工作相关的特定主题的出版物：世界报纸、商业出版物、行业博客，以及关于他们当前和过去客户以及竞争对手的新闻。

现成的洞察力工具

有很多工具可以用来在竞争环境中建立洞察力，跟踪趋势和新出现的事态发展情况，包括①在消费者搜索引擎中输入查询语句；②订阅免费市场研究相关的时事通讯；③依赖行业协会的时事通讯和聚会；④参加行业活动；⑤聘用战略顾问，使用随需应变的专家网络；⑥依靠内部咨询或研发团队；⑦寻求与大学、风投公司等建立开放性创新伙伴关系；⑧面对面或在线聘请导师；⑨订阅定制数据库和定制趋势报告。

每种方法都有优点和缺点，你不可能对你跟踪的所有主题采用所有这些方法。成本和价值之间没有关系。例如，使用消费者搜索引擎、收听播客和追踪在线的影响力大咖通常都是免费的，但如果你花时间进行选择，就可以获得很好的洞察力。与此同时，个性化的导师和定制的现场战略咨询也能给出大量的见解，但成本相当高昂。

在现实中，考虑到当今不断变化的知识需求，这些都不是孤立的。随着浏览在线内容的复杂性增加，在线内容搜索工具的市场将继续增长。唯一可以肯定的是，工具在不断发展，你也应该如此。笔者的观点是，未来的赢家将能够使用一个电子化的、个性化的成长工具包，它很可能基于高度先进的人工智能，这种智能根据一套复杂的约束和限制条件获取信息，这些约束和限制条件成为全天候运行的计算机算法。然而，它不能取代你的努力，至少在未来10年不会。这意味着什么？

简单地说，你需要一种多样化的方法来获取和处理信息、考虑决策和拓展实现。无论你做什么，都不要百分之百地独自去做。不要试图自己去追踪每件事，学习每件事，总结每件事。与有相似兴趣的团队、同伴、社交网络群体一起工作。如果没有外来帮助，无论你的洞察力一开始有多么超前，你肯定会失败。

个人洞察力成长的工具

奥利弗·温德尔·霍姆斯（Oliver Wendell Holmes），美国医生、诗人和博学者，住在波士顿，被他的同行誉为当时最优秀的作家之一，他这样评价洞察力："有时，一瞬间的洞察力值得用一生的经历获取。"这就为笔者在这一章所要阐述的内容设置了赌注。并不是说你应该收集尽可能多的信息或知识，即使是在你熟悉的领域。这不是数量的问题。也不是说要为了创新而创新。

获得足够的洞察力去接近智慧，就是要在这个世界上留下独特的印记，代表你最好的一面，同时作出超出利己的贡献。这就是智慧。

努力跟上时代的步伐

跟踪零售情况往往是跟上时代步伐的最简单方式。如果你有自己的零售业务，就会有来自销售、营销、运营和销售点持续的输入。跟踪趋势意味着跟随主要的行业协会，每年参加一些重要的活动，全年与同事和竞争对手进行非正式交谈。趋势每年都会发生变化，有时是季节性变化，最多一年两到四次。大趋势往往会持续几十年。

根据行业分析师和营销公司的说法，最显著的趋势总是与一代人有关。千禧世代已过去10年，现在，后千禧世代是年轻的消费群体。知道哪一代是你的目标客户，你就知道如何面向他们做营销和销售。然而，这项工作可能变得更加复杂。几代人在一起塑造这个新时代，技术在迅速发展，新的竞争者也在不断涌现。

凯瑟琳（Catherine）是一家全球零售商的负责人，几个月来她一直在为这件事发愁。该行业的投资者和市场前景都并不乐观。有一段时间，她把自己经营的公司定位为一个异类，一个增长机器，尽管当时消费行为发生了巨大变化，媒体报道了美国各地数千家零售店倒闭。当时，这些趋势似乎正在朝她们席卷而来。她们刚刚宣布了一轮裁员、关闭门店以及出售一个专门的零售部门。销售数据连续三季度下降。凯瑟琳得想个出路。她在参加了麻省理工学院媒体实验室的一次会议后，认识到需要开启新的增长模式。她本来没有打算去的，但最后一分钟，她发现她的日程安排有3个小时，她想从所有繁重的事务中喘口气。他们说麻省理工学院就像一根灭火水管。媒体实验室还有一个特别之处，那就是麻省理工学院媒体实验室的创办人尼古拉斯·尼葛洛庞帝（Nicholas Negroponte）写了他的畅销书《数字化》（*Being Digital*），这本书开启了整个工业领域向数字化的大规模转变。

当时的活动主题是"科技、分析师和消费者的未来"。凯瑟琳觉得这个话题和演讲者都很吸引人。值得一提的是，有一位来自麻省理工学院的演讲者，她真正点明了未来。她的实验表明，购买者越来越希望共同创造他们最终购买和推广的产品。这一点令人着迷。这让她想起了销售的一个必然结果：如果抱着你是在帮助别人而不是在做销售的心态，你就能卖出更多的产品。人们需要帮助，想要帮助，甚至可能会感激帮助。帮助别人的奖励是消费。最后，每个人都希望自我感觉良好。通过数字化，顾客意见可以变得无限扩展，真正改变产品开发。

但用户和顾客也希望参与到创意过程中来，他们自己也想成为产品开发者，他们想对产品有影响力。有什么比与一个全球零售品牌合作并具有影响力的感觉更好呢？凯瑟琳看到了潜力，但考虑到她的资产负债表，她不太清楚如何才能实现这一目标。她需要的不仅仅是3个小时的休息，她更需要帮助。

以下是凯瑟琳的做法。她向她的组织寻求答案，她公开地寻求外界的帮助，悄无声息，但不是隐形的。她从内部数据源和外部贸易协会、研究公司和学术界跟踪了零售业的趋势。

如何培养自己的洞察力

在全球范围内，很少有人同时是公司、产品和高价值服务的思想者和制造者。这些人通常可以在历史书、回忆录和传记中找到。埃隆·马斯克、史蒂夫·乔布斯和托马斯·爱迪生会浮现在人们脑海中。令人惊讶的事实是，其他人都能获得这些现代科技英雄的一般信息。而且，在很多方面，这些博学者所使用的信息与他们的同龄人所获得的信息并没有太大的不同，有时甚至更少。例如，如何解释莱特兄弟（Wright Brothers），来自平凡的成长环境，却能超越其他所有人，成为最先制造飞机的人？人们还不知道这是怎么发生的。

要想出类拔萃，你要么更深入地挖掘创造这些思想的根源，要么挖掘出不同的见解，要深入几层，发现一些稍微不为大众所知的见解。

为了深入了解这些思想家，你可以阅读他们的传记，阅读他们的原创作品，采访与他们共事的人，尝试模仿他们的学习风格和习惯。然而，仅仅读一本关于某人的书不可能改变你自己的习惯。要想有所作为，你需要致力于改变自己的生活，逐渐养成思想家和实干家的基本习惯。对大多数人来说，这是一项艰巨的工作。但并不是说这对所有人都是可取并且可能的。但有可能的是，在有机会的时候尽最大努力。每个人都可以设定一个明确的目标，让自己在某个领域具有十倍的洞察力，并能在6个月或1年时间内实现。特别是如果你在一开始就定义了这些里程碑，并与懂行的人确认这些里程碑，也许是一个朋友或同事，他们可以为你扮演非正式的导师。

从洞察力到成长

学术人士可能会追求洞察力本身，人文主义者或文学爱好者更有可能会这样想，但商业和技术人士通常有一个更功利的目标。如何获取价值？如何创造一个产品？如何赢得大合同？如何获得晋升？为了实现这些目标，你需要成长。它们不会不请自来。

成长是如何发生的？你怎样利用它呢？许多公司寻求的答案是双重的：应对由内而外的和由外而内的挑战。由内而外的挑战包括更好地理解自己的业务，包括从自己的数据中做出更好的分析。由外而内的挑战在于利用外部资源、合作伙伴、初创企业和高校资源，更好地理解环境，关注趋势、研究或预见。这两种组合很有可能通过洞察力推动成长。

寻找新的成长来源通常是具有挑战性的。它迫使企业重新思考既有的智慧，这一点很残酷。你所挖掘的成果可能推翻企业内部高层领导的经验。有些人不理解，有些人抵制。不管怎样，这个过程都是痛苦的。但一些公司甚至还没有达到这个目标，而已经做好了长期衰落的准备。那些成长的公司和那些没有成长的公司有什么区别？什么样的性格特点使那些不想改变、正面改变的人迎难而上？

通过追踪洞察力以实现成长

了解了可用的选择和个性化成长的宏伟目标之后，笔者将介绍如何使用最有效的洞察力工具来实现成长。

行业协会在跟踪洞察力方面的作用

世界大型零售贸易协会美国零售联合会（NRF），成员包括百货商店、专卖店、折扣店、集合店、网店、独立零售商、连锁餐厅和杂货店。NRF的资源包括为成员或游说准备的定期活动和白皮书。不过，NRF的观点显然倾向于让零售行业看起来不错，不能指望找到与行业利益相悖的观点，当然也不会有负面消息，比如有关哪些零售子行业增长前景可能最糟糕等。该协会显然希望保留其成员。这也只是单一来源故事的单一方面。

战略咨询中的洞察力

许多研究和咨询公司都有零售部门，有些公司仅从事零售业务。从谷歌的热门榜单来看，德勤、毕马威或普华永道（PwC）可能是该领域的领导者，因为它们都发布了年度零售趋势出版物。然而，要警惕的是似乎有四种搜索结果可能出现。

第一种通常只是一个简单的营销页面，宣传他们在该领域的专业知识，这只是略有帮助，并且意味着你需要搜索更多内容或支付实际项目来获取更有价值的信息。

第二种是宣传白皮书，通常在2～5页，有一些见解，甚至一些图表。如果你仔细研究它，它也只是一个门面，通常在白皮书的末尾列出个别专家的名字以便进一步阐述，或者引导你到一个下载页面，你在那里可以购买完整的报告。

第三种搜索结果是一份报告的摘要，然后要求你购买阅读许可。有两个这样的页面，一个是像高德纳或弗雷斯特这样的供应商页面，另一个是像研究与市场（Research and Markets）这样的第三方供应商页面，它们允许访问来自许多供应商的报告，但是在购买报告之前，顾客可能不知道是从哪个供应商购买的。

第四种结果是30~100页的全文报告，其中有人部署了内容营销方法，并投入了一些工作，以获得高质量但免费的产品。

这类最好的报告许多都是年度报告。随着时间的推移，这些供应商在建立知识提供者的声誉方面考虑得很周到。

顶级战略咨询公司麦肯锡可能是一个恰当的例子。聘请它的专家是昂贵的。如果幸运的话，你可能每隔几年就能做一次。然而，除非你属于《财富》（*Fortune*）500强的顶级企业，否则你很可能无法经常用它们的服务。话虽如此，幸运的是，你不必购买他们的服务来获得麦肯锡的灵感。

就连麦肯锡也需要推销自己的服务。这意味着它会免费提供大量信息。你可以选择浏览它关于零售主题的免费内容。在这种情况下，在线网站确实有相当多的内容，有无限的前途。但很快你就会遇到付费墙。那么，你唯一的选择就是联系这家公司，签署一个百万美元的合同，他们会为你调查这个领域。这就是你为什么需要另一种方法。

更诱人的方法是降低级别，简单地聘请更便宜的顾问。问题在于，咨询往往是一分价钱一分服务。一个昂贵的顾问通常是一个好顾问。一个廉价的顾问不一定是一个糟糕的顾问，但他的人脉网肯定就没那么广了，他们可能不属于信息交换的主流人群。其中一些信息可能至关重要。至少以前是这样的。但情况正在发生变化。很多聪明人都不想要麦肯锡那样的生活方式。也许他们在那里工作了一年，现在，在一个较低的层级，或者他们在独立创业。

向你认识的专家、朋友或熟人寻求免费建议是另一种受欢迎的方法。就像过去一样，你必须打电话给你聘请的顾问，如果没有，就打电话给当地的大学，问教授对这个问题的看法。当然，如果做不到这一点，那就给你自己的同辈、熟人、校友、朋友或同事，以及任何你认识的、有可能有时间讨论的人打个电话。

开放式创新的贡献在何处

在过去的10年里，出现了一系列开放创新平台，如美国格里集团（GLG），美国Catalant，或其他无数的专家网络，你可以联系专家，他将以100美元的价格回答你的问题，500美元一次电话沟通，或者一个项目为1000美元或10000美元。这些方法的共同点是，你进入一个更广泛的专家网络，支付优厚的报酬，并获得专家对某个问题的建议。

有效而明智地使用搜索引擎

如果你在零售行业中寻找高质量的在线内容会怎么样呢？例如，你可以想象在谷歌上搜索零售趋势。没有任何其他限制条件，会有2.44亿个结果（在笔者写本书时），这意味着你将花费几个小时筛选页面，甚至在前几百个结果中，漫无目的地搜索关键字、品牌或其他已知的相关性和质量指标。前几个搜索结果很可能是广告，也就是说，只有在你了解这个品牌的情况下，才能谨慎绕过这些广告。接下来的几个搜索结果会是搜索引擎优化（SEO）的网站，通常要么是拥有巨大资源的大品牌，要么是通过人为提升与搜索主题相关的入站链接的小众网站。显然，拥有出色搜索引擎使用技能的人能够基于关键词的最佳组合进一步分析结果，例如，"零售、趋势、技术、pdf"，但这很麻烦，而且充满了丢失重要文档的风险。

无论你正在看的是哪种出版物或产品，并打算以它们作为下一步行动的依据，你最好评估一下信息来源的动机。供应商在这一领域的行业定位策略包括可见性、思想领导力，或更积极的策略，比如希望按照某种预期的方向引领行业。

人们常常在没有任何证据的情况下假定，深入洞察和推动成长之间存在联系，这是错误的。我们不能想当然地认为，寻求洞察力就能获得洞察力，或者认为拥有洞察力本身就能成长。首先是执行的挑战。这是大多数基于专业知识的方法通常失败的地方，而且过去时常发生。

事情就是这样发展的。顶级战略顾问通常会以高昂的价格提供合理的好建议。听了一份关于该做什么的报告后，你却记不住太多内容，脑海里只剩下幻灯片，上面有一些建议。一段时间过去了，你什么都没做。不是因为你不想或不明白要做什么。也许，做这个决定的不止你一个人，随着时间的推移，其他更紧迫的挑战会把当前的任务推到更低的优先级上。你可能认为自己也理解了建议的含义，但执行时，可能意识到或完全没意识到你所处理的问题是完全错误的。

挑战的环境可能发生了轻微的变化，或者只是从挑战到解决方案的转变过程使你觉得正在做一些与最初计划不一致的事情。

聚合信息

有一段时间，似乎可以采用一种称为简单讯息聚合订阅的技术（通常称为真正的简单聚合），现在人们通常只知道它的缩写，RSS（really simple syndication），或者如果你喜欢，也可以叫它"网络提要"（web feed，以食物类比）。关键在于，当在线内容以这种特殊方式设置或交付时，它允许用户以一种标准化的、计算机可读的格式访问最新在线内容。例如，可以让用户在一个新闻聚合器中跟踪许多不同的网站。整个网络内容营销行业是建立在此基础上的，这就好像你是一个新闻或知识生态系统的重要的职员，作为中间机构聚合在任何给定的时间内选择最相关的内容发布，或者成为一个新闻机构，一个自己领域的"路透社"（Reuters）。RSS的流行经历了起起落落。如今，大多数用户甚至不需要考虑RSS，因为新闻是通过他们所在的平台提供的。例如，LinkedIn News建立在RSS和用户生成内容的组合之上。然而，有一种媒体是100%依赖RSS的，那就是播客。

播客

在过去的几年里，RSS feeds因为播客而复兴，许多播客播放器如苹果播客（Apple Podcasts）、声田、潘多拉（Pandora）和iHeart Radio，经常聚合用户的播客，并在他们的平台上提供用户的内容，所有这些都使用用户的RSS源，它会返回到你最初发布内容的位置。

播客确实是一种新兴的洞察力来源，因为它以一种亲切的方式（通过声音）传递内容，以及所传递内容的背景（可以在你跑步、刚起床、化妆，或正要睡觉时使用），这些都是你一天中非常不稳定的部分，你特别容易专注于你正在呈现的东西。本文在附录中列出了一些特别有见地的播客。

在线课程

在过去的一个世纪里，远程学习的概念有很多形式，从函授学习到我们现在所说的蜗牛邮件，通过广播、电视、磁带、DVD和互联网，这是今天更受欢迎的形式。笔者认识一些上过数百门网络课程的人们。它们通常不贵（甚至免费），往往提供高质量的指导，你不需要离开椅子就可以习得。你甚至可以在课堂上得到老师的反馈，或者评分，也许还能拿到证书。这类教学形式有足够的魅力吸引数百万人的参与。如今，可以找到各种各样的在线课程。在线学习课程可能是进入新领域的一种方式，一种更新知识的方式，或一种补充其他类型的学习方式。无论哪种方式，它都是一个极好的资源，能极大地提高你的能力，确保获取最新的技术。但你必须选择正确的课程，你还得继续努力。学习不是自动发生的。

技术潮流

最后一点，技术潮流很普遍。当媒体和投资者共同对一个领域感兴趣时，他们就会引来其他人，这些人可能完全了解其中的内在逻辑，也可能不完全了解。反过来，投资者也会对投资回报感到失望。媒体，按照它自己的逻辑（某种程度上是确定的）需要转移到一个新的话题，即使它仍然深深地被上一个最新的、最受欢迎的话题所吸引。

这种情况一次又一次地发生在纳米技术、清洁技术、教育技术、医疗技术和人工智能上。事实上，在某种程度上，它可能已经发生在人们正在讨论的所有技术上。这就是为什么笔者真的觉得高德纳擅长创造炒作周期的原因。至少现在人们都多少意识到，人们是炒作周期的一部分。但这并不意味着人们总能确定一项技术在特定的炒作周期中所处的位置，甚至不知道炒作遵循的概念是否接近高德纳的周期逻辑。

提高科技素养和意识的三种方法

在本章的其余部分，笔者将概述三种方法，以更好地理解科学和技术的颠覆性力量。作为这项工作的一部分，笔者建议深入研究分类法——技术知识在概念上的组织方式。在做研究时，熟悉最新的分类法可以节省时间，也可以让你开始有足够的知识与新兴领域的技术专家交流。在科技颠覆中，有一套正确的问题绝对是最重要的挑战。如果你有好的问题，你不仅能够发现趋势，而且可能开始预见它们，并最终参与创造它们。

技术发现方法 1：
将你的方法个性化

不管人们是否意识到，每个人都有自己的、个性化的颠覆矩阵，反映着人们当前的担忧。它可能不像图8.1（这只是一个示例）中描述的那么

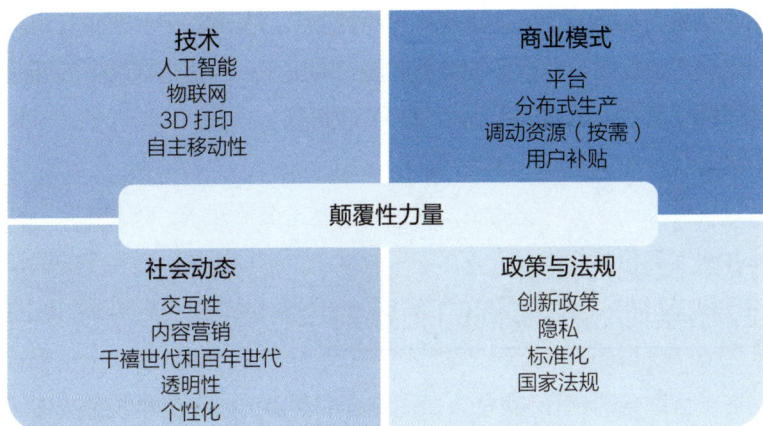

图 8.1　个性化的颠覆性矩阵

系统，但它至少应该达到那种粒度级别。然而，如果有人声称能够在任何给定的时刻关注更多的因素，他们很可能是在自欺欺人。

　　笔者的建议是，至少创建四张这样的颠覆性力量图，一张通用图包含你正在跟踪的所有内容，一张针对你负责跟踪或有决心在未来几个月了解更多信息的每一种技术。你应该尝试与一两个专家（同事、朋友或导师）验证次级力量集。这就变成了你的思维图，你的思维模型，不仅是你如何看待这项技术的未来，而且是你如何去寻求进一步的洞察力手段。

　　最大的挑战在于，这些"思维图"很少共享，所以即使是亲密的团队成员也在讨论，而没有深入了解彼此的真正关注点和情境理解。正如笔者在创新研讨会上所说，把这个挑战说出来是一个卓有成效的团队练习。如何理清正在执行的项目，并开始在团队层面形成更高水平的认知凝聚力是令人震惊的。

　　你也可以尝试把你的个性化颠覆路线图贴在墙上，记下沿途观察到的情况。绘制概念之间的关系已经被证明是记忆事物的基本方法，同时也能加深思考。尝试把目前的理解教给别人是下一个更高理解层次。通过这种做法，你将开始质疑自己的假设，理清观点，并开始下一步的探究。但是，这些方法在商业或教育领域仍然没有制度化，因为越来越多的证据表明，可视化是发展更深层次洞察力的关键部分。

技术发现方法 2：
超越基础，拓展你的洞察力

在"互联网时代"，有些人赞同这样的观点：所有的学校都应该"教你如何学习"，因为互联网会以某种方式提供你生活中需要的所有实际经验，即使是在高度复杂的领域。

不幸的是，事实远非如此。头脑既包含基本的科学和技术分类，也包含大量这些分类、事实和洞察力之间的关系。如果你的头脑没有"准备"好，即使你有正确的搜索词，互联网也不会教会你什么东西。例如，如果不知道纳米科学或量子计算如何对当前的科学挑战进行分类，你怎么能投资它们？你将被迫地依赖二次解释，这可能会导致延迟和错误。或者，你也可以根据一些指标进行投资，而这些指标并不取决于你对这些方法实际效果的了解，这是一个有风险的建议（但并非史无前例）。

然而，有很多方法可以让你的头脑做好"准备"。你可能会发现一种方法对一个问题有用，而另一种完全不同的方法对另一个问题同样有用。情境甚至是你的情绪，都可能决定你最有可能如何学习。保持一定的灵活性，有利于在实践中掌握科学技术。即使是最平凡的观察也可能揭示一个深刻的真相。原因在于，所有的创新都是通过需要进一步改进的不完美原型来推进的，甚至可能的情况是最终状态并不是最有趣的。第9章会讨论个性化方法的重要性。

技术发现方法 3：
理解科学家和科学

在研究科学和技术的时候，有一段时间人们很少关注发明背后的人，尽管如此，一个世纪前人们就是这样学习这些学科的，而且非常有效。也许是由于过于强调科学方法和最新发现，人们把科学当作思想和发现的历史。更糟糕的是，我们有时只是背诵课本后面的答案，而没有学习里面的内容。这是在消磨时间，是你不喜欢的填字游戏。它不会帮助你理解科学或技术是如何发展的。

在这个过程中，科学发展的实际方式被掩盖了。在教科书中，人们会认为以下是一个线性过程：A建立在B上，并导致了C。人们没考虑到A混淆了B和C的关系，且B和C被发现是错误的，并且导致了D和E。后来，D和E被发现是F伪造的。然而Y国家X实验室的科学家不知道F是谁，于是继续沿用D和E的路线，发现在某些有限的领域内富有成效。从主要的物理范式到实验化学，大多数科学和技术的发现都是这样。

此外，正如美国的法尔斯坦（Firestein，2016）所表明的，所有的科学都是基于一系列的失败，即所谓的实验。法尔斯坦写到，失败中蕴含着极大的诚实，它使科学在下一次变得更加明智（如果传播了一个负面结果，这在现代科学中被抑制，这就是一个问题）。

然而，笔者认为，阅读科学家们写关于他们自身的作品是非常有意义并且有益的。原因很简单：它帮助笔者理解他们所担心的是什么，是什么激发了他们对知识的渴望，以及最终是什么让他们"解渴"。他们花时间与这些问题做斗争，因为这些问题对他们很重要。了解他们的动机让人们对他们的进步充满感激，并激励人们深入地、热情地、有意识地自学。如今，理解这种逻辑最简单的方法是阅读顶尖科学家的传记和自传。

基因组学、纳米科学、计算机科学和经济学等领域的著名科学家不断地开辟新的领域。了解这些著名科学家认为的最需要考虑的问题，并敏锐地意识到他们还没有理解的问题，可以帮助你更好地理解（即使作为一个非专家）这个领域的发展方向。因此，如果你想追踪科学技术领域的趋势和创新，就必须密切关注这些发展背后的科学家，以便了解他们正在解决的问题。

甚至有这样一种争论，而法尔斯坦（2016）恰恰提出了这样的观点，即通过回顾旧论文，看看科学家们描述他们失败的地方，你就有了一个可贵的宝藏，这个宝藏中有前景的实验可以在10年后复制，或许可以借助改进的实验设置、知识和技术，也许会带来开创性的结果。

汇编你要追踪的科学家名单

既然你已经明白了追踪科学家的重要性，那么你该如何确定追踪谁呢？

在过去的一年里，笔者决定尝试找出前1000名新兴的科学和技术人才，开始追踪他们在做什么。笔者在背景方面做了广泛调研，在已证实的成就方面也有高度选择性，重点关注各个领域经过严格审查的颠覆性专家，比如有影响力的人、行业专家、企业家、学者、技术专家、科学家、风险投资家、作者和演讲者。

最大的挑战是找到那些能够脱颖而出的人。笔者列出了各个科学技术领域的顶尖人物名单，以及那些著名奖项获得者的名单。你需要一点网络知识来找出这些列表中哪些是有声誉的，或者你需要研究每个领域的引文索引，这个工作量相当大。全面了解这一点不是一个人能完成的工作，这就是为什么笔者使用了人—机力量，包括众包协助。笔者还查看了一些奖项竞赛的结果，我认为它们是潜在的极端颠覆性信号，下面列出了前20名。一旦笔者发现极端的颠覆者，就根据洞察力、教育程度、经验、作者、专业深度、知识广度、创造力和公共演讲能力给他们打分，并将总分标准化为100分。笔者还创建了一个软件平台来追踪这些人。

极端技术洞察网络颠覆者的前21项指标

CB Insights独角兽初创公司创始人

百人会

《福布斯》：全球科技界50强女性

《福布斯》30位30岁以下（科学领域）

麻省理工学院奈特科学新闻研究员

勒梅尔森奖得主

《自然》杂志10强

诺贝尔奖（数学领域）

麦克阿瑟奖

麦肯锡实践领导者

《麻省理工科技评论》35岁以下创新者

总统科学技术顾问委员会成员

技术问答网站Stack Overflow在科技领域最有影响力者

TED 学者

点石成金：100位风险投资家

Webometrics.info纳米技术专家

《连线》杂志全球1000强

白宫学者

WSB未来前卫思想者

《名利场》未来创新者

《连线》杂志2017智能榜单

如你所见，这份名单涵盖了公共部门、私营部门和非营利组织。然而，最令人惊讶的是，笔者把标准定得很高，却发现并没有很多奖项能够过关。笔者很快发现，许多比赛并没有公布他们的标准，他们更关心的是挑选已经成名的人，或者只是似乎根本不能预测未来的成功。与直觉相反，诺贝尔奖对笔者的帮助最小，因为诺贝尔奖的意义在于过去的成就。笔者真正想找的是那些还没有达到顶峰，并且曾与物理学、化学、经济学和医学领域的诺贝尔奖得主合作过的人。有可靠的研究证明，那些在诺贝尔奖获得者的实验室工作过的人比其他人更有可能也获得这一著名的奖项。这些专家可能更难识别，但他们也更令人兴奋、更具创新性和未来感。

一旦确定了这些极端颠覆者，根据洞察力、教育程度、经历、作者、专业深度、知识广度、创造力和公共演讲能力给他们打分，并将总分标准化为100分。下面列出了一些笔者发现的思想家和他们的研究领域。

极端颠覆者

埃克里·佩利（Eric Paley）（97/100）是IT企业创新和创业领域的著名投资者。

弗拉基米尔·布洛维奇（Vladimir Bulovic）（95/100）是世界领先的纳米技术专家，也是一系列初创公司的创始人。

拉娜·埃尔·卡利欧比（Rana el Kaliouby）（92/100）是情感人工智能发起人。

埃隆·马斯克（91/100）是自动驾驶和太空飞行等领域（更多其他领域）的创新者

桑吉塔·博蒂亚（Sangeeta Bhatia）（91/100）是生物技术创业的先驱。

阿扎利亚·米尔霍塞尼（Azalia Mirhoseini）（91/100）正在为更快的人工智能设计芯片。

顾恩典（Grace Gu）（87/100）引领着生物灵感材料的发展。

只有当你开始有策略地、有条不紊地跟随那些在你知之甚少的领域里很有名气的人时，这个策略才会成为一种独特的知识获取策略。追踪你自己领域的人也可能很有用，但从获得超学科智慧的角度来看，其策略的效果会更普遍（个人洞察力策略见第7～9章）。

就笔者而言，笔者开始了追踪生物技术、人工智能和许多其他热门科技领域的专家。笔者惊讶地发现，即使没有相关领域的专业知识，也可以跟踪他们的进展，因为这些科学家非常擅长为非专业人士介绍他们的发现。这与笔者在与麻省理工学院的顶尖教授、创新者的合作中所发现的一致。当有机会为非专业听众定制他们的科学发现时，那些行业顶端的大师们也会得到提升。我们都很幸运，有一个先进的科技领域，我们可以向家里的老人（非专业听众）解释。

小结

将你的洞察力生态系统个性化是至关重要的。如果没有一个深思熟虑的系统来筛选你所在领域的当前事件、颠覆性力量、威胁和机遇，你的效率就会降低。如果没有更宽的视野去观察相邻的区域，你也会有被颠覆的风险。

脱颖而出的门槛很高。许多新闻和信息都是免费提供给所有人的。在这信息超载的环境里，只有那些知道如何给信息分配优先级的人们才能占据一席之地。

当你思考如何使用各种可用工具（如市场调查、搜索引擎、时事通讯、事件、顾问、专家网络、合作伙伴和远见）来将你的方法个性化时，目的性就变得很重要，定期检查你的方法是否有效，追踪市场上的新进入者，这可能会简化你的方法。最后，空谈不如实践：你是否成功地保持领先于竞争对手，或者你能否证明你了解所选领域的趋势和颠覆性力量？更重要的是，你（本周、本月、今年）通过结合你所专攻的两三个学科的知识，产生了什么产品或洞察力？这时候导师可能会派上用场。他可以跟踪你的进展，并对你下一步该做什么做出评论，或者更好的情况是，在你制定下一步想做什么时倾听你的想法。

关键要点和思考

如果你要创建自己的、个性化的颠覆矩阵，反映你当前的担忧，它会是什么样子？试着在四个框中分别填充至少三个次级力量（技术、策略、业务和社会）（如图8.2）。是什么塑造了你的理解？哪些新的信息或事件可能会改变这些因素的组合？

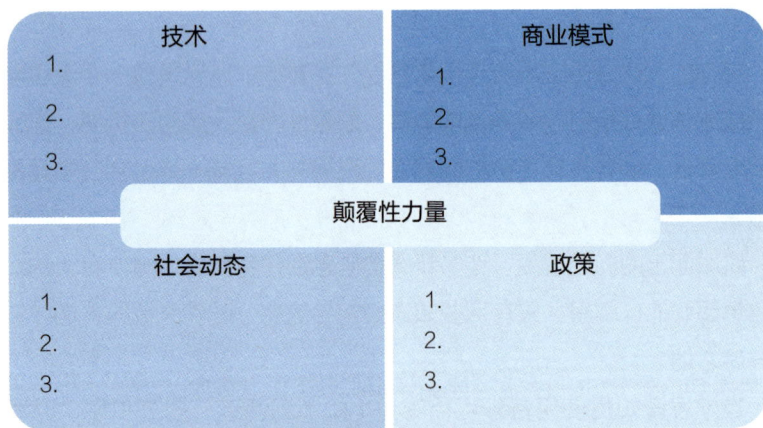

技术	商业模式
1.	1.
2.	2.
3.	3.

颠覆性力量

社会动态	政策
1.	1.
2.	2.
3.	3.

图 8.2　颠覆性洞察力矩阵练习

09

与科技融合，
实现认知飞跃

这一章将探讨如何积极应对即将到来的新技术，以确保你在未来10年中发挥建设性作用。

在笔者看来，随着这10年的进展，人们可以发挥5个关键角色。①开发新机器；②调整和使用机器；③积极地利用专用机器以达到认知飞跃；④为机器进入你或你认为重要的其他人的生活设定界限；⑤承担机器的管理和伦理责任。笔者在本书中详细分析的五种技术（人工智能、区块链、合成生物学、机器人技术和3D打印）目前以最先进的形式在政府设施、军队、研究型医院、大学实验室、生物技术实验室以及神经工程实验性的初创公司中普遍存在。这是一个巨大的挑战。

仅在这10年里，几乎所有人都将接触到扮演一个或多个这些角色的同事、朋友和其他重要人物。还有一种可能性是，制造业的未来，或者实际上是白领知识工作者的未来，将取决于与半机械人（cyborg）的重大合并。然而，即使这些是一般的方向，你也可以规划自己的响应方式，你可以选择加速或减速它，但是每一种都有成本。

　　未来10年将仍然是人与机器共生的10年，大多数人将逐渐且越来越多地与技术融合在一起。对一些人来说，这将是一个被动的过程，对另一些人来说，这将是积极的渴望，而且，在某种程度上，也会受到周围人的大力支持。在任何情况下，人们对正在发生的事情的反映程度都是不同的。如果你在没有做任何准备情况下反对这个世界的技术密集型本质（如果这是你选择的），你将在情感上付出高昂的代价且面临不必要的复杂性。

人与机器的结合

　　在这10年中，正在逐渐发生人类和机器的融合（Prabhakar，2017）。然而，自从第一个假肢成功地附着在人体上，人类已经实现了所谓的半机械人（半人半机器），这里说的人体可以追溯到人类的起源。就人们的目的而言，正是在肢体和神经系统之间引入一种电子通信管道，从而定义了一个真正的半机械人。

　　有记录以来最古老的神经义肢实验发生在1957年，当时耳科医生C.艾里斯（C. Eyries）在巴黎为一名聋人做了手术，试图改善他的听力。艾里斯安装的不是人工耳蜗本身，而是一个电极，试图刺激病人的听觉神经。尽管这个实验基本上不成功，但它激发了整个20世纪60年代后续的实验。1964年，一种六电极植入物在加州进行了测试，随后的临床试验始于1970年；单线植入在1974年和1978年进行了试验。

　　20世纪80年代末，人工耳蜗已经成为"美国、欧洲和澳大利亚深度耳聋的主要治疗方法"（Mudry & Mills，2013）。因为许多人认为听力受损的人是一个语言群体，而不是一个病人群体，所以，虽然人工耳蜗的真正市场在老年人当中，FDA的批准（在1984年和1990年）极大地帮助了人工耳蜗市场占据上风。这类人中的一些人并没有像早期的实验者设想

（和希望）那样积极地寻求治疗。这一事实对任何受科学启发的医学或神经科学创新者来说都是一个教训——设计师必须确保社会动态有利于正在生产的产品（Institute of Medicine，1995）。

随着物联网（Internet of Things，IoT）传感器和医疗或非医疗可穿戴设备之间的数字交互能力的提升，人机结合的进程正在急剧加速。

到21世纪末，有望出现人造皮肤、工程血液和功能齐全的人造器官，并成为人体活体实验的一部分。到那时，人们可以期待人脑思维植入，比如埃隆·马斯克的初创公司Neuralink，以及初创公司Akili、BrainCo、Emotiv、Kernel、MindMaze、神念科技（NeuroSky）和Paradromics，将变得普遍。至少在神经患者的实验治疗，以及技术开发人员的自愿使用实验中普遍存在（Choudhury，2019）。

人脑思维植入和其他创业方法

总部位于波士顿的Akili是由亚当·格萨里（Adam Gazzaley）于2011年创建的，它构建了临床验证的认知疗法、评估和诊断，其表象和感觉上都像电子游戏。

MindMaze总部位于洛桑，由出生于印度的神经科学家泰吉·塔迪（Tej Tadi）创立，通过其神经灵感计算平台设计了一个直观的思维或机器界面，开发医疗级虚拟现实产品来刺激神经恢复，并能够基于意图捕获神经信号。

位于奥斯汀的Paradromics公司由马特·安格尔（Matt Angle）于2015年创立，是一种可植入脑机接口技术（"大脑调制解调器"）的开发企业，旨在提高大脑和机器之间的数据传输速率来助力医疗。人类临床试验将于2021年或2022年开始（Lalorek，2019）。

总部位于旧金山的神念科技成立于2004年，主要为健康和健康生物识别技术构建移动解决方案，特别是针对儿童思维的锻炼设备。

总部位于洛杉矶的Kernel是一家成立于2016年的神经科学公司，专门开发为神经科学服务（NaaS）的大脑记录技术。

BrainCo总部位于波士顿，由哈佛大学脑科学博士韩璧丞创立，致力于应用脑机接口（BMI）和神经反馈训练来优化人类大脑的潜力。它的主要好处是学习更有效，压力更小，注意力更强，表现更好，恢复更快。BrainCo公司开发了一种评估大脑状态的新方法（Focus1头戴式耳机），它实时检查一个人的1000个脑电图特征，并使用大脑模型来确定大脑状态，然后通过神经反馈帮助佩戴者训练和扩展活动范围。

Emotiv总部位于旧金山，由澳大利亚莫纳什大学（Monash University）的毕业生谭乐创立，致力于与理解人类大脑相关的产品开发和研究，主要利用脑电图监测、可视化、测量和理解人的日常认知表现。

Neuralink——挑战思维与机器的连接

埃隆·马斯克于2016年创立了思维机器初创公司Neuralink，旨在通过将编织进人类大脑的超细神经线，来监听神经元，或准确地说"记录动作电位"，为人类提供更多带宽（Musk，2019）。多高的带宽？在无创性方法中使用的电极通常最多在1~200个，由于将电极固定在颅骨顶部有物理限制，每个电极一次可能能追踪500个神经元。Neuralink曾表示，它最终可以捕获100万个同时记录的神经元（Urban，2017）。

这些铺设在一个4平方毫米芯片（N1）上的细线，将由一个特制的机器人和神经外科医生植入。每根线都比人的头发丝还细。一个人可能被植入多达10个N1芯片，每个芯片都能连接1000个不同的脑细胞。芯片将通过挂在人耳朵上的可穿戴设备进行无线连接，并通过蓝牙进行操作。距离每根神经最多60微米，确保了探测单个脉冲的能力。该公司已申请从2020年开始进行人体研究。2020年8月，笔者以极大的兴趣实时观看了向公众展示的三只（看似健康的）植入了Neuralink的猪（CNET，2020）。在屏

幕上，可以看到计算机如何能够实时模拟猪腿的下一个动作，这有点不可思议，但其在大范围内的意义尚不清楚。第一批使用这项技术的人将是那些因脊髓损伤而四肢瘫痪的人（BBC Science Focus，2019）。

未来脑机接口的重大任务包括心灵感应通信、超人智能、附加感官、模拟体验、人类意识的数字化，以及与人工智能的融合（Singh, 2019）。

BrainGate公司的研究联盟正在开发一种技术，利用含有100个电极的阿司匹林大小的传感器，将大脑与没有生命的四肢重新连接起来。由于FDA的研究器械豁免，该联盟已经在人体上测试了该设备（在BrainGate2试验中）。

未来，医疗机器人——可能是纳米机器人（尺寸），可能进入人类的身体和大脑。大多数专家认为，纳米技术的真正颠覆性影响将是下一个10年的挑战，所以笔者将把它留到下一本书中，该书将深入未来，不止未来10年。

人脑思维植入该让人兴奋还是担忧

这些公司到底在开发什么？会带来什么样的影响？作为一个关注技术的专业人士，你应该关心这些发展吗？答案是要关心。为什么？因为它们会逐渐改变作为人类的意义，这是人类都应该关心的。它们还可以避免人们患上阿尔兹海默病或其他一些神经系统疾病，以及潜在的严重心理疾病，如精神分裂症等。除了疾病之外，它还可以对瘫痪、癫痫、失明、听力残疾等症状的治疗有帮助。

上述的部分疾病已经采用了大脑刺激，但是（通常）不是通过类似于Neuralink的芯片实现的。马斯克的动机似乎源于对"有损"通信的失望。目前人类和机器（手机或电脑）之间的通信，必须使用人们的有损感官（手和耳朵），而不是直接的宽管连接（如宽带连接或更直接地通过硬件连接大脑）。另外，他的动机还源于对纯粹机器支配的人工智能时代的畏惧。他担心纯粹机器支配的人工智能技术发展迅速，以至于人们如果不将自己的能力与这些技术结合可能会在某种程度上"落后"于机器。

与人工智能共生意味着什么

埃隆·马斯克宣称Neuralink的目标是"实现与人工智能共生"。同样，在无法了解Neuralink具体动向的情况下，观察者能做的就是敏锐地观察并等待该公司的公告。那些在FDA工作的人有更重要的责任，因为他们必须提前了解正在尝试的东西。不管是否喜欢，现在我们必须相信Neuralink和FDA的联合。

相反地，这种共生可能带来某种人类机器智能的强化，在某些任务上至少提升10~100倍的强化性能。例如，强化记忆以及基于人机协作训练的战略替代方案的并行计算等。这可能会改变一些领域的竞争环境，如商业战略选择、变量和潜在分布已知的任何主题的因素分析，如棋类游戏，以及潜在的更广泛的领域。

然而，这本书主要讨论关于当前的10年，连埃隆·马斯克都承认，由于监管机构的批准，在某种程度上，这10年是为技术上突破所花费的时间。在可预见的未来（近10年），Neuralink的应用将是纯粹的实验和局限于患神经系统疾病的病人层面。

人和机器共生的方式也比脑机互动（BMI）的方式更为寻常。第一，笔者在考虑，在过去的20年里，大多数人是如何首先让互联网，尤其是搜索引擎成为获取知识的主要途径的，即使有书籍这种由来已久的媒介，人们现在主要通过电子形式（电子书）阅读。第二，笔者想到的是无处不在的工具——智能手机，它对于人们，似乎已经像锤子对于人们的祖先一样，是可以完成任何任务的默认工具。这两种技术对人们的思维方式有什么影响？它们将如何进一步进化？智能手机和互联网创造了一个线上现实，人们已经在其中度过了大部分时间（Segran, 2019）。最明显的结果可能是花在这些设备上的时间，对大多数用户来说，每天花在这些设备上的时间总计达几个小时。然而，有争议的是，信息的获取也改变了人们面对专业知识时的行为方式。这种影响是积极的，因为这样专业知识才可能被质疑。但消极的是，人们很容易认为自己是纸上谈兵的专家，而且很容易传播不易揭穿的阴谋论，因为这些阴谋论会像病毒一样到处蔓延，并在网上不断地复活。第三，增强现实媒介正在兴起，已处于萌芽阶段。它可能最终会通过它自己的接口来传递，由于它意图支持的通信类型，其接口看起来既不像电脑，也不像智能手机。增强现实技术利用先进的、沉浸式可视化技术，需要高带宽、感官接口（目前有很多实验接口），但是为了进展速度更快，仍需要上述工具已有的势头。然而，一旦产品市场适应程度有所提高，增强现实有望将所有人们从未想过的视觉交流功能虚拟化到数字界面上。这将改变建筑、艺术等类似的领域，而且还可能改变任何用例（无论是社会、商业还是治理）的远距离通信的价值。

原因是，人们真的能够"站在别人的立场上"，并实现某种数字同理心，能够（或多或少）体验其他空间里的人所做的事情。想象一下与被雪崩或地震困住的人、太空中的宇航员或任何你无法轻易想象后果的极端情况下的互动。

正在快速发展的人类增强技术

总而言之，这些人—机界面（增强现实、混合现实、虚拟现实、传感器、神经连接）、人—人界面（使用数字和神经刺激），甚至是界面设计，包括为未来设计的不需要用户参与（也不需要协同在场）以更深入和强烈的连接和感受事物的专注界面，都在以惊人的速度发展。

有理由相信，仅在这10年里，这些领域中的每一个领域都会取得相当广泛的进展，因为基础技术已经相当成熟，带宽在增加，计算能力的成本在下降。现在，因新冠肺炎疫情而被创建的一个使用实例，将远程工作的功能性、可行性和简便性提高到了前所未有的水平。

与此同时，美国政府在研发和创新方面的投入可能会超过对互联网的投入，当然也会超过对癌症研究的投入，从而使战后的两项科学技术创新具有前所未有的规模和重要性。

为机器设置边界

现在最明显的活动是人们对孩子的屏幕时间监控。人们为什么要这么执着于此？笔者认为，这是因为有一种观点认为屏幕是一种被动的媒介，这本身就是一个有问题的说法，因为孩子们在玩电脑游戏或用Zoom与老师和朋友的对话中可以扮演非常积极的角色（并从中学习）。这并不像把教育和休闲活动分开那么简单。大多数学习都是在好玩的环境中进行的，所以可以断言，除非环境是好玩的，否则人们什么也学不到。

然而，很明显，大多数人过去几年都在努力解决因新冠肺炎疫情导致的与屏幕绑定在一起的问题，这种做法的作用可能纯粹是负面的。

对机器的管制和道德规范

虽然最迫切的挑战是如何在日常生活和工作中调整和使用机器，以便最大限度地利用它们，但还有一些中等挑战，远远超出了它们可能带来的功利利益。

即使在这个10年里，管制机器，也需要做出选择，比如决定支持哪种类型的机器，管理它们的互动，潜在地限制机器的混合，随着时间的推移，机器的混合可能会发展出强大的机器对机器的密切关系，这可能会干扰人类的道德和行为，并导致一系列其他问题。这并不是说笔者认为人工智能将在短期内取代人类。这一点绝对背离了笔者的信念。事实上，笔者认为人工智能的真正问题还需要几十年，甚至几百年才能解决。我们甚至有理由相信，当前人工智能模式（机器学习）会遇到一些非常明显的局限性，诸如强人工智能。然而，在未来几年的中期甚至短期内，有许多问题确实需要高度关注。

笔者所关心的人机问题是诸如对机器增强型知识工作者给予适当的激励结构，如公平地考虑人的作用与技术的作用。例如，如果华尔街的一名交易员使用一台机器调整了一种算法，该算法进行了非常有利的交易，或者相反，对交易造成了严重的损害，那么谁将受到奖励或指责，是人还是机器，还是两者都应该？结果会是什么？因为两者如此交织在一起，如果人们不能正确地解释谁该对谁负责，结果会是什么样？这种类型的整合是否应该被允许用于例如经济，这样关键的社会职能上（例如，管理属于人民的主权财富基金）？

除了那些制造、训练、拥有或使用机器的人的伦理之外，机器的伦理还有什么？如何区分这些角色和责任？假设Alexa①导致人们的家里发生了一些可怕的事情，比如，基于Alexa给出的答案产生了歧视模式，这些答案可能是关于社会正义、性别认同或气候变化的常见和有争议的问题。亚马逊有责任吗？个别工程师应该受到责备吗？购买该装置的人是否负有责任？那些一直问问题并贡献答案的用户呢？或者是训练设备的人呢？现在看来，这似乎是一种悔悟，但即使在五年后，这似乎也不会发生，因为Alexa或它的子代产品将越来越多地在家庭中扮演关键的信息性、认知性甚至教育性角色。

---

① Alexa是一家专门发布网站世界排名的网站，总部位于加利福尼亚。——编者注

　　使用侵入性技术进行的人体研究通常受到小数据集（患者很少）的限制，并且很少进行汇总以达到适当的统计效果（有效性和可靠性）。如果这类研究还不能代表更广泛的人群（这需要监管灵活性、新的实验设置、财政资源等），人们需要非常小心地从最初的实验结果中得出全面的结论。

　　人们需要应用并唤起的伦理观点必须包含警示原则，即使现在还不知道任何不良后果，但假如人们作为社会群体不能排除它们，就应该更加努力地去想象这些负面影响可能是什么及其可能阻碍的一些发展，或者至少有信心可以扭转这一趋势。对于许多合成生物学应用来说，这个选择意味着停留在实验阶段的时间会更长（而不是停止研究），但这也受资助水平的影响。对神经人工智能来说，这可能意味着没有经过若干年的动物实验，人体实验都会受到轻微的限制，或者至少在一段时间内（可能在10年之后），神经病学病例实验会被限制。

　　同时，人们应该以解放的视角看待人类潜能需求的增强，虽然结果仅仅是一种增强，然而却能产生巨大的差异，包括身体上、情感上和认知能力上的差异。这些差异反过来又会影响体力（颠覆潜能）、平等、机会均等、收入潜力等。休·赫尔（Hugh Herr）的观点是，围绕增强技术的政策驱动因素应该聚焦于增强人类多样性（Shaer, 2014）。

　　目前，最大的问题是如何让保险公司（私人或公共）支付4万美元的仿生假肢费用，但在不久的将来这个问题也可能是，是否接受这种仿生肢体（也许是一只手臂）给佩戴者带来超人的潜能，类似于在好莱坞电影里所看到的。笔者还能回忆起的类似电影就是2018年轰动一时的《黑豹》（*Black Panther*）。和所有的技术一样，人们不仅要考虑制造技术，还要考虑具有颠覆潜力的技术应用。话虽如此，如果这种区分能够继续下去的话，笔者还是愿意和那些佩戴由政府医疗保险支付费用的仿生手臂的人生活在一起的，只要他们身上没有大规模杀伤性武器。时间会告诉我们一切。

　　然而，了解了研发如何开展、政治如何运作、金钱如何赋予权力之后，同时也相信并实时观察人类头脑中与生俱来的好奇心，作为一个在颠覆性变革问题上的现实主义者，笔者不认为谨慎原则会在所有司法管辖区获胜。犯灾难性错误的可能性是非常真实的，必须在现实的环境中建模。人类需要备用计划，需要为自己无法完全控制的环境与人类社会的未来逆境做好准备。从积极的方面来看，这意味着一个优秀的未来主义者不会失业。

脑机接口如何改变一切

　　拥有1000亿个神经元和100万亿个连接的大脑对人类来说仍然是个谜。虽然对脑机接口（BCI）的普遍痴迷似乎是前所未有的，但这种类型的实验自20世纪70年代就开始了。通过神经修复术，BCI已被用于恢复受神经疾病、脑损伤或肢体丧失功能等。20世纪80年代末，法国科学家将电极植入晚期帕金森病患者的大脑，这种治疗方法于1997年获得FDA批准（Drew, 2019）。此后，深脑模拟（DBS）也被批准用于治疗强迫症和癫痫，并正在探索用于心理健康，特别是抑郁症和厌食症。其最大的挑战是，相比药物，它能更永久地影响人格，导致不相关的人格改变或彻底改变行为、人生观。此领域的发展威胁到了神经伦理学家对人类能动性的探索。

　　因此，虽然BCI的应用并不是新鲜事，但在过去10年里，由于一系列科学技术的发展，如人工智能、机器人、传感器技术、小型化技术和物联网技术、无数追求创新产品的初创企业（Neuralink等），以及监管方面的进展（包括FDA首次批准的数字疗法）和有利的社会动态（对重症患者的医疗干预得到普遍支持），BCI的发展速度加快了。为了在接下来更好地探讨这一话题，笔者想解释一下更广阔领域的神经工程（BCI是一个很有前途的新方向）是如何起步的。

神经工程学的诞生

神经工程是一套生物医学工程技术，用于理解、修复、替换或增强神经系统，并将在未来十年显著增长，但它是典型的博学领域，需要工程师、数学家、物理学家、认知心理学家和计算机科学家的合作，或者更好的是，每个人都具备好几项这样的技能。

这一领域不会自行发展。曾任美国总统的奥巴马2013年发起的美国国立卫生研究院的（National Institutes of Health）"大脑计划"（BRAIN Initiative, 2020）已经在这方面投入了4亿美元。

并非所有的神经活动都意味着与大脑一起工作。手臂和腿部连接脊髓的外周神经提供了更便捷（风险更小）的通路。耳蜗植入术和视觉修复术在20世纪50年代就已经出现了，但最近通过仿生学技术得到了指数级的发展，Advanced Bionics[①]公司的产品就是典型例子。先进的软件、硬件和生物材料推动着设备的发展和进步的步伐，从木制假腿到如今3D打印的随需应变的假肢，神经工程学与先进的传感器和数字增强功能融合可实现类似生物腿的功能。

有仿生四肢的截肢者要多久才能超过正常人类

举个流行的例子，你可能会想到"刀锋战士"奥斯卡·皮斯托瑞斯（Oscar Pistorius），2012年奥运会上第一位使用碳纤维增强聚合物假肢的截肢短跑运动员。这个仿生假肢是由另一位截肢者休·赫尔制造的，他

---

① Advanced Bionics，美国的一家人工耳蜗生产公司，开发先进耳蜗植入系统的全球领导者。——编者注

是麻省理工学院媒体实验室生物力学（2020）小组的负责人。有趣的是，皮斯托瑞斯的竞争能力源于一场关于假肢是否比人类肢体更有优势的大规模辩论，而这正是当今的领域——仿生学正处于超越人类能力的边缘。

如今，一些假肢让你的功能几乎和以前一样好。最初的动机似乎是提供类似人类的本能反应和感觉，但真正的目标远不止于此，并延伸到通过技术来提高人类的能力。通过有针对性的肌肉再干预，当使用者想要移动他们的手臂时，上臂神经被重新连接并拉动肌肉。独立的传感器附着在肌肉上方的皮肤上，与预期的动作相对应（Bryant，2019）。

由于人工皮肤的进步，假肢的视觉效果也取得了巨大的进步。总而言之，正是软件的集成、人工智能应用、硬件的进步，以及在这些设备上锻造新型皮肤状材料的能力，向假肢提供了近似人类机体的能力。这些先进技术既可以用于仿生肢体，也可以用于类人机器人，尽管其意义完全不同。

在今天的医疗环境下，无论你是单一付款人还是在雇主出资的医疗保险系统中与截肢者打交道，技术本身和基于技术的产品及其推广都是非常昂贵的，有时成本令人望而却步。

政府监管的关键作用

2019年，FDA最初的监管考虑是积极的，条件是供应商严格遵守生物相容性，并首先部署动物试验来证明安全性；随着FDA了解了更多信息和技术进步，该指南可能会发生变化（FDA，2019）。

帮助退伍军人的政治影响是这类研究可能在美国取得进展的原因之一，然而其他类似的道德复杂技术可能需要更长的时间才能推向市场。

例如，至少在过去的20年里，人们一直在积极尝试替换或恢复神经肌肉疾病导致的运动功能障碍，这些疾病包括：肌萎缩性侧索硬化症、脑瘫、中风或脊髓损伤等。虽然用到了创伤性的脑皮层电图（ECoG）和颅内脑电图（iEEG）等传感技术，但是主要采用的是通过部署在头皮上的电极传感的脑电图（EEG）和放置在肌肉上的肌电图（EMG）等。不同之处在于信号丢失的程度，传感器越接近大脑，信号丢失的程度就呈指数级下降。脑电图与肌电图支持的BCI已经能够用意识控制无人机、视频游戏和键盘，但到目前为止这已经是最前沿的进展了。

这也是监管机构允许研究人员（在某种程度上，还有初创企业和企业）用神经技术进行试验和临床试验的理由。

麻省理工学院媒体实验室研发的AlterEgo头戴式耳机，用户不用说话、不用挥动手和臂，单纯通过移动下巴的活动就可以操作电脑。用户边下棋边计算数学题、打电话、订比萨，甚至接受援助（Singh，2019）。该方法将机器智能作为用户认知的自然扩展，使人与机器之间能够进行无声、谨慎和无缝地交流。这种可穿戴系统能读取来自皮肤表面的在用户心中默念单词或短语时产生的电脉冲。

关于大脑操纵的道德问题

围绕着脑机交互的伦理总是充斥着不容易解决的重大问题。社会伦理问题包括隐私、读心术、远程控制、大脑增强、责任、自我感知和通过他人感知（Waldert, 2016）。连接到互联网的仿生假肢能保护足够的隐私吗？人类可以与增强的半机械人和平共处吗？半机械人的自我认知会发生多大的变化？在什么情况下，它们可以与人类竞争或一起工作？

此外，在医院和神经科学或心理学实验室中对重症患者进行对照实验是一回事，让实验在疯狂的科学家或令人费解的百年和千禧创始人中成为主流则完全是另一回事，而那些几乎没有监管的国家也参与进来或许更让人担忧。然而，这就是今天的现实，因为技术的成熟使得几乎所有想要尝试的人都有可能进行这样的实验。

30年来认知科学的进步

科学的进步改变了什么，又意味着什么？为了更深入地思考这些问题，必须考虑更广泛的神经科学和认知心理学领域，这些领域笔者已经着迷了30年。笔者的父亲是认知心理学教授，专门研究人类智力。笔者从能走路起就成了实验研究的"小白鼠"。笔者从十几岁起就在他的实验室工作，之后就成了一名研究助理。

当时笔者的父亲是挪威科技大学（Norwegian University of Science and Technology）心理学系的负责人，笔者和他讨论如何招募一对才华横溢的年轻学者夫妇——莫泽（Moser）教授夫妇，担任教员。他在1996年这样做了，他们在接下来的20年里建立了一个令人印象深刻的活动。2014年，诺贝尔生理学或医学奖被授予挪威科技大学卡弗里神经科学研究所的大脑研究人员梅·布莱特·莫泽（May-Britt）和爱德华·莫泽（Edvard I. Moser）并与约翰·奥基夫（John O'Keefe）共享。中心的许多研究小组目前正在努力确定大脑中空间、时间和记忆的神经机制，这将影响未来的人工智能、脑机交互，以及大量其他人类认知工作的基本方法，也包括阿尔茨海默病的治疗等。

认知图谱在具身感知中的作用

该实验室一个特别有前途的方向是弄清认知图谱是如何工作的。认知图谱是人类在思考事物时倾向于做出的表征（心理学称之为认知）。美国心理学家爱德华·托尔曼（Edward C. Tolman, 1948）认为，这种表征将超越空间导航（人们在环境中走动时就会清楚地了解到这一点）。早在20世纪40年代，他就有先见之明，指出这种东西可能存在。现在，他的直觉有可能通过科学实验得到验证。

在一项实验中，库尔特等人（Kuhrt et al., 2020）发现人类确实能够跟踪抽象的知识，并且仍然能够以相当个性化的方式描述所看到的东西，这有助于他们更好地记忆和探索该领域。他们通过使用虚拟现实头盔和一个二维空间的圆圈和矩形来测试这一事实。每个圆圈和矩形都有为特定目的设计的独特颜色（Bellmund，2020）。他们研究了两种技术，即物理导航（通过运动）和鼠标垫导航，但是得到了相似的结果，尽管还需要后续研究来观察学习效果是否随时间而不同。

换句话说，物理上和视觉上对抽象概念和想法的探索都能促进学习，因为它能让你构建一种心理表征，一幅你刚刚学过的东西的心理图谱。然而，多感官刺激似乎是一种提供促进记忆的感官刺激和导致混淆的过度刺激之间的微妙平衡。

永恒的具身学习

这种类型的具身学习表明，不管有没有物理上的神经连接，大脑与计算机的交互都有可能重塑人们的理解方式，并潜在地操纵和增强记忆。

利用具身学习的好处是，你可以在研究未来技术时，更加有意识地使用所有的感官。如果你充分利用视觉和物理支撑（帮助你简化、分类和记忆的东西），回忆和理解似乎都会变得更有效。如果这些内容与你要学习的内容相关，无论运用何种物理布局，把内容写在纸上、创造自己个性化的形象等都有助于你理解复杂事物。

不言而喻，这一研究结果的影响远远超出了那些已有疾病的人。唯一的问题是，认知神经科学实验室的实验能多快地转化为创新原型和高层次学习教学法，并进入工作场所，以更广泛地推动创新。

此外，具身学习还证明了允许孩子花时间玩高级电脑游戏是可行的，这些游戏具有强大的视觉空间组成部分，反映了现实世界的必然结果。它还验证了使用空间激发记忆和回忆。那么问题就变成了如何引导发展朝着对人类产生积极影响的方向进行，以及让足够多的人意识到陷阱并能够做出反应，来调整路线并在必要时纠正路线。

更广泛地聚焦人类增强

人体增强是一个广泛的目标，包括通过技术改变人体，从感官能力的改善中获取价值。人类增强市场包括多元化的现象，如Vuzix、第二视觉医疗器械公司（Second Sight Medical Products）、三星电子、美国大型国防合约商雷神（Raytheon）公司、美国的一家增强现实公司神奇的飞跃（Magic Leap）、谷歌、Ekso Bionics Holdings、BrainGate、B-Temia等不同的公司，还包括BCI、营养方法、人工智能和知识管理软件等不同领域。那些纯粹在人体外部运作的公司和那些与人体接触的公司，以及那些试图改变人类基因（例如，对人类的遗传后代进行持久的改变）的公司和不这样做的公司之间，有着很大的区别。

在哲学上，这些努力也与超人类主义有关，超人类主义是一种旨在通过生物技术改变人类物种的未来主义哲学。在典型的世俗人文主义形式的超人类视角中，疾病或衰老被认为是不必要的。例如端粒酶基因疗法，这是一种再生医学方法，其理论是端粒（染色体末端重复DNA序列的帽）可以被人为加强，这样它们就不会过早缩短（或者可能根本就不会缩短）。这种类型的基因治疗被认为可以抑制体细胞的繁殖，甚至抑制细胞的死亡，这是一种特别的推测，但也很有前景。BioViva（美国的一家生物科技公司）的方法确实是有争议的，至少在美国，它还没有被FDA批准用于人体。然而，他们所做的工作可能有一天成为主流。他们的工作包括，测量了6000多个代谢、生理、解剖、分子和成像标记物，这些标记物被统称为衰老生物标志物，并基于这些发现进行某种干预等（Hunt，2019）。如果不这样做，就需要进行大规模的监管和社会运动来禁止，因为可能仅在未来十年或更长的时间里，人们就会了解到这些标记。

为了科学，把技术植入体内

笔者碰巧遇到了凯文·沃里克（Kevin Warwick），世界上第一个半机械人，也就是第一个把芯片植入体内的人。1998年，他将芯片植入自己的小臂，随后将芯片连接到一只机械手，形成了一种共生关系。他能够通过思想控制那只手的某些功能（Tsui, 2020; Warwick, 2020）。

对笔者来说，凯文表现出了极大的好奇心和勇气，并不是纯粹为了乐趣而寻求刺激。作为英国雷丁大学的机器人学教授，他写了大量基于个人经验的文章。当时，尚不清楚以这种方式与机器连接是否会产生负面的生理影响，但他似乎没事。

无论如何，认知增强不是一个大而单一的话题。事实上，许多维度都是相关的，如受影响的认知领域、可用性、副作用、接受度、行动模式以及个人因素（Dresler et al., 2019）。

合成生物学进展——mRNA

mRNA是人类生物学的一部分，它发出指令来制造可能治疗或预防疾病的蛋白质。事实上，RNA和DNA一样重要，但受到的关注较少。例如，针对新型冠状病毒，处于研发阶段的两种新的合成mRNA疫苗，为合成生物学改变人类生物学带来真正的希望。在半个多世纪前，人们就发现了能使这种想法成为可能的mRNA，但现在正在加速并进入临床试验。然而，合成基因治疗的新兴业务将远远超出疫苗，如果不从科学和伦理两方面加以极端关注，将产生惊人的积极影响和令人担忧的负面影响。这与以再生为目标的合成基因治疗尤其相关，例如，这种治疗方案不仅可以阻止疾病，还可能改变人们身体生态系统的其他重要组成部分。通过在目标组织中传递或抑制基因［因发现RNA干扰，克雷格·梅洛（Craig

Mello）获得了2006年诺贝尔生理学或医学奖]，一系列的可能性就产生了，特别是当纳米技术被部署在人体内时。在这个进程中，人类越来越像半机械人。

开发新机器的意义

开发人员（无论是软件程序员还是机器人工程师）致力于开发新的机械工具，为当代和未来的工作场所服务。在这个10年里，计算机工程师将开发机器人、程序和可穿戴设备，这些似乎将改变工作、娱乐和社会。在过去的10年里，可穿戴设备更像一些花哨的供消遣的东西，但是在这个10年结束的时候，它可能会开始超越手机。

机器人将无缝融入人们的家中，不仅是吸尘器和通信设备与互联网（Alexa, Google Home），还有人类的仆人、消毒助理、知识化身等，也有可能是陪伴机器人，为老人和病人服务。

类似地，软件程序将改进和扩展新机器的功能，使它们应对更大范围的工作和任务，例如替人们组织、执行和搜索信息。更成熟的软件套件将有望开发出来。它将代表技术栈，执行或增强核心业务功能（营销、销售、会计等）的整个工作流和任务链。这样人们就可以简化自己的日常工作，同时给自己更多的选择，这正是今天的困境。

越来越多的开发者在开发的各个阶段都与终端用户保持联系，这意味着一些人将在早期阶段接触到这些新特性。在早期阶段试验机器的特殊之处在于，当初始设计的选项很少时，它是开放式的。人们可以参与新用例的构思，想象能帮助到人们的场景。笔者能想到很多新颖的构思。

例如，3D打印零件可能变得司空见惯。这个过程在很多方面都是新颖的，通常被称为增材制造，因为原材料全部使用，基本没有切割，没有剩余材料（没有减法），从制造的可持续性和速度的角度来看，这是很好的。笔者所合作过的一些公司在这个领域进行了创新，包括Formlabs、Desktop Metal和Inkbit。

然而，必须有人设计产品并设置要打印的模型，确保正确的原材料被倒进打印机，确保供应链正常工作，确保流程顺利进行。如果这些是关键部件，可能还需要人类测试产品，以确保它们的质量和耐久性。这也将日益成为法律上的要求。我们肯定不希望电脑打印出来的实物超出人类控制。

开发新机器所需的技能通常只有拥有工程学位的专业人士胜任。这种情况是否会持续下去是另一个问题，因为一些创造是高度知识密集型，需要大学水平的洞察力，而创造过程的其他部分对科学和工程方面要求不高，这更像是一个协调和组装功能。无论如何，第一个角色仍然是相当具有挑战性的，需要高强度地学习以及接触创作元素。

相应地，工程专业人士需要更深入地挖掘，更广泛地学习，并怀着博学的态度，人们称之为"Pi型专业知识"。他们还需要做好准备，在外行、监管机构或假想的最终用户（这些人也有权挑战正在开发的东西）面前，与他们沟通并为自己的方法和算法辩护。

与此同时，自下而上的设计将变得更加普遍。创新将越来越多地来自外领域。你和其他重要的人，甚至你的孩子，准备在多大程度上共同创造这个10年和下一个10年？

当笔者写这些的时候，高度意识到这样一个事实，当这10年结束时，3个孩子（现在7岁、11岁和13岁）将具备劳动力能力。他们可能不得不面对一个新的现实，地球的生物物理环境明显退化、流行病肆虐、一系列关键技术将需要得到进一步开发或管理（这个话题将在后面讨论）。

例如，了解区块链将不仅仅是第一个采用者需要担心的事情，能够理解它并利用其潜力和已经存在的基线将成为社会基本基础设施的一部分。

此外，合成生物学将不仅仅局限于简单的生物体，而是将成为整个物种工程和再造工程的基石，这取决于发展的速度，试图预测是没有意义的。

技术发展的作用或许是最清晰的途径。监管发展的作用反而不明确，并且将根据文化嵌入的原则和机构基础设施的风险状况而有所不同。

商业模式的作用要模糊得多，因为新机器必须足够快地找到市场才能蓬勃发展。硬件产品的历史充满了破铜烂铁，除非有一个完美的设计思维模式盛行，总有足够多的终端用户准备好并采用它们，否则它将继续堆积。研发永远不会是完美的，如果风险和创新弧度很高，一些产品必然会失败，否则试验就会放缓至停止。

社会动态性将继续让人们感到惊讶，而且似乎根本不受机器操纵的影响，笔者认为这是一件好事。尽管如此，深度造假、社交媒体操纵等现象仍将继续威胁公共领域。同样，通过监管，也通过社会和消费者的选择，这将最终约束并阻挠人类文明的技术创新。

对此人类应该如何回应？如果你想在开发新机器中发挥作用，你需要意识到所开发技术的短期和长期后果。这可能不仅仅是工程师的技能，还需要开发团队的深入研究。在这个新的10年里，人们希望（和可能出现）的专业化是有限制的，你必须仔细选择技能的深度和广度，并具备适应能力。重组技能最终将产生真正的创新。

▌调整机器

工厂的机器操作员、工作场所的电脑用户和远程工作者将拥有最大的能力来调试他们的机器。在工厂里调试机器将很快成为唯一的人类工作，所以这真的很重要。你是如何自学调试机器的？有些时候必须针对每台机器进行现场培训。其他方面需要了解控制生产过程的人—机问题、法律要求、公司的商业模式，甚至是工作场所中人—人之间以及人—机之间的社会动态。这将变得尤为重要，因为一些人将通过半机械人的功能，如假肢、外骨骼、增强心智的药物、可穿戴设备，或像大脑植入物，以及类似工程血液这样的合成生物学应用，来呈现机器人的特征。人类的概念在接下来的10年里必然会进化。虽然人与机器的完全融合不会在这10年发生，但一些人，无论愿意与否，都将深入其中。

无人驾驶汽车可能是最明显的例子。为了实现全面的自动驾驶，人与车之间的共生关系必须变得更加明显。事实上，允许传感器数据实时到达用户，并影响人们的方向盘、刹车或其他动作，这可能会改变用户、乘客、其他司机或行人的生活。然而，这并不是唯一需要担心的用例。

其他的例子是维修工人，他们将越来越多地配备传感器、摄像头，以及自身的技术扩展和增强功能。笔者曾与初创公司Smartvid合作过，该公司拥有先进的摄像技术，内置的摄像头可以对与维修和基础设施相关的图像进行基于人工智能的分类。它可以与人类一起捕捉、组织、共享和控制视觉数据，实现在现场和办公室都可访问的单一事实来源。谷歌可穿戴眼镜企业版是实现同类功能的另一种形式。

此外，当然，还有关于在警察身上安装摄像头的争论，这创造了另一种现实，即有一个"独立"的媒体对目击者的描述和警察的行为进行核实。

一些人已经在计算机设备和日常工作中需要的软件选择上感到困惑，在这10年中，这种选择肯定不会减少。

制造业工人会发现，随着"工厂工作"的形象问题逐渐消失，他们的行业将变得更加有吸引力。因为越来越多费心、单调和危险的工作将被机器接管，而更有趣的认知、情感，视觉上富有挑战性的工作将留给人类。在这个进程中，新的工作岗位将不断出现，因为协调不断出现的机器人并非易事。

236

虽然可以说，开发新机器的特权不会授予每个人，但随着平台的进一步发展，人们至少可以自己配置机器人，几乎达到人们希望的程度。它的意义将远远超出为下一辆车选择什么颜色和什么外部特征。随着家用机器人变得越来越普遍，它们的外形因素将会多样化，热插拔功能将变得越来越常见。人们应该很快就能根据自己的喜好调整机器人的功能和个性，就像人们现在可以改变Alexa的声音一样。因此，重要的是要有明确的偏好，并知道与机器互动对家庭的各个成员和各个方面意味着什么。如果有的话，你不会让机器进入哪些区域？对于机器的制造商能够收集到的数据，你该怎么划定界限？

目前，Alexa和Google Home正在建立一个前所未有的日常对话清单，数据来自安装它们的数亿家庭。这样好吗？作为个人、家庭和政府，我们很快就需要做出决定，其实应该已经做出决定了。

这些挑战远远超出了数据和隐私的范畴，还延伸到了人类的代理、身份、真实性和责任，这些都在缓慢地（而且应该）演变成真实的领域和研究课题。早期几年里，从1995年开始，"脑电图生物反馈"是目前使用的主要术语，但在过去10年左右的时间里，它已经演变成"神经疗法"。它的硬件已经从桌面转向可穿戴设备（Clarke, 2013）。

如何获取先进技术

一个相关的问题可能是：应该在哪里获得人与机器共生必备的先进技术？合理的问题是相反的：当自己或自己的孩子面临人机问题并被迫做出选择时，该如何做好准备？这有点像让你的孩子为青春期做好准备（它来得比你想象得要快），一旦到了那里，事情就会发展得很快。

▌小结

在本章中，笔者认为，技术的深度集成将继续快速发展，尽管在不同程度上取决于技术向社会运作的大系统的暴露程度，特别是技术部门、娱乐行业和医疗保健部门。

那些为了医疗目的，拥有、需要或渴望假肢的人们已经成为用于实验目的的半机械人。无论他们是否愿意，他们都将越来越多地站在这一发展的前沿。他们作为这些创新的接受者是真正强大的人。作为人类下一个阶段（人机一体化时代）的学习者或教育者，我们也会非常强大。实验还意味着与那些有直接经验的人保持联系，以便从他们身上学习。

数字化疗法现在已经得到了FDA的批准，并正在影响肿瘤学和其他疾病。同样，那些患有神经疾病的人将很快成为生物认知技术下一阶段进化的实验对象。届时，通过在大脑中植入芯片，神经科学将达到物理心脑一体化的实验顶点。

这一发展不会在这10年结束，但毫无疑问，它将开始推出其实验阶段，这在很大程度上取决于何时何地解除监管限制。一些亚洲国家，以及加州的一些公司，很可能走在这一运动的前沿。欧洲科技将受到建立在谨慎原则基础上的道德和监管发展的阻碍，你也可以认为是支配。

最佳选择是人机方法，它能让人类与技术进行最深入的接触，并获得最高的认知奖励：积极寻求与各种可用机器智能和硬件的集成。人们要确保花足够的时间训练人类能掌握的最先进的人工智能，其他聪明的人也会这么做。

需要注意的是，这是一种风险更大的方法。在这个过程中，你可能会面临强烈抵制，也可能会让自己受到无法逆转的影响，很可能会受到身体上的伤害。然而，回报可能是巨大的。我们都需要权衡自己的选择。

说到底，笔者是否总是建议你成为任何新技术的第一个采用者，这些

新技术可能会增强人类的功能，或让人们更接近人机共生关系？并没有。这涉及很大的风险。你可能还会浪费宝贵的时间和不必要的财务资源，只是为了获得作为早期采用者的满足感，而这种满足感只是一种类似品牌选择的行为而已。未来主义者的追求就是接受这一点，但即使是作为未来主义者，人们也可以选择投入时间的地方。闪光的未必都是金子。

作为一个知情的第二采用者，或者最好是一个早期采用者（而不是第一个），通常是一个更好的方法，除非你有个人信念或明确的医疗或商业目标要实现。无论如何，这并不是真正要加快创新的步伐，而是要引导人类走向更美好的未来，或者至少是一个能让人类生存下去的未来。未来的人机集成技术将是陷阱和突破并存。

关键要点和思考

1. 在将人类与机器融合方面，你认为人类应该走多远？

2. 你认为，一旦科学家有了新发现，或者富有的资助者使新实验成为可能，监管在多大程度上是可取的，甚至是可能的？

3. 在这10年的发展过程中，你可以选择的五个关键角色中，哪一个是你①目前最喜欢的；②最不喜欢的？

4. 回顾以下角色：①开发新的机器；②调试和使用机器；③积极结合显式选择的机器以达到认知上的飞跃；④设置机器进入你的生活的边界；⑤承担机器管理与机器伦理。

5. 接下来试着想想你的孩子（或者如果你没有孩子，想想你最好的朋友的孩子）：你认为他们会对什么样的未来感到舒服？他们该怎么准备呢？

总结

技术的未来掌握在人类手中，而不是简单地受制于失控的技术、企业、社会运动，甚至是环境的破坏，至少在当前的十年中是这样。在笔者看来，现在是确保人类继续保持掌控力的关键时刻。

对未来，不缺乏悲观预测，也不缺乏基于技术创新和市场经济增长的乐观预测。正如许多现象一样，真理在两者之间。地狱和天堂从来就不是摆在人们面前的两种截然不同的选择。这并不意味着有人以传统的方式提出了这一选择，而是说，在考虑世界将走向何方时，明智的做法是停下来想一想人们希望未来朝哪个方向发展。

虽然笔者不是第一个认识到未来趋势的人，但确实想第一个指出，制定新的路线是个人（你）和集体（你作为社会和政治参与者）的共同责任。这是人们通过深入理解这10年中起作用的动态力量来实现的，需要从简单并列几个领域的多门学科思维方式（许多领域到现在都是这样）转变为超学科思维方式（能够定期发现和利用不同领域之间的共同核心思想）。

笔者也认为成为一名后现代博学者是很有价值的。随着世界日益复杂，人们比以往任何时候都更需要英明的忠告。现在，很难知道该去哪里找这些忠告。

这本书没有详细描述那些在未来10年里将变得重要的事情，但列举了一些笔者认为的最突出的技术和影响这些技术的颠覆性力量。

了解宏观趋势

本书用两种方式描绘了技术的未来。第一部分从宏观角度出发，专注于颠覆的力量和五种重要的技术。在第1章中，笔者解释了技术、政策、商业模式和社会动态如何发挥颠覆性力量的作用，以及它们在未来10年中可能扮演的角色。还提供了关于每一种颠覆性力量下一阶段的清晰概念，这种方式在以前的框架中很少尝试，且尚未取得成功。

在第2章中，笔者研究了科学和技术促进创新的一些具体方式。事实证明，如果不深入参与这两个领域，就没有办法融入社会的未来。这并不是说所有人都必须成为所有科学领域的专家或工程师，但笔者确实认为传统的学校教育不能解决当前的问题。相反，对这些主题的持续参与、再培训和反思将变得非常普遍。那些真正希望改变这些领域，或基于对这些领域的洞察力能够真正创新的人，必须尽早开始，明智地选择他们的专长。

在第3章中，笔者考虑了政策和法规如何调节市场状况。这在理论上是很难做到的，因为这个世界是复杂的。然而，为了简化问题，笔者提出了一个观点，即特别关注了在几个特定的司法管辖区发生的事情。事实上，让人惊讶的是，教学活动几乎完全没有转向关注世界最大经济体发生的各个方面的事情。当然，其原因在于接近律：人们总是最关心身边的事物。尽管技术变得越来越先进，但人类仍然处于自己所在的时空里。

第4章研究了商业模式和初创公司是如何颠覆市场的。企业几乎已经痴迷于通过初创公司寻求创新捷径了。因为当笔者把麻省理工学院的1500个初创公司介绍给业界时，就像把棒棒糖卖给孩子一样。创造新事物是困难的，但通过创建一个新的结构，并在其上进行实验（类似于一个创业实体）而不是尝试在一个运转良好、完成优化的机器中做新事物，会有很大的帮助。初创公司的创新动力要比大公司强得多。但商业模式的试验不仅仅是初创公司的话题。企业，甚至政府已经开始意识到，如果世界持续迅速变化，他们就不能继续沿用过去的做法。但新商业模式的挑战在于，它们尚未得到验证，可能需要新的、比以前更快的发展方式。

正在出现的情况可能比看起来要复杂得多。许多人认为，平台可以解决所有有关规模和盈利能力的问题，但今天的平台可能等同于过去的"基础设施"。从工业革命开始，基础设施就成了政府关注的问题。但也有可能出现比平台更先进的商业模式——只是人们还没有掌握而已。人们很容易忘记，总是有新的东西在拐角处出现。

随着新技术的出现，这些新技术需要受到密切的监控、分配和标准化，其负面后果也需要得到纠正，市场经济或当前的教育体系（通过商学院学习的MBA）是否能解决所有问题，尚不明确。虽然目前还不知道答案，但人们会找到越来越多的答案。就个人而言，它与自我学习有关，就集体而言，它与不断发现错误并定期重建合法性的治理形式有关。

第5章研究了社会动态是如何推动新技术被采纳的。消费者推动消费似乎是显而易见的，但这一说法掩盖了消费者实施购买行为的复杂性。技术已经嵌入社会结构，这不是偶然的，而是消费者有意识的选择。

同样重要的是要认识到，消费者是习惯的产物，并不总是理性地做出有意识的购买行为。人类是有习惯的生物，这些习惯一旦养成，就会成为自我实现的预言。当某个人决定继续从某个供应商那里购买智能手机时，比如从苹果或安卓生态系统购买，每次做出这个选择时，或多或少都会限制以后的选择。但经过一段时间后，这就不再是一个问题。

同样的道理也适用于很多社会动态。它们可能一开始是一个独特的、有意识的决定，也可能相反，是个一时冲动的选择。然而，随着时间的推移，即使是很少见的微观选择，也开始适应一种模式。此外，技术在发现人类行为模式和利用这些模式方面变得越来越好。它现在甚至能够找到人类自己也看不到的模式。

在第6章中，笔者研究了五种重要的技术，以及它们如此重要的原因。由于它们的相互关系，笔者选择了人工智能、区块链、机器人、合成生物学和3D打印技术。虽然本可以选择其他技术，如量子技术、纳米技术，或通用人工智能，它们的潜力在未来10年或许也将变得更加明显，但笔者将重点放在前述的五个方面，因为它们将在相对较短的时间内变得随处可见，因此，深入了解它们的发展潜力，对人类的下一代，或者对于Z世代的人，特别是阿尔法一代的人（生于21世纪，2010—2024年的人）来说非常重要（Pinsker，2020）。这并不意味着未来几代人会完全理解它们，但这些技术可能会对这几代人产生较大的影响。智慧在社会上的传播是不均衡的，它通常是一种特权，最终被那些有好导师、勇于尝试但对自己能掌握的知识持谦逊态度的人所享有。

在微观趋势上行动起来

在本书的第二部分，笔者采用了微观视角，重点关注个人如何有效应对这些颠覆性因素。这并不是假设的章节，而是鼓励你思考如何应对日常生活中的颠覆性技术。

之所以增加这三章，是为了强调这些宏观力量如何影响个人的重要性。这三章主要关注个人如何应对颠覆性技术。为了更好地帮助读者理解这一点，我将在此处与你分享一件逸事，它不一定能让你很清楚，但它与本书的前提完全相关，以下内容笔者用第一人称讲述。

一段时间以来，我一直在想为什么我的电脑越来越慢。它表现在几个方面，但最明显的表现是屏幕卡住了，因为我无法打字——就好像整个键盘都卡住了。还有些时候，它也"几乎"处于卡住的状态。起初，我尝试了很多传统的建议。我重新安装软件，关闭程序，把电脑开了又关。有时有效，有时无效。我甚至试着加大按键盘的力度，好像这样做会有效果似的，但有时确实有效果。几周前，我随意地把键盘翻过来清洗。然后，我就发现了一些我应该知道的事情。我把装电池的塑料盖弄丢了。结果是，有时电池会脱落，这就导致键盘停止工作。我的电脑重新开始工作的原因一定是我在打开和关闭键盘时稍微移动了一下键盘，然后电池又回到了原来的位置。

我没有发现可能有一个简单的修复方法，比如，用一些胶带，或者只是把键盘转过来把电池放回去，这让我觉得不太明智。但我之所以提到这件事，首先是想说明，即使人们对科技有深入的了解和认识，但要看清整片森林还是很有挑战性的。作为一个计算机专家，我的第一反应并不是去看键盘，而是立即认为问题要复杂得多，因此去看可能导致我的电脑瘫痪的无数其他因素。事实上，我的电脑已经用了6年了，它的寿命即将结束，因为程序变得更大了，处理器、RAM（运行内存）和存储空间都不像以前那么适用了。硬盘也快报废了，需要换一个速度更快的版本。只要打开电脑的任务管理器，就可以很容易地观察到所有这些情况，只要轻轻一碰，磁盘、内存和CPU就会达到100%的使用率。

此外，我的工作风格是同时打开大量的程序和窗口。在生活的其他方面，我不擅长同时处理问题，但在电脑上，我是这样的。我的工作效率相当高——但当电脑跟不上节奏或键盘没有连接电池时，我的工作效率显然就不高了。

这里的教训是什么？一个教训就是，专家有时会把问题复杂化，在错误的地方寻找解决方案，部分原因在于他们是对的，问题也确实在其他地方表现出来。然而，专家往往会忘记在最明显的地方寻找，忘记使用他们的常识，就像在这个例子中所做的。笔者希望在21世纪，人们都能像常识者和专家一样，同时扮演多种角色、持不同观点。事实上，以角色为基础的同理心也是智慧的一部分。

　　如果想让人类和地球的生态系统世世代代生存和繁荣，需要同时像有常识的人和专家一样行事。每个问题的答案通常不是简单或唯一的。笔者鼓励大家寻找许多或所有可能的解释，然后从那里着手，不要做任何假设。显然，这与最有效的、基于专家的方法不同，但它是一个重要的对应点。如果人们把人工智能的道德问题留给人工智能工程师，那会把人们置于何处？如果人们把政治留给政界人士，社会将会变成什么样？你可以想象该场景。

　　在第7章中，笔者认为，对你来说，最重要的目标，就是你必须成为两个领域的专家，并且擅长几十个领域。你应该致力于成为一个后现代的博学者，一个敢于挑战学科、懂很多东西的人。这可能有许多不同的意义，但它肯定意味着你非常聪明，至少关注两个具有社会重要性的主题，并且对所有其他相关的社会和技术主题都有广泛的认识，因此你可以就这些主题进行对话，并形成基于证据的观点。你还必须愿意参与对话，即使是与那些不能有效运用基于科技的论点或对你来说可能毫无意义的人。

　　这不是一个不可逾越的挑战，但也不容易。与马尔科姆·格拉德威尔推广的1万小时定律相比，它更复杂一些，因为该定律是基于传统知识而言的。但是，如果社会要取得可持续的进步，至少10%的人口，甚至更多的人，需要有在未来10年成为博学者的雄心壮志。否则，人类就无法继续使用目前正在追逐的所有先进技术，也根本就不会有足够明智的声音来引导人类。

　　这种形势会对个人、经济和政治造成影响，并且对教育、创新和个人选择也很重要。追逐先进技术风险极高，因此，你需要为所能想象的最坏和最好的未来做好准备。人类面临巨大的机会，而一旦失去这个机会，回首往事时，它就会变成令人绝望的悬崖。

　　在第8章中，笔者讨论了如何将自己的洞察力系统个性化。你不能依靠别人来告诉你——即使是导师、老师、主流媒体、政府或外部权威。你需要建立一个有洞察力的网络，包括信息来源、人脉、朋友和有影响力的人，他们会提供你需要的信息——这是真正重要的部分，根据你掌握的所有东西重构它，并根据你的发现形成个人观点、思维模式和一系列行动目标。

　　一个真正个性化的洞察力系统所面临的挑战是，它不能完全外包。你的大脑，以及你对技术及其后果和机遇的具体感知，都是你自己的。你可以建立团队，但不要指望别人知道答案。正确地行动而不被选择的复杂性所淹没是作为人类的本质。人们需要学会从失败中恢复过来，重新站起来，并做好再次失败的准备。这是确保进步的科学过程，是唯一的途径。

　　在第9章中，笔者思考了如何与技术融合，实现更大的飞跃，达到认知上的飞跃。这个表达可能看起来有点奇怪。那么，与技术融合意味着什么？认知上的飞跃意味着什么？然而，在过去的几十年里，它缓慢地发生在更多的人身上，这样的案例在本章中数不胜数——那些戴着助听器、装着假肢的人，那些追求计算机科学、机器人技术事业的人，还有现在在工厂车间工作的一线工人。这甚至发生在知识工作者身上，无论是传统职业（律师、医生、工程师），还是白领工作。事实上，这种情况也发生在蓝领工人身上，因为机器人、3D打印机和各种其他操作控制系统正在扩大（而不仅仅是取代）他们的车间。不幸的是，一些人没有机会像其他职业一样来理解科技，这使得他们的观点落后好几年。虽然这一点很不幸，但它是可以修复的。我们要允许这种修复发生。

　　对于那些深深沉迷于技术，并让技术成为他们表达自我、学习、玩游戏和生活方式的一部分的群体来说，下一个10年既令人兴奋，也令人恐惧。我们对即将发生的事情有一种预感，知道事情已经发生了巨大的变化。我们自己也在努力跟上，但也并不总是做出积极的选择，只是让事情自然"发生"。毕竟，人们不是已经让智能手机完全占领了社交领域吗？

他们让应用程序决定什么时候约会，玩什么游戏。他们在网上追求自己的爱好，现在因为新冠肺炎疫情，甚至用虚拟互动取代了爱人之间的拥抱和亲吻。

█ 认识到错过技术的风险

归根结底，技术的未来总是充满了惊喜。这是未来的本质，也是技术的本质。我们所能做的是为意想不到的事做好准备，至少为预期的事情做好准备，并思考对各种未知因素的反应。事实上，人们可以通过模拟未来的场景来演练未知，这些场景可能与未来不匹配，但肯定包含未来的某些方面。

在笔者看来，一个好的开始是采取行动，构建你的个性化洞察力系统，并设计一种生活，让你继续学习，但如果你觉得有必要，你可以基于有限的知识说出自己的想法。在这个过程中，一些基于经典社会科学大师的历史观点，包括马克思、韦伯和涂尔干，也不要浪费。他们的许多见解都来自与工业革命的密切接触，在那个时代，能抓住的东西很多，正如人们今天所处的时代一样。通常，当面临巨大的危险和机遇时，人们的反思往往是最深刻的，这一点，历来如此。然而，历史推理总是要辅之以当代理论家的思考。本书想以布尔迪厄、皮凯蒂（Piketty）[1]、赫拉利（Harari）[2]，甚至是科学技术研究领域（脑海中浮现出无数作者）的例子来说明这种补充的观点。

如果本书只教给你一件事，那就是：一套技术不仅仅是达到目的的手

---

[1] 皮凯蒂，1971年生于法国，法国著名经济学家。——编者注

[2] 赫拉利，1976年生于以色列，历史学家。——编者注

段。技术本身就是目的。当一项技术被创造出来时，一套完整的指令就会随之产生。有时候，你可以选择不遵循这些指示，最终你可能会进行创新，或者只是无法将技术用于任何有用的地方。但是，你不能假设它只是单纯地作为一种潜能存在，你必须以某种方式参与其中，这样才能发挥出技术的潜力。你甚至可以选择改变技术以更好地适应你想要完善的社会。但为了做到这一点，你需要有足够的远见来了解正在发生的事情。你可能不需要，或者没有能力在一项技术出现之前阻止它，但如果你看到它冲击了有价值的东西，你肯定应该去阻止它。然而，干预它需要洞察力，而不仅仅是观察技能，你需要操作这项技术来了解它的作用。你甚至需要像工程师一样研究它，而不能停留在服务水平上。这就是21世纪的领导者和市民需要的意识。

　　人类不仅仅是吸纳各种观点的容器，还是行动者。不确定性永远不应该阻止人们表达观点，以及在了解更多的时候完善这些观点。

附录

美国国家航空航天局技术准备等级

生产力工具

重要的思想领导事件

人工智能资源

区块链资源

机器人资源

合成生物学资源

3D打印资源

历史上的博学人物

我的个人洞察力生态系统

美国国家航空航天局技术准备等级

说到原型，值得一提的是美国国家航空航天局的技术准备，这比我们的技术嵌入分类法更具有操作性和短期性。技术准备等级（Technology Readiness Levels，TRL）于1974年由美国国家航空航天局提出，1989年获得定义，并在20世纪90年代从7级扩展到9级。美国国家航空航天局的关注点非常明确：其目的是评估在太空飞行中可能发挥作用的技术。重点是从同行评审的原则开始，沿着曲线移动技术，以建立信任和成熟度。

技术成熟度

TRL 1—已研究的基本原理（同行评审的文章）

TRL 2—已制定的技术概念（可行、效益高）

TRL 3—概念的实验证明（几个参数的结果）

TRL 4—实验室验证技术（测试性能）

TRL 5—相关环境中验证的技术（满足扩展性要求）

TRL 6—相关环境中演示的技术（现实问题上测试）

TRL 7—操作环境中进行原型演示（操作环境原型）

TRL 8—完整合格系统（飞行验证）

TRL 9—操作环境中测试过的真实系统（完成航空飞行任务和结果）

参考：NASA（2020；2012）：Tech Maturity Scale

　　首先，解决一个紧迫的问题，即这个框架过于复杂，且可能已经过时。是的，它是复杂的，或许可以在不损失太多的情况下简化它，特别是对于太空火箭不是那么重要的技术。然而，随着技术越来越复杂，技术验证将变得越来越重要，甚至主流业务软件也必须经过更严肃的成熟度和功能评估，使其透明度更高。原因在于基于神经网络的机器学习方法的内部工作原理。就连科学家自己也不知道结果是如何显示出来的。这被称为人工智能的可解释性问题。与这一挑战相关的问题包括多样性、风险、辨别和容错。

　　这种成熟度标准在任何进行大规模技术试验的部门都得到了广泛的采用。例如，它被用于航空航天工业。最近，它被推荐用于美国的国防、运输、能源基础设施或核能系统方面的复杂政府采购（GAO，2020）。它用于澳大利亚可再生能源署（ARENA，2014）、交通和基础设施项目的能源评估。然而，除非你在美国国家航空航天局工作，否则你不需要这九个独立的步骤，或者至少你不应该按这九个步骤来操作。除非你是在做火箭，否则你会在第5步和第6步或者第8步和第9步就崩溃。

对于软件行业的初创企业，这些指导方针肯定显得特别陌生。例如，如果你明知可能失败或重新调整，仍相信精益创业的方法，该方法让你快速地进行部署和反馈。对于美国国家航空航天局的大多数项目来说，这些指导方针甚至都没有被考虑过，这也解释了为什么美国国家航空航天局的项目比典型的启动实验慢很多倍，且运行成本也更高。

即便如此，它们有时也会失败，例如美国发射的深空2号、火星极地着陆器（MPL）、天基红外系统（SBIRS）、创世纪、哈勃太空望远镜、美国宇航局太阳神号飞机、自主交会技术演示（DART）航天器、轨道碳观测（OCO）卫星、挑战者号航天飞机等。如果你想进行比较，阅读埃隆·马斯克的传记（Vance，2017），研究他造特斯拉汽车以及他的第一枚火箭的方法。其风险接受水平相差甚远。

生产力工具

2016年，阿南德·达马尼（Anand Damani），他在自己的领域大概是个成功的顾问。他在领英上写了一篇聪明的小文章，名为《成功顾问使用的9个生产力工具》（9 *Productivity Tools Used by Successful Consultants*）。这不是唯一一篇关于这个主题的文章。它甚至可能不是最好的——它忽略了一些在日常咨询工作中非常重要的工具。然而，这篇文章具有病毒式传播的元素。它的特点是简洁，只需要记住不到10个项目（5、7和9是神奇的数字），而且它涉及一个至关重要的话题。考虑到雇主选择的和没有雇主强加的工具，人们应该使用哪些工具？

大多数人都无法不使用别人强加给自己的工具，人们的注意力已经被这些类似于赛富时这样的内部项目管理系统等工具所占据。然而，让我们暂时假设一个自由职业专业人士的幸运情况，比如一个顾问，他会有足够的客户和时间来支付一些生产力工具，并有足够的网络来使用这些工具。

根据达马尼的说法，你需要的工具有Slack、Todoist、IFTTT、Google Apps、Consulting Café、Mailchimp、Hootsuite、Tableau和Basecamp等，分别促进即时点对点沟通、管理任务列表、数字工具集成、生产力套件、咨询抵押物、电子邮件营销、社交媒体消息协调、数据分析可视化和项目管理。

的确，这些工具有很多用处，而其他列表中还添加了发票或税务软件等内容。大屏幕平板电脑、移动投影仪、激光笔、翻页笔等，使得经常出差者的生活也变得更容易了。这个时代真正改变了那些长期出差者的生活，因为我们重新使用了20世纪20年代用来形容爵士音乐家的一个短语，被恰当地称为"零工经济"（gig economy）时代。作为一个不依附于一个地点（有时甚至不依附于家）的独立承包商，还有一些具体的挑战。显然，软件已经在一定程度上满足了这一挑战。

有趣的是，这些工具中没有一个声称是你所需的唯一工具。所有的供应商都意识到人们的需求是不同的，不能用一种工具满足所有的需求。每种工具的混合和重叠仍然存在，而且很可能会继续存在，通常这些工具的互操作性很差。当然，这样做的好处是，竞争让每个人都保持警觉。

以下两方面是欠缺的，即对当代知识工作者为完成工作所需要的东西的严肃研究，以及对我们每个人在日常生活中使用的各种工具的优缺点的仔细分析。令人惊讶的是，工作生活中如此重要的一部分却严重缺乏研究。尽管计量经济学测量了工作效率，但人们对（生产性或其他）工作的编排却知之甚少。大多数是从个人主义的角度，研究了高绩效人士。企业家的研究范围很广，但人们从他们身上也几乎学不到什么，也许是因为他们的方法太过独特、太过不稳定，而且与个人选择和命运关系太过紧密。

埃隆·马斯克有这样一个概念，那就是从"第一性原理"开始。在他看来，人们需要摒弃公认的智慧，即使是现代物理学提供的智慧，以便在经历一番痛苦之后，实现生产力的飞跃和大量的发明。

当代知识工作者的"第一性原理"是什么？通过阅读管理大师彼得·德鲁克（Peter Drucker）在20世纪60年代提出的关于知识型员工的宝贵文献，我们或许可以确定以下主要动机、活动和预期结果。

第一，一个与获取信息、知识和洞察力紧密相关的职业（不一定按这个顺序）。第二，一种应用洞察力来影响变化、构建产品，或推动人员和资源流动的愿望。第三，一种保持创新，从错误中学习，或者基于学到的东西、经验，甚至失败的实验和批评完成反馈循环的意图。第四，一种被记住、被尊敬，最重要的是，渴望脱颖而出、创造一个持久的印象、树立一个能展示人类事业的纪念碑的持久性渴望。

在这种情况下，埃隆·马斯克会建议人们做的是，在进行这种分析时，避开过去10年中的大多数管理浪潮。如果是这样，设计思维、开源、区块链、服务型领导力都可能被质疑，甚至完全被拒绝。主要是因为这种浪潮陷入了失去原始意义的、无主见的模仿当中，从而减少、搅乱了解决问题的思路。

同样，人们也不能从软件即服务的利基，如客户关系管理（CRM）、即时消息（IM）、生产力套件、电子邮件营销工具、社交媒体工具、商业智能（BI）、数据可视化或项目管理工具中做出太多判断。只是粗略地看一下最流行的这些工具（如关系、信息、生产力、营销、媒体、智能）的初步分类，就验证了埃隆·马斯克的预感：这些分类并没有什么规律或理由，它们无助于你的日常工作，甚至无助于提高工作效率，更不用说提供一种系统的方式来看待创造力、协作和影响力等关键问题了。

那么它们是什么呢？它们代表什么？令笔者惊讶的是，当谈到工作效率时，笔者开始把过去30年看作一个空白。与20世纪70年代计算机问世时的目标相比，我们迄今为止所取得的成就甚少，这并不等于说我们将来的成就也很小。相反，只有当人们成功地发现什么是可以实现的，什么是不可能的，才能取得真正的进步，甚至改变那些可能改变的事情。

笔者是勒德分子（强烈反对机械化或自动化的人）吗？是彻头彻尾的技术怀疑论者吗？毕竟，笔者对过去30年软件业所宣称的进步不屑一顾。因为有了这些新工具，我们的效率本应该提高10倍。

那些了解笔者的人，在阅读了这本书之后（也包括正在阅读的你），会意识到这样的宏观理解稍微复杂一些。批判地看待技术并不等同于否定它。事实上，笔者已经花了太多的时间在技术上，因此才没有采纳这种观点。这根本不值得。

数据驱动的风险探源可能很有意义（Deloitte，2015）。

简单讯息的聚合订阅

消费者搜索引擎有时候能查到结果，有时候查不到，或查到的结果不匹配，可能很快变得与行业专业人士无关。然而，专为学术界或企业设计的研究工具很难获得，使用起来也很麻烦。与此同时，信息发布呈爆炸式增长，其结果是信息超载。一个搜索词可能会返回10亿个结果，但用户真正需要知道的是哪些是最适合自己的。

要想在网上更加注意阅读选择，一个基本的出发点是使用RSS提要阅读器。RSS提要阅读器为有意识的在线读者或那些希望加速研究、营销和销售的人提供了现成的内容。Feedly的阅读应用程序推出了公告栏、笔记和注释，以满足知识型员工的需求。你可以选择四种版面浏览新闻。RSS阅读器方法的问题在于，与搜索引擎界面所迎合的基于发现的方法相比，它往往会让消费者形成相当保守的阅读习惯。

发现引擎——下一代搜索引擎

发现引擎是更快速、更适合研究机构使用的、具有可视化和文本浏览功能的、透明的信息可信度过滤器（Y score）。Yegii是搜索引擎（谷歌、必应、雅虎、DuckDuckGo）和研究数据库（Cengage、EBSCO、LexisNexis、ProQuest、RelX、S&P Global）之间的交叉物。

随着浏览在线内容的复杂性增加，在线内容发现工具的市场也会继续增长。专业内容读者必须评估内容的可靠性和有效性，但还必须决定什么是物有所值的，什么是可及时获得的，以及什么会被目标受众信任等。专用发现策略的更大潜力在于，相比于那些只使用现成的方法对内容进行分类的策略，它能够获得更好的结果。

将来，许多阅读工作会外包给机器。随着这一过程的展开，那些积极尝试发现更多可能性的人们，将为这个即将到来的未来定下基调。

重要的思想领导事件

在校企活动中，我把校外的创业展示和校内的创新研讨会称为"创业展示"，我们通常会讨论创新模式、技术、合作模式、伙伴关系和趋势。做科学和技术演讲是很诱人的。毕竟，这正是企业关系办公室（Office of Corporate Relations）及其拥有75年历史的行业联络项目（ILP）多年来所做的。他们总是保持同样的形式：45分钟的学术演讲，大部分都是对课堂笔记的"翻炒"，也许还会有一两处提到行业。这在很长一段时间内都是有效的，因为大多数杰出的麻省理工学院教师，或者至少是那些被邀请上台的教师，本质上都是很好的演讲者，他们之所以被聘用，是因为他们已经很清楚自己的研究对工业应用有什么影响。

然而，这确实意味着，对于许多这样的演讲来说，这一信息远远超出了听众的理解范围。笔者想起了尼尔·格申菲尔德（Neil Gershenfeld）在2016年麻省理工学院圣地亚哥创业展上发表的题为《第三次数字革命：从比特到原子》（*The Third Digital Revolution: From Bits to Atoms*）的学术创新演讲。格申菲尔德教授，麻省理工学院比特与原子中心主任，Fab实验室创始人，是一位杰出的科学家，他也是一位伟大的演说家。然而，他的论点很复杂。他解释"计算机科学无论对于计算机还是科学都是一件最糟糕的事"，这是一个错综复杂的问题。他认为，人们选择了错误的路径，这就是为什么计算机是现在的样子，提及了"比特可以运输质量"和其他深奥的实验。对于格申菲尔德来说，目标应该是让软件看起来像硬件。

专业知识的狭隘性

今天在工业领域工作的人，谁能同时理解最新的合成生物学科学方法、网络安全协议、用数学符号写的人工智能算法，甚至爱因斯坦的广义或狭义相对论？可以说，只有少数在工业实验室积极工作的行业专业人士能做到，他们的研究小组有3~7个博士目前正在做产学合作研究项目。这就是今天的技术进步需要达到的专业化程度，这样才能获得关注并产生影响。

麻省理工学院的教授在谈论自己的领域时，经常会提到火箭科学，甚至连公司实验室的博士也不例外。当然，反之亦然。科学和技术已经变得非常专业化，难以跟踪其复杂性。它每周、每月、每年都在变化，甚至有人会说每天都在变化。

笔者所做的改变是将更多快节奏的TED演讲理念应用到人们的活动中。教授们被要求演讲10分钟另加5分钟的问答时间。工业界很幸运，总共有10分钟的演讲时间。初创公司有2~8分钟的快速演讲，茶歇期间还有展示时间。我们的活动改为3个小时的上午会议。活动遵循了一个模式化的程序：2分钟的背景介绍，10分钟的学术创新演讲，十几场初创公司的快速演讲。演讲的重点是技术思想领导力，而不是宣传他们的商业计划。接着是一个投资者趋势的主题演讲，然后是快节奏的小组辩论，所有上述演讲者都围绕创新、个人经历和对未来的看法进行即兴问答。笔者一直是主持人，保持一致性和节奏感，并添加了一点幽默因素。这些奏效了。

笔者从尝试做并最终坚持3年的经验中得到的教训是，可预测性很重要。人们需要知道接下来会发生什么。他们也喜欢媒体式的、电影或电视式的节奏，甚至学者也喜欢，这更符合他们现在必须体验的生活方式。

活动的质量——亲近是值得的

在过去几年里，笔者参加了无数面向技术创新者的全球性活动，以下是一些突出的活动，它们强调社区建设、号召力和内容，而不是经常看到的社交和小组讨论。

笔者曾经参加过一个在硅谷举行的为期一天的活动，有10个小组，其中一些小组只持续15分钟时间，但有3~5位演讲者。这种形式也许可以在电视谈话节目中由专业主持人来主持，但在常规的舞台上很难做到，因为会有各种各样的打断因素，上、下讲台，以及强制的介绍性陈述等。这是一件可怕的事情，小组讨论很短浅，一切都很仓促。很明显，组织者只是为了确保出席人数，在座谈区尽可能多地安排了观众。

说到初创企业的创新概况，没有哪家公司能与芬兰初创企业欧洲创投大会（Slush）相提并论。欧洲创投大会从2008年开始由学生发起，最近有超过2600家公司和1500名投资者参加，建立了关系网并进行了谈判融资。在临界质量下，很多事情可以在很短的时间内完成。虽然2017年的网络峰会有来自166个国家15000家公司的53056名与会者，但这个规模可能已经太大了，已经达到了效率人群的上限。以色列的OurCrowd公司的活动变得更大了。笔者是在2019年参加的，这不仅仅是一场活动，更是一场奇观。谁知道在新冠肺炎疫情暴发之后，这些大型创新活动会发生什么呢？如果没有疫情，笔者早就不去参加这样的大型活动了，这一点令人很不愉快。其他人在活动人数达到10万人左右时可能会感到精力充沛。

　　这就引出了一个问题：事件是否有邓巴数字？邓巴数字是由牛津大学的罗宾·邓巴（Robin Dunbar）教授在20世纪90年代进行的人类学研究时得出的，它是对我们的大脑能够同时处理的关系数量的估计。根据邓巴教授的说法，从我们祖先生活的小村庄社区到国际旅行和社交媒体的现代，这个数字一直保持在150左右（Mac Carron et al.，2016）。他把这种稳定性归因于我们注意力持续时间的认知极限上。邓巴发现，部落的规模在30～50人、100～200人、500～2500人，这是一个有趣的世界科技事件。

白宫研究员

　　享有声望的白宫研究员项目每年授予11～19名杰出的候选人奖项，奖励他们担任总统为期一年的研究员。这些人形成了强大的阶层凝聚力，同时也有足够的多样性成为一个有趣的群体。需要注意的是，每个人都是杰出的。

萨尔茨堡全球研讨会

　　萨尔茨堡全球研讨会（Salzburg Global Seminar）通过在奥地利萨尔茨堡莱奥波德斯科隆城堡举办的项目，以全球议题为主题，挑战现任和未来领导人解决全球关注的问题。如果考虑到55间客房、12间套房、3个联排别墅等规模，每两天的研讨会平均将有大约50人参加。笔者参加的研讨会（关于电子政务的）给人一种亲密的感觉，与会者在那期间变得很熟悉。事实上，组织者的目标是为与会者提供亲密的、动态的、合作的体验，以创造永久的联系。

笔者更喜欢安排有75～100人参加的活动，如果观众是合适的人群组合，他们就会提供足够的新鲜感，但不会破坏（相对）亲密感。笔者偶尔会参加人数不到30人的周末研讨会，这些研讨会非常壮观，但这种情况很少见。

位置很重要。精彩的南塔克特（Nantucket）技术与创新大会将美国东北部和波士顿地区的创业者和风险投资家聚集在一起，效果很棒，因为人们都被"困在"一个天堂般的岛屿（南塔克特岛）度过一个周末。

创始人论坛

创始人论坛（Founders Forum），简称FF，由Lastminute.com创始人布伦特·霍伯曼（Brent Hoberman）创办，是一系列私密的、仅限受邀者参加的年度全球性活动。它是面向当今领先企业家和明日新星的论坛。FF将自己描述为一个与单纯的会议不同的网络，并以促进讨论（发布与营销）的某种平台而自豪。

FF是邀约制，因为他们"想要强调每位嘉宾都可以成为自己的演讲者"。在"与首席执行官见面"活动中，大约超过15位的首席执行官（10亿美元收入公司的领导人）站在他们自己的海报旁边，并和与会者进行简短的交谈。

在伦敦FF大会上，大多数初创企业的首席执行官来自数字领域，他们的应用领域是英国的核心优势行业，如软件、金融、媒体、时尚和（高端）零售，对工业、生命科学和制造业的关注较少。

显然，除了规模之外，活动还有更多的内容，但无论是作为组织者还是参与者，它确实提供了要优化交互类型的边界。

建立你的号召力

科技创新者想参加的理想活动受到以下显著变量的影响：规模、参与者匹配度、地点、规律性、交流工具和内容质量。找出这些因素的优先级是有意义的。虽然每个人都是不同的，但这里有一些经验法则。

优先考虑排他性与亲密性或规模，除非你能够聚集300多名优秀的听众。

年度活动有可能成为传奇，每月的活动可以形成社区规模，每周的活动可以建立友情，日常事件可以成为生态系统，每小时发生的事件都具有惊人的可预测性和可靠性，就像时钟的钟摆一样。

同质参与者会建立亲密关系，但也会出现群体思维和无聊的风险。特别是，这可能成为紧凑的年度活动的问题。你想要建立一个社区，但你并不总是想看到完全相同的人。异质参与者强调创造力，但存在碎片化风险。任何交叉都比只坚持同质性或异质性风险更大。

把演讲者和听众结合起来，尽量拉近两者之间的距离。避免设置贵宾休息室或演讲者休息室。

永远不要在内容上节省时间，事先检查所有的演示文稿。我曾经因为对C级（首席级）演讲者的内容提出批评而陷入麻烦。特别是如果他们的营销部门参与了幻灯片的制作，情况会更糟糕，但这是必要的。如果你让营销性幻灯片通过，你就破坏了演讲者、组织者和观众之间的信任，这种信任基于组织者对真实性的含蓄承诺。

音频必须无懈可击。最近的研究表明，音频质量在人们接收信息方面非常重要。

节奏就是一切。快节奏但不紧张是最佳的。

人工智能资源

人工智能

"人工智能"一词通常指的是相当于（或取代）人类智能的机器学习水平。并非所有的人工智能都必须依赖机器学习。值得注意的是，到目前为止，所有的人工智能都是狭义人工智能，这意味着它在非常具体的任务上取代了人类，比如图像识别和一些其他类型的特定领域模式识别。

相比之下，通用人工智能有着广阔的前景，在更广泛的意义上，它将是一种匹配或取代人类的智能。这意味着一切是完全未知的。计算机是否以及何时会达到这一状态，是计算机科学家和哲学家们共同做出某种猜测的主题。有些人感到敬畏，有些人则深感担忧（Bostrom，2014）。正如达福和拉塞尔（Dafoe & Russell，2016）雄辩后清晰地指出："风险来自部署一个比指定其目标的人类（给机器指定目标）更聪明的优化过程的不可预测性和潜在的不可逆性。"就人们的目的而言，也就是着眼于未来10年的技术，这种风险真的无关紧要。人们离这样的事情，离这样的不可逆性，还很远很远。但在25年以上的时间跨度内，这种风险将产生重大影响，这将成为笔者的另一本书的主题，因为改变时间跨度确实会改变几乎所有事情。在这本书中，笔者只关心未来10年。

机器学习

机器学习是一种计算机算法，其总体思想是从经验中得到改进。目前，他们做到这一点的唯一方法是通过提供一个巨大的数据集和对该数据集进行解释的一个小子集，即训练数据。有大量这样的算法，其中许多是过去300年统计思维的遗产。最值得注意的是朴素贝叶斯分类器（1763）、线性回归（1805）、马尔可夫决策过程或MDP（1906）、逻辑回归（1944）、最近邻（1967）、卷积神经网络（Fukushima，1980）、循环神经网络或RNN（Hopfeld，1982）、决策树（1984）、支持向量机（SVM，1990）、梯度提升（1997）、随机森林（2001）和强化学习（RL）算法（20世纪60年代以后），但也结合了MDP，如Q-learning（1989）、SARSA、DQN、DDPG、NAF、A3C和生成对抗网络（GAN），由Goodfellow（2014）开发。

　　有些算法直接来自统计学或数学领域，有些不是。有趣的是，尽管关于这些算法如何工作的理论是我们科学遗产的一部分，但过去10年不断增长的计算能力使它们重新具有相关性，并带来了无限可能。一个例子是AlexNet（一种神经网络，Krizhevsky et al.，2012，2017）在最近开发的图形处理单元（GPU）上部署卷积神经网络（CNN）。这个事实应该有足够的理由让我们记住，在设计未来的同时要考虑过去，或者，正如科学家们说过的那样，"我们正站在巨人的肩膀上"，这一点索尔兹伯里的约翰（John of Salisbury）在1159年关于逻辑的论文《元逻辑》（Metalogicon）中已经指出了。

　　如果你要实践机器学习，你需要对每一个机器学习算法都有深入的了解，以便为目标问题选择合适的工具。就算你只是试图解释分析的结果，你仍然需要对算法如何工作有一个大致的认识，例如，为了在数据中创建模式，该选择关注什么并为其列出优先级。

　　现在有一个重要的关注点是超越难以解释的算法（如深度学习中使用的算法）"黑盒"问题，部分原因是它可能导致已知或未知的偏差。例如，由于被指控存在种族偏见，亚马逊暂时停止了面部识别算法在警方的使用。类似地，IBM也停止了对该主题的研究，除非偏见问题可以得到澄清。

深度学习

　　深度学习是一种机器学习类型，在2010年左右技术上变得可行，它依赖于具有数据分层表达的人工神经网络（Goodfellow et al.，2016）。计算机的学习可以通过监督、半监督或无监督的方法进行。无论哪种方式，它都允许计算机寻找通常被称为特征层次结构的东西，即一种底层数据的逻辑结构。这种方法的新颖之处在于，程序员并不需要把所分析问题的所有细节传递给算法。相反，一旦给出了基本结构，该方法依赖于计算机按照自己认为合适的方式组织信息。用户所要做的就是定义哪些特征可能是机器学习算法最感兴趣的。某种程度上，无监督学习甚至把这个任务也留给了计算机。

深度学习的挑战在于，随着数据分析的层次化，它变得越来越不透明。即使是专家也很难解释这台机器是如何得到答案的。尽管如此，它仍是一种流行的分析形式，因为它可能会在大数据的特定领域产生令人惊艳的结果，而人类无法跟踪这些结果。然而，机器的工作方式往往是非常奇怪的简化，比如通过轮廓和角落特征来定义一个人，这既是挑战，也是机遇。

深度学习深受神经科学的影响，尤其是过去10年的神经科学。然而，从潜在意义上说，受到另一个领域如此程度的启发，可能是一个潜在的障碍，因为大脑科学可能在计算机科学完全没有注意到的情况下发展。深度学习并不是什么新鲜事，事实上，许多算法都是几十年前开发的。新事物就是计算机的运行速度，它已经提高了（许多倍），这使进步得以发生。

要追踪的人工智能影响者

人工智能的技术领域是相当广阔的，但一个良好的追踪起点是世界各地的顶尖工程学院。最好在每个大陆选择一个，以避免地理偏见。如果每个创新热点只选择一个学校，笔者会选择美国的麻省理工学院和斯坦福大学、新加坡南洋理工大学、英国牛津大学、南非开普敦大学，以及巴西圣保罗大学。这些学校都在其所在地区名列前茅，并且在师资和前景方面都很靠前。如果笔者也能选择一所中国大学，会追踪北京的清华大学。

接着就是如何跟踪，仅仅浏览他们的网站是远远不够的。真正追踪科学家需要阅读他们的论文（最容易获得的论文），听他们的演讲，采访他们，向他们咨询与你相关的趋势。最好是通过工业推广项目来完成，比如麻省理工学院工业推广项目，如果每个地方都有这类项目，最糟糕的情况是通过个人推广，你可能会发现这些研究人员很忙。另一个合理的方法是把更多的精力花在离你所在地方更近的更易接近的大学上，这也会带来巨大的好处。如果你发展了一个真正的伙伴关系，可能会产生投资机会。

如果要了解研究人员的个人情况，这里有一些人在未来10年肯定会很重要，比如吴恩达（Andrew Ng），他曾是百度的首席科学家，现在是斯坦福大学的兼职教授，他还管理着人工智能基金；斯坦福大学的李飞飞，她曾是谷歌云（Google Cloud）的人工智能与机器学习首席科学家（你肯定会想要一个女性视角）。对亚洲而言，可以追踪李开复和沈向洋，前者是计算机科学家、企业家和作家，后者曾任微软公司全球执行副总裁，也曾是搜索引擎必应开发的关键力量。从全世界的角度来看，你可以追踪出生在巴西、自称超人类主义者的本·戈尔策尔（Ben Goertzel）。他主张发展先进技术，以极大地提高人类的智力和生理机能。戈尔策尔已经出版了近20本书。在非洲，穆斯塔法西塞（Moustapha Cisse）负责谷歌在加纳阿克拉的人工智能研究实验室，这是非洲大陆上第一个此类实验室。如果你想对情感人工智能有更深入的了解，想让人工智能有益于人类交流，那么追踪出生在埃及的计算机科学家拉娜·埃尔·卡利欧比将是一个不错的选择，她是麻省理工学院（MIT）衍生公司Affectiva的联合创始人。智库也越来越重视人工智能。值得注意的政策观点开始出现在大西洋理事会的GeoTech中心、布鲁金斯学会人工智能和新兴技术（AIET）计划、美国的CSIS技术项目和英国的艾伦·图灵研究所。

　　总的来说，要理解人工智能或其他任何技术变革的演变，确保你能很好地结合学术界、企业、政府和非营利组织的观点是至关重要的。

　　从政府的角度来看，随着人工智能在融资优先级和特定环境的挑战方面的发展，它将越来越具有区域性特征，例如，不同国家对人工智能的担心可能程度不同。例如，它将反映特定大陆和国家的工业实力。能源担忧在欧洲是关键，因为它的重点是可持续性，而整体的商业影响在美国是重点，因为它始终专注于商业应用。尽管这是一个为了证明上述观点的粗略的简化说明，不同的地理范围内也会有所不同。

关于人工智能的顶尖读物

　　通过阅读书籍来追踪人工智能是很困难的，因为这个领域发展得非常快。话虽如此，尽管当前亚马逊的畅销书单中的许多书都是几年前出版的，但偶尔还能看到关于人工智能和机器学习的书。通常，对于在1年能取得10年进展的领域，这不是一个好现象。在人工智能领域，这种进展很可能仅仅是因为两篇开创性的论文、一个新的标签数据或英伟达的新显卡。此外，其中一些是昂贵的教科书，除非你的学位课程中需要它们，否则可以不读。

　　《连线》、*Techcrunch*、《全球之声》（*Mashable*）、*Ars Technica*和《麻省理工科技评论》（*MIT Tech Review*）等在线出版物是灵感的源泉。最值得追踪的个人作家可能包括一小部分科技记者。自2007年以来，BBC资深科技记者罗里·凯兰-琼斯（Rory Cellan-Jones）一直在影响着并代表着婴儿潮代对科技的看法。科技博客Verge的科技作家凯西·牛顿（Casey Newton）是备受关注的千禧世代。

　　除此之外，笔者的建议是密切追踪人工智能领域的独角兽初创公司的创始人。这意味着你应该看看字节跳动（抖音视频平台）、商汤科技、旷视科技的创始人，这些公司推销AI SaaS、UniPath、Automation

Anywhere、依图科技等。很容易理解的是,你将很快耗尽时间,所以除非你明确在这一领域进行投资,否则请花精力进一步了解。这个想法是追踪创始人,而不是公司,认为连续的创始人总是关注下一步,与公司相反,公司往往被迫优化他们刚刚找到的商业模式。

人工智能领域值得关注的初创公司包括Gamalon、Secure AI labs、Onfido、Interpretable AI、Affectiva和Hyperscience。

从技术会议中学习人工智能

你应该参加哪些技术会议(以虚拟形式或亲自参加),以便对这个领域每天、每年的真正发展有所了解?新冠肺炎疫情暴发之前,每年有1000多个高质量的年度行业活动,聚集了世界各地的技术和社会领域的决策者。在未来的几年里,这个数字显然将减少,但即使是大幅下降也不会下降到只有10个,甚至取消。虽然一个人显然不可能参加所有的活动,但知道哪些话题是热门话题、每个活动上谁在发言、参加哪些活动重要、参加哪些不重要、了解颠覆性话题的地理趋势等是非常重要的。

通过巧妙的调度技术和计划,在线参会也可能得到优化。重要的活动(现在可能会变成大型的在线活动,直到他们可以完全面对面,但有可能持续改进他们的在线努力)包括世界经济论坛、美国"西南偏南"多元创新大会(SXSW)、美国科技类博客(TechCrunch Disrupt)、欧洲创投大会、《华尔街日报》举办的WSJ d.I live大会、TED、国际消费类电子产品展览会(CES)、汉诺威国际信息及通信技术博览会(CEBIT)和全球新兴科技峰会(EMTECH)。其中一些超越了人工智能和数字技术,进入工业技术,但这些B2B技术肯定也被一系列不同的事件所覆盖。每个月花几分钟浏览技术会议网站可能是值得的。去那些你能去的顶级技术会议(在你的预算范围内),以及一些不需要旅行的本地会议,通常是一项值得的年度投资,但这种机会不多。

区块链资源

要追随有影响力的区块链领域专家

在区块链领域，你应该追踪哪些人（科学家、创新者、初创公司创始人）？很显然，几乎想不到几个学术机构或科学家，这有点令人沮丧。这是否意味着他们不追随区块链？不，这只是意味着他们的名人地位不高。通过独立分析和大量资源，笔者得出了这个（非常）简短的清单（XTRD，2020）。

俄罗斯裔加拿大籍程序员维塔利克·布特林（Vitalik Buterin）创建了以太坊（2013），并联合创办了《比特币杂志》（*Bitcoin Magazine*）行业杂志（2011）。加拿大作家唐·泰普斯科特（Don Tapscott），《维基经济学》（*Wikinomics*，2006）和《供应链革命》（*Supply Chain Revolution*，2020）的作者，区块链研究所（2017）的联合创始人，试图在新兴的区块链行业推进管制问题的解决方案。巴里·希尔伯特（Barry Silbert）是美国的数字货币集团（Digital Currency Group）、Genesis Trading（一家领先的比特币经纪公司）和Grayscale Investments（行业最大的数字货币资产管理公司）的创始人。内哈·纳鲁拉（Neha Narula）是麻省理工学院数字货币计划的负责人，是一名计算机科学家。雷恩·希尔基斯（Ryan Selkis）是一名企业家、博主和前风险投资家，也是该领域最大的媒体品牌CoinDesk的创始成员。约瑟夫·鲁宾（Joseph Lubin）是以太坊的联合创始人，也是区块链软件解决方案提供商Consensys的创始人。凯瑟琳·豪恩（Kathryn Haun）是风投安德森·霍洛维茨基金（Andreessen Horowitz）加密货币部门的普通合伙人，她曾担任联邦检察官10年，专注于欺诈、网络和企业犯罪。凯瑟琳·布雷特曼（Kathleen Breitman）是一个有争议的人物，因为她是

269

加密账本平台和货币Tezos的联合创始人，她正在推出首款基于区块链的收集交易卡牌游戏Emergents。在游戏中，每张卡片都有关于它在整个游戏中使用的位置记录，甚至可以签名来证明收集者遇到了谁（Dale，2020；Lewis-Kraus，2018）。

大卫·马库斯（David Marcus）领导着由脸书发起、已经饱受争议的天秤座基金会（Libra Foundation），其成员包括安德森·霍洛维茨基金、Coinbase、Iliad、来福车、Shopify、声田和优步。由于争议，维萨、万事达、易贝、Stripe和Mercado Pago都退出了Libra项目，使得该项目没有支付处理程序（Brandom，2019）。脸书正通过"改变货币流动方式"的数字钱包Novi引领"简单的全球支付系统"。在脸书子公司Calibra的最初名字（"Libra"和"Calibra"）陷入争议后，该钱包迅速更名。亚当·德雷珀（Adam Draper）是Boost VC加速器的董事总经理，该公司每年投资10位科技创业者，涉及加密、虚拟现实、增强现实、人工智能、海洋、生物技术和时间旅行等领域，目前已经拥有超过150家公司的投资组合（Cryptoweekly，2020）。

最好的加密教育在麻省理工学院、斯坦福大学、康奈尔大学，以及瑞士的洛桑联邦理工学院（EPFL）和丹麦的哥本哈根大学。其部分原因是区块链的跨学科性质需要大量的观点，只有拥有许多应用实验室和应用中心的顶级研究型大学才能提供这些观点，并同时关注教师和学生水平（Coinbase，2019）。学生比特币和区块链俱乐部在很大程度上推动了这一议程。

如果只追踪三个区块链初创公司的话，它们将是交易加密货币的Coinbase、支付平台Circle和基于区块链的安全平台Enigma，它可以对Web内容和数据加密计算。

最好的区块链读物

追踪该领域的新闻最好通过《比特币杂志》（2011）、《区块链杂志》（*Blockchain Magazine*）、《硬币桌面》（*CoinDesk*）、《比特币电讯报》（*Cointelegraph*）和《资本》（*The Capital*），一个财政鼓励的社会内容发布平台（CryptochainUni，2020；Detailed，2020）。

一些著名的播客，包括马克斯·布尔科夫（Max Burkov）的《专业区块链》（*Pro Blockchain*）、劳拉·辛（Laura Shin）的《无链》（*Unchained*）、《区块链内幕》（*Blockchain Insider*）和《比特币播客》（*The Bitcoin Podcast*）。

记住，这些事情变化很快，所以向专家询问更新前三份清单总是有必要的（不要列出更长的清单，因为你没有时间看）。

区块链逸事

你应该参加哪些技术会议？主要的在线区块链出版物通常都执行一些活动，这是得到最新信息和接触社区的最佳方式。日内瓦区块链大会，在该城市联合国机构的组织背景下主办，着眼于区块链的管制、合法性和道德伦理。伦敦区块链周（London Blockchain Week）强调区块链对如今已实施的金融解决方案的影响，包括区块链伦敦峰会。香港区块链周捕捉亚洲各地的动态。区块链非洲会议（Blockchain Africa Conference）为非洲大陆带来了革命性的机遇。未来的区块链峰会（Future Blockchain Summit），世界上最大的区块链节，是由智慧迪拜（Smart Dubai）赞助的，可能会开启中东地区的机遇（Craciun，2020）。此外，非常多的金融科技会议将涉及这个主题，如Money 20/20大会（美国、欧洲和其他地区）（Bizzabo，2019）。

机器人资源

机器人领域专家：
你应该追踪的人物（科学家、创新者、初创公司创始人）

在未来的10年中，世界上最大的制造企业将通过在生产过程中创造性地、广泛地部署机器人，从而取得巨大进展。观察他们的行为是有意义的。初创企业将继续创新，但如果没有工业自动化领域的大公司的合作，就不太可能在工业环境中生产大众市场产品，特别是施耐德电气、西门子、罗克韦尔自动化（Rockwell Automation）、赛默飞世尔科技、三菱、霍尼韦尔（Honeywell）、丹纳赫（Danaher）、艾默生、通用汽车公司和瑞士ABB公司等。这些公司的技术领袖通常是公司的发言人，可能有博客、播客和访谈，你可以在任何时候收集他们的经验。他们也有行业协会，你可以在那里联系到他们。

来自世界顶尖技术大学的创业者是洞察力的另一个来源。

机器人领域有影响力的人包括：科林·安格尔（Colin Angle），iRobots的首席执行官；丹妮拉·鲁斯（Daniela Rus），麻省理工学院计算机科学与人工智能实验室首位女性主任；克里斯汀·伊特斯塔德·彼得森（Kristin Ytterstad Pettersen），挪威科技大学工程控制学系教授、海洋机器人初创公司Eelume联合创始人；倪恩德（Per Vegard Nerseth），CMR Surgical首席执行官，工业巨头ABB前机器人部门负责人；乔什·霍夫曼（Josh Hoffman），美国的生物机器人初创公司Zymergen的首席执行官兼联合创始人。

为了追踪机器人的新兴能力，需要关注的机器人初创公司包括：成立于2014年的英国机器人手术公司CMR Surgical；Zipline，一家美国无人机快递公司，专注于运送疫苗、血液和药品；Righthand Robotics，一家美国初创公司，它是自动机器人拾取技术的领导者，促进灵活和可靠的电子商务订单履行，每一个都有一个有趣的、独特的机器人用例。2020年，该行业有超过了1亿机器人的"配送量"（ET Bureau, 2020）。麻省理工学院旗下的Humatics公司制造了一种传感器，这种传感器基于超宽带（UWB）无线电频率，使快速而强大的机器人能够与人类一起工作而不会发生事故。这种技术被称为微定位技术，在工厂环境和隧道中，它比WiFi、GPS和相机更准确、更不易出错。

对于消费类机器人来说，由麻省理工学院1990年衍生出来的iRobot的命运将具有启发意义。这家自动吸尘器（Roomba）和自动拖把（Braava）的制造商在30年里售出了3000多万台消费类机器人。消费者机器人市场在未来30年的销量是3亿台还是30亿台，目前还不清楚，而且现有机器人功能的消费者使用案例非常少。

机器人领域知识：你应该读的出版物

政府报告、关于机器人发展趋势的行业报告、行业出版物都很有用。具体来说，美国电气电子工程师协会（IEEE）《机器人与自动化》（*Robotics and Automation Magazine*）、《自动驾驶汽车工程》（*Autonomous Vehicle Engineering*）和《汽车工程》（*Automotive Engineering*）是三个可以跟踪的专业杂志。在科学杂志方面，《科学机器人》（*Science Robotics*）是需要订阅的杂志。

这个领域引人关注的播客包括：《会说话的机器人》（*Talking Robots*）、《机器人报告播客》（*The Robot Report Podcast*）、《轻机器人播客》（*Soft Robotics Podcast*）和《机器人中心》（*Robohub*）。它们之所以有趣，是因为它们能够提供独特的见解，让我们了解到这个领域中难以接近的真正障碍和机遇，而创业者和领导者更有可能通过长篇采访而不是简短的新闻短片或网站来透露这些信息。

在机器人领域，油管是另一个赢家，比如机器人开发公司波士顿动力（Boston Dynamics）的频道。麻省理工学院的衍生公司，最初被谷歌收购，现在是日本软银集团的全资子公司。

你应该参加的技术会议

RoboBusiness、RoboSoft、RSS、世界机器人峰会（World Robot Summit）和BioRob是该领域排名前五的活动。参加此类活动比参加传统行业会议更有意义，原因很简单，物理硬件演示非常令人兴奋和鼓舞人心。

合成生物学资源

合成生物学：
应该追踪的人物（科学家、创新者、初创公司创始人）

如果你正以合成生物学及其扩展领域创新的观察者身份追踪它，那么追踪3～5个关键问题就足够了。如果是这样的话，我的选择是哈佛医学院（Harvard Medical School）遗传学教授乔治·丘奇；克雷格·文特尔（Craig Venter），他在2001年领导了人类基因组的首次测序和分析，并从此成为杰出人物；吉姆·柯林斯（Jim Collins）；或许还有美国的生物科技公司Ginkgo Bioworks的联合创始人汤姆·奈特（Tom Knight）。汤姆·奈特是麻省理工学院计算机科学与人工智能实验室的高级研究科学家，可以说是"合成生物学领域之父"。诺贝尔化学奖得主莱纳斯·鲍林（Linus Pauling）、多家合成生物学初创公司的联合创始人弗朗西斯·阿诺德（Frances Arnold）是美国西海岸的一种资源。

最后，麻省理工学院的埃德·博伊登（Ed Boyden），他的神经生物学和神经技术的合成方案取得了新突破，能够分析生物系统的短期承诺，如通过光遗传学修复大脑和神经功能障碍，也许是通过展示电影触发大脑的免疫系统。

然而，笔者的建议是，追随在这些杰出人士的实验室工作的科学家们，而不是他们自己。原因是，下一个突破可能来自他们的学生，而不是他们自己，而且学生可能在社交媒体上更活跃，更愿意分享新发现。例如，美国生物科技公司Ginkgo Bioworks的联合创始人莱西玛·谢蒂（Reshma Shetty）就是需要追踪的网红。

笔者也想到了一些社区创新者，比如约翰·坎伯斯（John Cumbers），他拥有布朗大学的分子生物学博士学位，创立了SynBioBeta，每周出版时事通讯，主持公司的播客（The SynBioBeta podcast）。

合成生物学的主要研究机构在波士顿（尤其是在哈佛大学和麻省理工学院）、在加州（斯坦福大学、加州大学旧金山分校、加州大学伯克利分校、加州大学洛杉矶分校、加州大学圣地亚哥分校、索尔克研究所、加州理工学院），在巴黎，在英国（伦敦帝国理工学院、剑桥大学、牛津大学），还在有越来越多的人对合成生物学感兴趣的中国。

活跃在合成生物市场的公司包括：美国阿米瑞斯（Amyris Inc）、赛默飞世尔科技公司、美国合成基因组学公司（Synthetic Genomics Inc.）、德国的拜耳公司（ATG: Bayer）、美国的百时美施贵宝公司（Bristol-Myers Squibb Co.）、Ginkgo Bioworks等。

SynBioBeta是一个为生物工程师、投资者、创新者和企业家提供的一流创新网络，他们都热衷于利用生物学来构建"一个更好、更加可持续的宇宙"。SynbiCITE是合成生物学创新与知识中心（IKC），总部设在伦敦帝国理工学院。Biostart是英国首个合成生物学加速器项目，于2017年启动。

合成生物学论著

在合成生物学方面有大量的专业出版物。跟踪整个领域的最佳方法可能仍然是阅读大型期刊，如《自然》（*Nature*）和《科学》（*Science*），它们都有一组相关的出版物。PubMed是另一个很好的开放获取途径，因为除非你在已支付费用的机构内工作，否则期刊是很昂贵的。大多数学术实验室都有他们的时事通讯，你可以免费订阅。一本名为《合成：生命是如何被创造出来的》（*Synthetic：How Life Got Made*, 2017）的书对该领域做了总体介绍。

值得探索的合成生物学会议

除非你身在这一领域，否则你要参加的科技会议很少，在这些会议上，合成生物学可以被深入探讨，而且是可以接近的（甚至可以理解的）。它仍然是一个专业领域。SynBioBeta国际合成生物学论坛可能是一个例外，因为尽管它是一个会议，但它也是一个强大和支持性的社区。

3D 打印资源

3D打印：
应该跟踪的人物（科学家、创新者、初创公司创始人）

约夫·泽夫（Yoav Zeif）和杰夫·格雷夫斯（Jeff Graves）分别是Stratasys和3D Systems的新任首席执行官。

纳坦·林德（Natan Linder）是3D打印先驱麻省理工学院衍生公司Formlabs的联合创始人，同时也是制造应用平台Tulip的联合创始人。

Formlabs于2011年从麻省理工学院媒体实验室分离出来，开发了高质量、低成本的桌面3D打印机。Formlabs运营由乔恩·布鲁纳（Jon Bruner）主持的播客《数字化工厂》（*The Digital Factory*）。另一家麻省理工学院初创公司Inkbit于2017年由戴维·马里尼（Davide Marini）创立，提供多材料3D打印。

顶级3D打印播客是由安迪·科恩（Andy Cohen）和惠特尼·波特（Whitney Potter）主持的《3D打印》（*3D Printing*），他们每周发布新作品，现已有超过358期关于当前事件和技术的视频，嘉宾从专家到名人不等。《芯片制造》（*The Making Chips*）播客，到目前为止已经有400多集，涵盖了更广泛的制造业商界，以及SME的《今日先进制造》（*Advanced Manufacturing Now*），SME是一个由专业人士、教育工作者和学生组成的非营利协会，致力于促进和支持制造业。《今日先进制造》有265集，是新闻的主要来源。最好的播客搜索引擎是ListenNotes，它也可以用来搜索个别节目。

关于3D打印的论著

最主要的刊物包括1882年创办的《工业世界》（*Industry World*）。《金属AM》（*Metal AM*）就是一个不错的专业出版物。

《2020沃勒斯报告》（*Wohlers Report 2020*）是其关于增材制造和3D打印的行业领先报告的第25期。通常被称为3D打印的"圣经"，新报告提供了一个了解不断前进的全球产业的窗口。该出版物提供了关于AM应用、软件、工作流、材料、系统和后处理的无数细节。它给出了专利、初创公司和投资方面的细节。

关于3D打印的会议

制造业的会议很多，但要想了解行业的发展，只有少数会议是不可错过的。增材制造论坛（AM Forum）自2015年以来一直是欧洲行业的顶级盛会，因为它汇集了整个价值链。如果你只参加一个交易会，传奇的汉诺威工业博览会（Hannover Messe）将是不错的选择，因为它涵盖了工业转型价值链（从工程、自动化、能源、研发、工业IT到物流和分包），可以追溯到1947年，是德国的第一个出口交易会。重点关注工业4.0、数字平台、人工智能、5G、氢和燃料电池等当前热门话题。

国际制造技术展（IMTS）是美国最大的制造技术贸易展，起源于1927年的国家机床制造商博览会，目前涵盖15000多台新机床、控制、计算机、软件、组件、系统和工艺。在它的鼎盛时期，参与人数超过10万。该展会由制造业技术协会（Manufacturing Technology）管理，这是另一个重要的行业洞察力来源。除此之外，还有针对每个地理区域（大多数国家甚至大城市都有自己的活动）、工业和3D打印的特定应用会议，如金属3D打印会议。此外，该领域的每个主要企业都有自己的活动，如Stratasys。最后，制造业也有与材料相关的活动，例如塑料展，由成立于1937年的塑料工业协会主办，该协会是一个工业知识和技术创新的全球平台，有2000多家参展公司。根据该协会本身的数据，塑料行业的产值为4323亿美元（Plastics, 2018）。

这些新兴领域当然有自己的分类法。为了快速说明，我们以数字制造为例。

数字制造业
氧化物半导体
三维集成
硅材料之外
高 K 电介质
低 K 电介质
等离子
自旋电子
多铁性材料

以上每个术语也有自己的命名法。从这类分析中，我们可以清楚地看到，其所需的专业性是惊人的。不用说，它很快就变得相当复杂，这就导致了即使是这些分支学科中刚毕业的工程师也可能会迷失方向，这取决于他们花了多少时间来评估相关领域，而不是仅仅习得一个狭窄的专业技能。

历史上的博学人物

古代

希腊哲学家亚里士多德（公元前384—前322）是物理学、形而上学、诗歌、戏剧、音乐、逻辑、修辞学、政治、伦理学、生物学和动物学方面的专家。他是跨学科的，以全新的方式结合了许多学科门类。亚里士多德在马其顿的宫廷里长大，并在那里接受教育。公元前367年，17岁的亚里士多德前往雅典跟随柏拉图学习。柏拉图学院是希腊世界的知识中心，人们从世界各地来研究、学习和教学（Great Thinkers, 2020）。

柏拉图死后，亚里士多德在政治上面临着危险，逃离了雅典，开始了为期8年的启迪心智的旅行。公元前335年，亚里士多德在雅典建立了他自己的学校——莱森学园（Lyceum），在那里他度过了余生的大部分时间，进行学习、教学和写作。从这一点上我们可以了解到，在关键学习网站上花大量时间与优秀导师在一起，再加上教育旅行，可以使你的思维能力产生奇迹。

中世纪

宾根的希尔德加德（1098—1179）是一名本笃会修女，后来成为女修道院长。她还是一位艺术家、抒情诗人，也是宗教单声道作曲家。然而，她有科学头脑，是草药师和早期"医生"，并建立了女性健康和解剖学的基础。她在一本书中提供了治疗闭经的饮食指南。她是中世纪的女性科学先驱（Exploring Your Mind, 2020），在其关于科学和医学的著作《病因与治疗》（*Causae et Curae*）中，她写道："人们应该在合适的时间吃东西，并且是在夜幕降临之前，这样人们就可以在躺下睡觉之前有时间散步"，她试图向大众分享良好的习惯，这些习惯我自己也在努力养成。

文艺复兴时期

伊本·赫勒敦（1332—1406）出生于突尼斯，是一位杰出的博学家。他是政治家、哲学家、法学家、历史学家、天文学家、数学家、经济学家、诗人和社会科学家，被广泛认为是史学、文化史、人口统计学、历史哲学和社会学之父。

在赫勒敦看来，学习是通向自我理解的道路，也是个人通过认知成熟获得心理思维的过程，如理解、一致性和凝聚力。他不主张在一个问题得到充分而深入的理解之前，从一个科学问题转移到另一个科学问题，并坚持一个主题背景下的多学科方法，以避免混淆（Halabi, 2013）。

赫勒敦将学习本身视为一种获得"惯习"（malaka）的过程，他将其定义为"一种由反复行动产生的稳定品质，直到最终形成它的形成"。他认为早期教育中内容的选择具有决定性作用，因为最初的教学会成为永久的印记。惯习似乎是一个亚里士多德式的概念，被阿拉伯思想家（包括阿维森纳）和后来的法国社会学家布尔迪厄所利用和积极使用。不管怎样，赫勒敦的观点是，惯习是一种肉体现象，灵魂只能通过感官逐渐获得，但一旦惯习得到应用，它就会停留在身体上，就像"布上的染料"。从这一点上，我们可以了解到，获取专业知识的过程应该尽早开始。

列奥纳多·达·芬奇（1452—1519）是意大利文艺复兴时期的画家、发明家、工程师、天文学家、解剖学家、生物学家、地质学家、物理学家和建筑师（Capra, 2013）。达·芬奇就是为什么我们会有"文艺复兴人（Renaissance man）"这个说法的原因（以今天的标准来看有点性别歧视）。不管被贴上什么标签，他都捍卫了传统和纪律，并重塑了整个认识论。他也有巨大的能力集中他的精力，即使他参与了大量不同的探索。达·芬奇的七项原则——好奇心、通过经验进行测试（经验方法）、感官的改善、接受不确定性的意愿、平衡艺术和科学（描绘而不是描述）、培养健康和仪态，以及系统思维——是学习潜力和创造力的永恒的警钟，而这种学习潜力和创造力是任何技术应用和其他复杂挑战的动力。

近现代期

斯塔尔夫人（1766—1817），是一位女作家（作品涵盖旅游文学、小说和论证法），主张宪政和代议制政府的政治理论家、著名的联络家，她组织过著名的文学和政治沙龙（不是理发师类），影响了欧洲政治，把德国哲学带到了法国，并影响了浪漫主义。她参与了19世纪的很多事件，并产生了巨大的影响。她与诗人（英国的拜伦勋爵和德国的施莱格尔兄弟）、知识分子（本杰明·康斯坦特）和政治家（拿破仑）都有交流。她还写了第一篇关于文学社会学的论文。从她身上，我们可以学到，为了能够以美学和政治思维思考和行动，既要了解，又要融入其中的重要性。

玛丽·居里（1867—1934）是一位文学和数学天才，是物理学家和化学家，在放射性方面进行了开创性的研究。她是法国第一个获得物理学博士学位的女性（评论家说这是有史以来对科学最大的单项贡献），她是第一位也是唯一一位两次获得诺贝尔奖的女性科学家，而且是迄今为止唯一一位在不同科学领域获得诺贝尔奖的人。从这些事实中，我们可以了解到成为第一的价值，因为你将用新的眼光看待事物。她与同行科学家皮埃尔·居里（Pierre Curie）的婚姻决定了他们在科学上的命运，这是伟大团队合作的又一证明。然而，正是玛丽的大胆使她脱颖而出：居里夫人关于铀释放的亚原子粒子的假设将在最基本的层面上改变对物质的科学理解（Des Jardins, 2011）。当时，原子被认为是最小的基本粒子。

路德维希·维特根斯坦（1889—1951）是奥地利裔英国籍的哲学家、逻辑学家、数学家、建筑师、航空工程师和音乐家。在最活跃的时期，他家就是维也纳文化生活的中心。许多维也纳的伟大作家、艺术家和知识分子都是维特根斯坦家的常客。人们可能想知道，早期接触创造性天才的经历对他的影响有多大，或许可以从他的笔记本（1916年10月12日，日记记录）中的一句话中得到回答："无法想象的事情甚至无法谈论。"

维特根斯坦是20世纪最伟大的哲学家之一。他启发了逻辑实证主义（早期作品）和语言哲学（后期作品），并对心理学和伦理学带来了深刻的反思。

格雷戈里·贝特森（1904—1980），英国人类学家、社会学家、符号学家、语言学家和控制论家。他的理论超越了学科主题，重塑了整个学科。在他的一本书《心灵与自然》（*Mind and Nature*）中，他做了一个极其简单的观察："要有两样东西才能有不同之处。"他还指出，将两者结合起来才有价值。他引用了杰出的早期计算机科学思想家约翰·冯·诺依曼（John Von Neumann）的话。诺依曼曾说，"机器之间的自我复制，将是两台机器协作的必要条件"。贝特森和他的追随者们也采用了这一方法。例如，他的思想奠定了如今生物符号学新兴领域的基础，该领域结合了生物学和符号学（Harris-Jones, 2016）。

尼古拉·特斯拉（1856—1943），塞尔维亚裔美籍发明家（交流电的发明者）、电气工程师、机械工程师、理论和实验物理学家、数学家、未来主义者以及人道主义者，是现代工程之父之一。他获得了300项专利。特斯拉会说八种语言，有过目不忘的记忆力，能够记住整本书。据他自己估计，他的视力和听力都异乎寻常，比他助手的耳朵"至少灵敏13倍"。

在他的自传中，他提到他是多么欣赏"不可估量的自省的价值"，并这样描述他的方法："当我有了一个想法，我立刻开始在我的想象中构建它。我在脑海中改变结构，进行改进和操作。对我来说，无论我是在思想中开动涡轮机，还是在我的车间里测试它，都完全无关紧要"。

诺贝尔生物学奖得主弗朗西斯·克里克（1916—2004）将发现DNA结构的功劳归功于他的物理学背景，而这一问题此前被现代生物学家认为是无法解决的。由于对物理学感到沮丧，又没有真正的功绩，1947年（他与第一任妻子离婚那年），31岁的他将职业生涯转向了生物学，应用"八卦测试（gossip test）"（你八卦的话题一定是你所关心的），不得不从头开始学习。然而，可能是他与同事詹姆斯·杜威·沃森（J. D. Watson）的长期友谊确保他们一起破解了密码。事实上，克里克具有与其他科学家建立长期友谊的非凡能力（NIH，2020）。

诺贝尔奖得主理查德·费曼（1918—1988）在自助餐厅观看一个人用手指旋转盘子时，产生了关于量子电动力学的想法（Tank，2020）。费曼的方法包括一个名为"我不知道的事情"的笔记本，因为首先要做的是确定你不知道（但想弄清楚）的事情。其次是确保你把它学得很好，这样你就可以把它教给孩子，如果你做不到，就恰好暴露了你的知识差距（Gleick，1992）。

我个人的洞察力生态系统 [①]

我不打算抽象地讨论洞察力，而是将我自己的洞察力生态系统作为一个例子来分享。我将按照重要性来组织它，并将其分类为颠覆性力量

[①] 本章内容以作者的第一人称叙述。——译者注

的框架。

现在，我基于作为这些主题方面的专家，并想要保持在最前沿，我将跟踪以下主题：创新、科技创业、投资、标准化、领导力、战略、社会学、全球性问题和可持续性，并在以下主题上积累新兴的专业知识：播客、音频编辑、视频编辑。我还特别关注人工智能、机器人、合成生物学、工业技术和媒体技术。

对我来说，在过去的几十年里，主要的洞察力来源是书籍。我已经读了数千本书，通常每天至少一本。这种做法始于我十几岁的时候，一直持续到现在。我在当地的图书馆里读了所有适合我年龄的书（也有一些不适合）——在我20岁之前，我至少读5000本书。这产生了什么？我对许多文化和政治现象的敏锐意识，我从文学背景中获得了很多文化参考。

如今，我每天的主要洞察力来源是在线搜索引擎，在我的各种兴趣（涉及面很广）中使用各种关键词，以及获取电子邮件时事通讯。我订阅了大约20份每日或每周的时事通讯。它们往往是重复的，所以我花很少的时间浏览内容，很少点击浏览实际的文章，除非有一个有争议的故事。

在科技方面，我经常阅读的在线杂志有很多，都有很好的跟踪记录（《连线》等）。

工业方面，我跟踪我所关心的垂直领域的主要行业出版物，我阅读的出版物经常比这些更广泛。

在政府政策方面，我通过欧盟官方网站（欧盟委员会、欧洲议会）追踪欧盟的发展。我没有一个定期的跟踪计划，但我正在努力变得更有条理，并将通过我的播客努力做到这一点。

至于报纸，我读过美国的《华盛顿邮报》（*The Washington Post*）、英国的《卫报》（*The Guardian*）、西班牙的《国家报》（*El Pais*）和意大利的《共和报》（*La Repubblica*）等。我通常读的报纸都是免费的，这意味着我并没有真正阅读所有我想读的《纽约时报》（*The New York Times*）、《金融时报》（*Financial Times*）、《华盛顿邮报》、《世界报》（*Le Monde*）。有这么多免费资源，我觉得花钱订阅不值得。

教育电视及新闻

说到看电视，我很少看。从历史角度上看，我从未看过电视。事实上，我家有好几年没有电视了。我长大后，我们家是我们社区里最晚买彩电的家庭之一，导致警察都来我们家核实情况了。我偶尔会看美国有线电视新闻网（CNN），也会在花一分钟时间浏览福克斯新闻（Fox News），只是为了比较，但我发现两者都有很大的偏见和冗余。那些大谈特谈的人日复一日地重复着他们的嘉宾，对同样的问题喋喋不休。

我所参与的活动

在新冠肺炎疫情之前，我每年都会参加每个感兴趣领域的一到两场活动，这意味着我会参加两场企业风险会议（GCV Summit和GCV等），一场私募股权会议——超级回报国际会议（SuperReturn International），一场风险投资活动——超级冒险（Super Venture），一场创始人活动——创始人论坛，以及一个当地的创新活动（The Nantucket Conference）。我的感觉是，活动太多了，除非有令人信服的理由专门去见客户或潜在投资者，才值得一去。

我用的顾问

除了非常具体的软件编程或营销与公关服务提供商，我不会为咨询支付一分钱，而是使用我自己的平台或Fiverr等平台来寻找。

我所依赖的伙伴关系

伙伴关系在我的整个职业生涯中一直在变化。我通常支持合作关系，只要它清楚地说明了交易是什么。好的伙伴可以教会你很多。在甲骨文公司的时候，我和IBM以及许多行业协会都有合作。在麻省理工学院的时候，我和研究所的实验室合作。

新兴的洞察力生态系统

我想要的是一种更系统的方式来浏览信息，理想情况下有一个虚拟化身或助手来预读信息，然后以初步整理过的形式呈现给我，或者以优先级排序的、有标签的阅读列表的形式呈现给我，并说明这些信息的相关性。事实上，我曾经参加过为欧盟委员撰写简报的活动。每次开会前几天，他们都会收到一份20页的文件。那不是很好吗？我们需要一个每个专业人士都能接触到的等价物。现在，它包括在会议开始前半小时查找人们的领英页面，并将会议主题放到搜索引擎中搜索。这显然不是最佳选择。

工业洞察力生态系统

对于零售、微营销、人力资本管理、供应链优化、配送优化等商业功能，以及银行、汽车、媒体、制造业等各个行业，都有许多深刻的生态系统（Hopkins and Schadler, 2018）。其中一些生态系统是由市场研究机构和大型企业集团提供的，例如，英国的传播集团WPP、美国的广告与传播集团宏盟（Omnicom）、法国的市场研究集团益普索（Ipsos）、法国的广告与传播集团阳狮集团（Publicis Groupe）、英国的市场监测和数据分析公司尼尔森（Nielsen）和日本的广告与传播集团电通集团（Dentsu Group）等。

要有东西可提供给自己

在获得洞察力方面，要遵循的一个重要原则是，确保你有东西可以提供给自己。这个提议可以是洞察，也可以是访问，或者两者兼而有之。成为一名公认的专家、作家或顾问是实现这一目标的典型方式，或者是自己成为媒体。

现在，我正在创建播客"未来化"（*Futurized*）。"未来化"深入社会发展趋势，追踪技术、政策、商业模式、社会动态和环境的潜在颠覆性力量。已经有很多专家上了这个节目，而且新的请求不断，对此我很感激。

自己成为媒体的好处是：①我现在有一个有价值的媒体点可以提供（接受采访）；②我可以从我在节目中遇到的所有话题和人物上学习。这突然让我在知情和了解动态方面处于领先地位。

参考文献

Aguilar, F.J. (1967) Scanning the Business Environment, Macmillan, New York.

AI Multiple (2020) Top 61 RPA usecases/applications/examples in 2020, AI Multiple, 4 July. Available from: https://research.aimultiple.com/robotic-processautomation-use-cases/ (archived at https://perma.cc/GY36-7QPF) [Last accessed 7 July 2020].

AlterEgo (2020) AlterEgo Project, MIT Media Lab. Available from: www.media.mit.edu/projects/alterego/overview/ (archived at https://perma.cc/7NSA-4XDA)[Last accessed 26 June 2020].

Anderson, K. (2013) Whoops! Are some current open access mandates backfiring on the intended beneficiaries? The Scholarly Kitchen, Official Blog of the Society for Scholarly Publishing, 12 March. Available from: https://scholarlykitchen.sspnet.org/2013/03/12/whoops-are-some-current-open-access-mandates-backfiring-on-the-intended-beneficiaries/ (archived at https://perma.cc/25C7-YRBR) [Last accessed 21 May 2020].

ARENA (2014) Technology Readiness Levels for Renewable Energy Sectors,Australian Renewable Energy Agency. Available from: https://arena.gov.au/assets/2014/02/Technology-Readiness-Levels.pdf (archived at https://perma.cc/G3DC-VYHG) [Last accessed 4 May 2020].

Aridi, A. and Urška Petrovčič, U. (2020) How to regulate big tech, 13 February.Available from: www.brookings.edu/blog/future-development/2020/02/13/how-to-regulate-big-tech/ (archived at https://perma.cc/2KY6-TH2V) [Last accessed 9 June 2020].

Armstrong, B. (2020) What will happen to cryptocurrency in the 2020s, Coinbase,3 January. Available from: https://blog.coinbase.com/what-will-happen-to-cryptocurrency-in-the-2020s-d93746744a8f (archived at https://perma.cc/36R4-D7XB) [Last accessed 10 July 2020].

Associated Press (2020) Segway, personal vehicle known for high-profile crashes,ending production. Available from: www.theguardian.com/technology/2020/jun/23/segway-transporter-production-ends (archived at https://perma.cc/HBB2-GJ45) [Last accessed 26 June 2020].

Augsburg, T. (2014) Becoming transdisciplinary: the emergence of the transdisciplinary individual, world futures, The Journal of New Paradigm Research, 70, 3–4, 233–247. Available from: http://dx.doi.org/10.1080/0260402 7.2014.934639 (archived at https://perma.cc/RH5P-PVH5) [Last accessed 25 July 2020].

Baron, J. and Pohlmann, T. (2013) Who cooperates in standards consortia – rivals or complementors? Journal of Competition Law & Economics, 9, 4, December,905–929. Available from: https://doi.org/10.1093/joclec/nht034 (archived at https://perma. cc/3FNR-X83R) (also see free full text earlier working paper version: www. law.northwestern.edu/research-faculty/clbe/workingpapers/documents/Baron_ Pohlmann_2013_Who_cooperates_in_standards_consortia%20.pdf (archived at https://perma.cc/6WCD-3FGN)) [Last accessed 8 June 2020].

Baxter, R.K. (2020) The Forever Transaction. McGraw-Hill, New York.

BBC Science Focus (2019) Everything you need to know about Neuralink, BBC Science Focus, 9 October. Available from: www.sciencefocus.com/future-technology/everything-you-need-to-know-about-neuralink/ (archived at https://perma.cc/9XHN-N4LS) Last accessed 7 August 2020].

Bell, J. (2020) Will hospitals use 3D printing to take greater ownership of supply chains after Covid-19 crisis? NS Medical Devices, 29 May. Available from:www. nsmedicaldevices.com/analysis/3d-printing-covid-19-crisis/ (archived at https:// perma.cc/7HHG-WQQ2) [Last accessed 12 July 2020].

Bellmund, J. (2020) New preprint on bioRxiv: learning to navigate abstract knowledge, Doeller Lab, 18 July. Available from: https://doellerlab.com/new-preprint-on-biorxiv-learning-to-navigate-abstract-knowledge/ (archived at https://perma.cc/WA6P-RMKE) [Last accessed 7 August 2020].

Bernard, A. (2020) Top 10 tech policy trends to watch in 2020, Tech Republic,30 January. Available from: www.techrepublic.com/article/top-10-tech-policytrends-to-watch-in-2020/ (archived at https://perma.cc/B69S-DRQG) [Last accessed 10 June 2020].

Bijker, W.E., Hughes, T.P. and Pinch, T.J., eds. (1987) The Social Construction of Technological Systems: New Directions in the Sociology and History of Technology. MIT Press, Cambridge, MA.

Bio (2020) Current uses of synthetic biology, BIO.org. Available from: https://archive. bio.org/articles/current-uses-synthetic-biology# (archived at https://perma.cc/7CDQ-W87H) [Last accessed 9 July, 2020].

Biography.com (2020) Mae C. Jemison. Available from: www.biography.com/astronaut/mae-c-jemison (archived at https://perma.cc/3L7K-3RTE) [Last accessed 25 July 2020].

Biomechatronics (2020) Hugh Herr: Biomechatronics, MIT Media Lab. Available from: www.media.mit.edu/people/hherr/projects/ (archived at https://perma.cc/7QD2-MRXU) [Last accessed 7 August 2020].

Bizzabo (2019) 2020 Blockchain events: the #1 guide to blockchain conferences, Bizzabo Blog, 13 December. Available from: https://blog.bizzabo.com/blockchain-events (archived at https://perma.cc/AMP9-XFRD) [Last accessed 10 July 2020].

Blue Ocean Strategy (2020) Book website. Available from: www.blueoceanstrategy.com/ (archived at https://perma.cc/A48T-2WPT).

Board of Innovation (2020) 50+ business model examples, Boardofinnovation.com. Available from: www.boardofinnovation.com/guides/50-business-model-examples/ (archived at https://perma.cc/PY74-RVAL) [Last accessed 15 June 2020].

Boilard, M. (2018) Six ways technology is changing engineering, IndustryWeek,23 October. Available from: www.industryweek.com/leadership/article/22026559/six-ways-technology-is-changing-engineering (archived at https://perma.cc/U3HF-7MFD) [Last accessed 14 August 2020].

Boissonneault, T. (2018) 10 ways 3D printing is positively impacting the world, 8 August. Available from: www.3dprintingmedia.network/ways-3d-printing-impacting-world/ (archived at https://perma.cc/X2XR-E2DC) [Last accessed 16 August 2020].

Bostrom, N. (2014) Superintelligence. Oxford University Press, Oxford.

Bouganim, R. (2014) What Is Govtech? Available from: http://govtechfund.com/2014/09/what-is-govtech/ (archived at https://perma.cc/ENK9-KMWW) [Last accessed 12 May 2020].

Bourdieu, P. (1977) Outline of a Theory of Practice. Cambridge University Press,Cambridge.

Boyle, P. (2019) Microbes and manufacturing: Moore's law meets biology, The Bridge, 49, 4. Available from: www.nae.edu/221231/Microbes-and-Manufacturing-Moores-Law-Meets-Biology (archived at https://perma.cc/2XVQ-REM4) [Last accessed 8 May 2020].

BRAIN Initiative (2020) Available from: https://braininitiative.nih.gov/ (archived at https://perma.cc/B6N6-7ZRU) [Last accessed 7 August 2020].

Brandom, R. (2019) Facebook's Libra Association crumbling as Visa, Mastercard,Stripe and others exit, 11 October. Available from: www.theverge.com/2019/10/11/20910330/mastercard-stripe-ebay-facebook-libra-association-with drawalcryptocurrency(archived at https://perma.cc/KKZ3-AAEP) [Last accessed 10 July 2020].

Brown, T. (2009) Change by Design: How Design Thinking Transforms Organizations and Inspires Innovation. HarperBusiness, New York.

Brownell, L. (2020) The next decade in science. Wyss Institute, Harvard. Available from: https://wyss.harvard.edu/news/the-next-decade-in-science/ (archived at https://perma.cc/RE5K-FUCS) [Last accessed 9 July 2020].

Brownsword, R. and Yeung, K., eds. (2008) Regulating Technologies. Hart Publishing, Oxford.

Britannica (2020a) Julie Taymor. Available from: www.britannica.com/biography/Julie-Taymor (archived at https://perma.cc/RSY3-NBXK) [Last accessed 25 July 2020].

Britannica (2020b) St. Hildegard. Available from: www.britannica.com/biography/Saint-Hildegard (archived at https://perma.cc/WLD5-PHW8) [Last accessed 25 July 2020].

Bryant, J. (2019) How AI and machine learning are changing prosthetics,MedTechDive, 29 March. Available from: www.medtechdive.com/news/how-ai-and-machine-learning-are-changing-prosthetics/550788/ (archived at https://perma.cc/RL4S-KP5B) [Last accessed 7 August 2020].

Cambridge Consultants (2018) Building the business of biodesign: the synthetic biology industry is ready to change gear, Cambridge Consultants, Workshop Report. Available from: www.cambridgeconsultants.com/sites/default/files/uploaded-pdfs/Building%20 the%20business%20of%20biodesign%20% 28workshop%20report%29_0.pdf (archived at https://perma.cc/XH5E-5PPD)[Last accessed 20 August 2020].

Cameron, D., Bashor, C., and Collins, J. (2014) A brief history of synthetic biology,Nature Reviews Microbiology, 12, 381–390. Available from: https://doi.org/10.1038/nrmicro3239 (archived at https://perma.cc/E2TL-DBDT) and https://collinslab.mit.edu/files/nrm_cameron.pdf (archived at https://perma.cc/ABP3-9C9R) (full text) [Last accessed 9 July 2020].

Caplan, A.L. (2020) Top 10 biomedical issues of the next decade, Genetic Engineering News, 40, 2, 1 February. Available from: www.genengnews.com/commentary/point-of-view/top-10-biomedical-issues-of-the-next-decade/(archived at https://perma.cc/7H32-HYJV) [Last accessed 8 July 2020].

Capps, M. (2015) Nashville's Roger Brown sells Segway, but continues M&A,Venture Nashville, 15 April. Available from: www.venturenashville.com/nashvilles-roger-brown-sells-segway-but-continues-m-a-cms-1079 (archived at https://perma.cc/9PQV-DFDX) [Last accessed 26 June 2020].

Capra, F. (2013) Learning from Leonardo, Berrett-Koehler, San Francisco.

Carey, J. and Elton, M.C.J. (2010) When media are new: understanding the dynamics of new media adoption and use, University of Michigan Digital Culture. Available from: http://dx.doi.org/10.3998/nmw.8859947.0001.001(archived at https://perma.cc/UB3S-DVCQ) [Last accessed 26 June 2020].

Carnegie, L.P. et al. (2020) How final CFIUS regulations will impact technology companies and investors, Program on Corporate Compliance and Enforcement (PCCE), New York University School of Law, 4 March. Available from: https://wp.nyu.edu/compliance_enforcement/2020/03/04/how-final-cfius-regulationswill-impact-technology-companies-and-investors/ (archived at https://perma.cc/C2TJ-VYGH) [Last accessed 22 May 2020].

Chao, J. (2018) What's on your skin? Archaea, that's what, Berkeley Lab, 12 February 2018. Available from: https://newscenter.lbl.gov/2017/06/29/whats-onyour-skin-archaea-thats-what/ (archived at https://perma.cc/ND54-Z9TH) [Last accessed 8 April 2020].

Chapman, J. (2015) Specialization, polymaths and the Pareto principle in a convergence economy, TechCrunch. Available from: https://techcrunch.com/2015/10/17/specialization-polymaths-and-the-pareto-principle-in-a-convergence-economy/ (archived at https://perma.cc/PTD6-7NP9).

Cheddadi, A. (2009) Ibn Khaldun's concept of education in the 'Muqaddima',Muslim Heritage, 15 May. Available from: https://muslimheritage.com/ibn-khalduns-education-muqaddima/#sec_5 (archived at https://perma.cc/6A7HDWUF)[Last accessed 25 July 2020].

Chen, A. (2020) The EU just released weakened guidelines for regulating artificial intelligence, MIT Technology Review, 19 February. Available from: www.technologyreview.com/2020/02/19/876455/european-union-artificial-intelligence-regulation-facial-recognition-privacy/ (archived at https://perma.cc/2RPB-UEGC) [Last accessed 22 May 2020].

Cherdo, L. (2020) Metal 3D printers in 2020: a comprehensive guide, 13 July.Available from: www.aniwaa.com/buyers-guide/3d-printers/best-metal-3dprinter/(archived at https://perma.cc/MV2D-A3E7) [Last accessed 16 August 2020].

Chiappone, J. (2020) List of polymaths, JohnChappione.com. Available from:www.johnchiappone.com/polymaths.html (archived at https://perma.cc/9C3P-2CVT) [Last accessed 25 July 2020].

Chiappone, J. (2020) Specialization, polymaths and the Pareto principle in a convergence economy, 17 October. Available from: https://techcrunch.com/2015/10/17/specialization-polymaths-and-the-pareto-principle-in-a-convergence-economy/ (archived at https://perma.cc/PTD6-7NP9) [Last accessed 25 July 2020].

ChiefMartec.com (2020) Chief Marketing Technologist Blog by Scott Brinker. Available from: https://chiefmartec.com/ (archived at https://perma.cc/F4RFB5MH) [Last accessed 12 May 2020].

Choudhury, A. (2019) Top 8 Neuralink competitors everyone should track,*Analytics India Magazine*, 24 July. Available from: https://analyticsindiamag.com/top-

8-neuralink-competitors-everyone-should-track/ (archived at https://perma.cc/GB5V-U664) [Last accessed 5 August 2020].

CIPD (2020) PESTLE analysis. Available from: www.cipd.co.uk/knowledge/strategy/organisational-development/pestle-analysis-factsheet#7994 (archived at https://perma.cc/NWH4-BJ3U) [Last accessed 13 August 2020].

Clarke, A.R. (2013) The end of an era, *Journal of Neurotherapy: Investigations in Neuromodulation, Neurofeedback and Applied Neuroscience*, 17, 4, 201–202. Available from: DOI: 10.1080/10874208.2013.855477 [Last accessed 10 August 2020].

CNET (2020) Neuralink: Elon Musk's entire brain chip presentation in 14 minutes(supercut), CNET, 28 August. Available from: www.youtube.com/watch?v=CLUWDLKAF1M (archived at https://perma.cc/B2UH-4HUF) [Last accessed 14 September 2020].

CNN (2018) Segway was one of the most hyped products of the century. Here's why it failed, CNN Business [video], 25 October 2018. Available from: www.cnn.com/videos/business/2018/10/25/what-happened-to-segway-orig.cnn-business (archived at https://perma.cc/G8DP-8JDP) [Last accessed 26 June 2020].

Cohen, R.M. (2020) To develop a Covid-19 vaccine, pharma and the federal government will have to break old patterns, The Intercept, 27 March. Available from: https://theintercept.com/2020/03/27/us-government-vaccines-big-pharma/(archived at https://perma.cc/DP8L-JSQA) [Last accessed 21 May 2020].

Coinbase (2019) The 2019 leaders in crypto education, Coinbase, 28 August. Available from: https://blog.coinbase.com/highereducation-c4fb40ecbc0e (archived at https://perma.cc/8UUQ-Q8XB) [Last accessed 10 July 2020].

Consensys (2020) Blockchain use cases and applications by industry. Available from: https://consensys.net/blockchain-use-cases/ (archived at https://perma.cc/9VKW-JZZ4) [Last accessed 4 July 2020].

Cornell (2020) Cornell Notes. Available from: http://lsc.cornell.edu/study-skills/cornell-note-taking-system/ (archived at https://perma.cc/DLP8-M2QF) [Last accessed 25 July 2020].

Craciun, L. (2020) The 30+ best blockchain conferences to attend in 2020,Capsblock, 23 September. Available from: https://capsblock.io/blog/best-blockchain-conferences/ (archived at https://perma.cc/6C7W-F6JD) [Last accessed 10 July 2020].

CRS (2020) The Committee on Foreign Investment in the United States (CFIUS). Available from: https://fas.org/sgp/crs/natsec/RL33388.pdf (archived at https://perma.cc/JT3E-RTBU) [Last accessed 22 May 2020].

Cryptochainuni (2020) List of crypto and blockchain media publications in the world,

Crypto Chain University. Available from: https://cryptochainuni.com/publication/ (archived at https://perma.cc/B9TB-TR7P) [Last accessed 10 July 2020].

Cryptoweekly (2020) The 100 most influential people in crypto, Cryptoweekly. Available from: https://cryptoweekly.co/100/ (archived at https://perma.cc/KP4S-5V8B) [Last accessed 10 July 2020].

Cusumano, M.A., Yoffie, D.B., and Gawer, A. (2020) The future of platforms. MIT *Sloan Management Review*, Spring, 11 February. Available from: https://sloanreview. mit.edu/article/the-future-of-platforms/ (archived at https://perma.cc/8LBV-TT4K) [Last accessed 4 May 2020].

Dafoe, A. and Russell, S. (2016) Yes, we are worried about the existential risk of artificial intelligence, *MIT Technology Review*, 2 November. Available from:www. technologyreview.com/2016/11/02/156285/yes-we-are-worried-about-theexistential-risk-of-artificial-intelligence/ (archived at https://perma.cc/QWU8-XP4L) [Last accessed 10 July 2020].

Dale, B. (2020) Tezos co-founder turns to gaming with 'Hearthstone' competitor,Coindesk, 18 March. Available from: www.coindesk.com/tezos-co-founderturns-to-gaming-with-hearthstone-competitor (archived at https://perma.cc/ G7BV-8QDQ) [Last accessed 10 July 2020].

Damani, A. (2016) 9 Productivity tools used by successful consultants. Available from www.linkedin.com/pulse/9-productivity-tools-used-successful-consultantsanand-damani/ (archived at https://perma.cc/W4M8-N857) [Last accessed 26 February 2018].

Dartmouth (2005) Dartmouth Artificial Intelligence Conference: The Next Fifty Years, Dartmouth College. Available from: www.dartmouth.edu/~ai50/homepage. html (archived at https://perma.cc/2GBC-3Z4L) [Last accessed 4 May 2020].

De Bono, E. (1967) *The Use of Lateral Thinking*, Cape, London.

Deline, B., Thompson, J.R., Smith, N.S. et al. (2020) Evolution and development at the origin of a phylum. *Current Biology*, 30, 1–8. Available from: www.cell.com/current-biology/pdf/S0960-9822(20)30261-X.pdf (archived at https://perma.cc/29AQ-T8MF) [Last accessed 8 April 2020].

Deloitte (2015) Boost your venturing results through data driven sourcing, Inside magazine issue 10, October 2015, www2.deloitte.com/content/dam/Deloitte/lu/ Documents/technology/lu-boost-venturing-results-data-driven-venture-102015.pdf (archived at https://perma.cc/X824-96U9) (accessed 3/5/2018).

Delos Santos, J.M. (2020) Top 10 best project management software & tools in 2020,ProjectManagement.com, 13 April. Available from: https://project-management. com/top-10-project-management-software/ (archived at https://perma.cc/L9YY-

B6YL) [Last accessed 4 May 2020].

Des Jardins, J. (2011) Madame Curie's passion. Available from: www.smithsonianmag. com/history/madame-curies-passion-74183598/ (archived at https://perma.cc/6LG4-J3BB) [Last accessed 10 July 2020].

Desai, F. (2015) The evolution of fintech, *Forbes*, 13 December. Available from:www. forbes.com/sites/falgunidesai/2015/12/13/the-evolution-of-fintech/#77a48e5a7175 (archived at https://perma.cc/XAG4-4UU8) [Last accessed 21 May 2020].

Detailed (2020) The 50 best cryptocurrency blogs, Detailed.com. Available from:https:// detailed.com/cryptocurrency-blogs/ (archived at https://perma.cc/J4M8-E3DC) [Last accessed 10 July 2020].

Dewey, J. (2019) Blockchain & cryptocurrency regulation, Global Legal Insights. Available from: www.acc.com/sites/default/files/resources/vl/membersonly/ Article/1489775_1.pdf (archived at https://perma.cc/RCH7-HP8H).

Diamandis, P. (2020) 7 business models for the next decade, Book excerpt,Diamandis. com. Available from: www.diamandis.com/blog/7-business-modelsfor-2020s (archived at https://perma.cc/Q2VM-DTMK) [Last accessed 12 May 2020].

Dolan, S. (2020) How the laws & regulations affecting blockchain technology and cryptocurrencies, like Bitcoin, can impact its adoption, Business Insider, 3 March. Available from: www.businessinsider.com/blockchain-cryptocurrencyregulations-us-global (archived at https://perma.cc/TPL6-HJPC) [Last accessed 4 July 2020].

Dresler, M., Sandberg, A., Bublitz, C. et al. (2019) Hacking the brain: dimensions of cognitive enhancement, *ACS Chem Neurosci*, 10, 3, 1137–1148. Available from: doi: 10.1021/acschemneuro.8b00571 [Last accessed 7 August 2020].

Drew, L. (2019) The ethics of brain–computer interfaces, *Nature*, 24 July. Available from: www.nature.com/articles/d41586-019-02214-2 (archived at https://perma.cc/ DSX9-JX7C) [Last accessed 7 August 2020].

As technologies that integrate the brain with computers become more complex, so too do the ethical issues that surround their use.

Dyba, T., Dingsøyr, T., and Moe, N. (2014) Agile project management.10.1007/978-3-642-55035-5_11. Available from: www.researchgate.net/ publication/263276642_Agile_Project_Management (archived at https://perma. cc/376L-VC37) [Last accessed 5 May 2020].

EBSCO (2009) Four stages of social movements, EBSCO Research Starters:Academic Topic Overviews. Available from: www.ebscohost.com/uploads/imported/thisTopic-dbTopic-1248.pdf (archived at https://perma.cc/62BKZKU5)[Last accessed 27 June 2020].

EC (2020) Blockchain technologies, European Commission. https://ec.europa.eu/digitalsingle-market/en/blockchain-technologies (archived at https://perma.cc/NS22-GG39) [Last accessed 7 July 2020].

EC (2020a) White Paper: On Artificial Intelligence – A European approach to excellence and trust, European Commission. COM(2020) 65 final, 19 February.Available from: https://ec.europa.eu/info/sites/info/files/commission-white-paperartificial-intelligence-feb2020_en.pdf (archived at https://perma.cc/Z57E-FZ5K)[Last accessed 22 May 2020].

EC (2020b) Guidelines on stakeholder consultation, European Commission.Available from: https://ec.europa.eu/info/sites/info/files/better-regulation-guidelines-stakeholder-consultation.pdf (archived at https://perma.cc/RYQ2-66P7) [Last accessed 11 June 2020].

EC (2020c) DG Competition>Competition>Cartels. European Commission.Available from: https://ec.europa.eu/competition/cartels/cases/cases.html (archived at https://perma.cc/ZDN6-AC9X) [Last accessed 11 June 2020].

Edwards, D. (2020) Amazon now has 200,000 robots working in its warehouses. Available from: XXX [Last accessed 7 July 2020].

Eggers, W.D., Turley, M., and Kishnani, P. (2018) The regulator's new toolkit. Technology and tactics for tomorrow's regulator. Available from: www2.deloitte.com/content/dam/Deloitte/br/Documents/public-sector/Regulator-4-0.pdf (archived at https://perma.cc/KNT3-GC5Y) [Last accessed 11 June 2020].

eLearning Learning (2020) Elearninglearning.com Available from: www.elearninglearning.com/ (archived at https://perma.cc/7D3G-LQBV) [Last accessed 21 July 2020].

Engler, A. (2020) The European Commission considers new regulations and enforcement for "high-risk" AI, TechTank Blog, Brookings Institution, 26 February. Available from: www.brookings.edu/blog/techtank/2020/02/26/the-european-commission-considers-new-regulations-and-enforcement-for-highrisk-ai/ (archived at https://perma.cc/GAN8-J79C) [Last accessed 22 May 2020].

Ericsson, K.A., Krampe, R.T., and Tesch-Romer, C. (1993) The role of deliberate practice in the acquisition of expert performance, *Psychological Review*, 100, 3,363–406. Available from: https://graphics8.nytimes.com/images/blogs/freakonomics/pdf/DeliberatePractice(PsychologicalReview).pdf (archived at https://perma.cc/9CFA-WS3B) [Last accessed 14 September 2020].

ET Bureau (2020) Locus Robotics passes 100 million units picked for global retail and 3pl partners, breaking warehouse AMR robotics industry records,Enterprise Talk, 10 February. Available from: https://enterprisetalk.com/news/locus-robotics-passes-100-million-units-picked-for-global-retail-and-3pl-partners-breaking-warehouse-amrrobotics-industry-records/ (archived at https://perma.cc/MYR9-P9BJ) [Last accessed 12 July 2020].

EU (2018) Did you know? EU funded research is shaping your future, EU Publication Office, 6 February. Available from: https://ec.europa.eu/programmes/horizon2020/en/news/new-booklet-shows-how-eu-research-andinnovation-funding-impacts-your-daily-life (archived at https://perma.cc/L585-3LFD) [Last accessed 21 May 2020].

EU (2019) European Parliament resolution of 12 February 2019 on a comprehensive European industrial policy on artificial intelligence and robotics (2018/2088(INI)), 12 February. Available from: www.europarl.europa.eu/doceo/document/TA-8-2019-0081_EN.html (archived at https://perma.cc/6EJ9-7CYQ)[Last accessed 12 July 2020].

EU Parliament News (2020) EU action: research on Covid-19 vaccines and cures,EU Parliament News, 15 May. Available from: www.europarl.europa.eu/news/en/headlines/society/20200323STO75619/eu-action-research-on-covid-19-vaccines-and-cures (archived at https://perma.cc/DR9W-MSC9) [Last accessed 21 May 2020].

Exploring Your Mind (2020) Hildegard of Bingen: biography of a female polymath, 21 July, Exploring Your Mind. Available from: https://exploringyourmind.com/hildegard-of-bingen-biography-female-polymath/ (archived at https://perma.cc/H5QP-SU8Q) [Last accessed 25 July 2020].

Eyal, N. (2016) 3 pillars of the most successful tech products, Techcrunch, 19 October. Available from: https://techcrunch.com/2016/10/19/3-pillars-of-themost-successful-tech-products/ (archived at https://perma.cc/6HLK-MLNZ)[Last accessed 26 June 2020].

FDA (2019) Implanted brain-computer interface (BCI) devices for patients with paralysis or amputation – non-clinical testing and clinical considerations,February. Available from: www.fda.gov/regulatory-information/search-fda-guidance-documents/implanted-brain-computer-interface-bci-devices-patientsparalysis-or-amputation-non-clinical-testing (archived at https://perma.cc/2TUQ-HL5V) [Last accessed 7 August 2020].

Ferry, A. (2018) The evolution of retail tech: what we have learned, where we are and where we're headed, Retail TouchPoints, 11 September. Available from:https://retailtouchpoints.com/features/executive-viewpoints/the-evolution-ofretail-tech-what-we-have-learned-where-we-are-and-where-we-re-headed(archived at https://perma.cc/D354-MT5G) [Last accessed 12 May 2020].

Firestein, S. (2016) Failure: why science is so successful, Oxford University Press,Oxford.

Forrest, C. (2015) Tech nostalgia: the top 10 innovations of the 2000s,TechRepublic,

1 May. Available from: www.techrepublic.com/pictures/technostalgia-the-top-10-innovations-of-the-2000s/ (archived at https://perma.cc/VZ5T-ZVAV) [Last accessed 13 August 2020].

Forrester, J.W. (1961) Industrial Dynamics, The MIT Press, Cambridge, MA.Reprinted by Pegasus Communications, Waltham, MA.

Fox, S. (2009) Gallery: The top 10 failed NASA missions, Popular Science, 10 March. Available from: www.popsci.com/military-aviation-amp-space/article/2009-03/gallery-top-10-nasa-probe-failures/ (archived at https://perma.cc/X9GK-MWNP) [Last accessed 8 April 2020].

Franciscan Media (2020) Saint Hildegard of Bingen. Available from: www.franciscanmedia.org/saint-hildegard-of-bingen/ (archived at https://perma.cc/K3M5-YMJN) [Last accessed 25 July 2020].

Frankenfield, J. (2019) What you should know about RegTech, Investopedia, 27 April. Available from: www.investopedia.com/terms/r/regtech.asp (archived at https://perma.cc/7ZEK-7JPF) [Last accessed 12 May 2020].

Fukuyama, F. (1992) The End of History and the Last Man, Free Press, New York.

Fung, I. (2019) The present and future of foodtech investment opportunity,TechCrunch, 22 October. Available from: https://techcrunch.com/2019/10/22/the-foodtech-investment-opportunity-present-and-future/ (archived at https://perma.cc/TY93-HSNJ) [Last accessed 12 May 2020].

Fussell, S. (2019) Did body cameras backfire? Nextgov, 2 November. Available from: www.nextgov.com/emerging-tech/2019/11/did-body-cameras-backfire/161040/ (archived at https://perma.cc/2Y46-CE4Y) [Last accessed 20 May 2020].

GAO (2020) Technology readiness assessment guide: best practices for evaluating the readiness of technology for use in acquisition programs and projects,Government Accountability Office, 7 January. Available from: www.gao.gov/assets/710/703694.pdf (archived at https://perma.cc/H26E-F2ZQ) [Last accessed 4 May 2020].

Gartner (2020) Gartner Hype Cycle. Available from: www.gartner.com/en/research/methodologies/gartner-hype-cycle (archived at https://perma.cc/3WPP-R6KA)[Last accessed 12 September 2020].

Gassmann, O., Frankenberger, K., and Choudury, M. (2014) The Business Model Navigator: 55 Models That Will Revolutionise Your Business, FT Press, Upper Saddle River, NJ.

Gelb, M.J. (2000) How to Think Like Leonardo da Vinci: Seven Steps to Genius Every Day, Dell Publishing Company, New York.

Genomeweb (2020) Researchers rapidly reconstruct SARS-CoV-2 virus using synthetic genomics. Available from: www.genomeweb.com/synthetic-biology/researchersrapidly-reconstruct-sars-cov-2-virus-using-synthetic-genomics#.XrG7w6hKiUk (archived at https://perma.cc/M9K7-JM8Y) [Last accessed 4 May 2020].

Gent, E. (2018) The 10 grand challenges facing robotics in the next decade, 6 February. Available from: https://singularityhub.com/2018/02/06/the-10-grandchallenges-facing-robotics-in-the-next-decade/ (archived at https://perma.cc/8XRK-K3GL) [Last accessed 6 July 2020].

Gilbert, N. (2020) 15 best team collaboration software reviews for 2020, Finances Online. Available from: https://financesonline.com/15-best-team-collaborationsoftware-reviews/ (archived at https://perma.cc/PGW5-N3TZ) [Last accessed 4 May 2020].

Gleick, J. (1992) *Genius: The Life and Science of Richard Feynman*, Vintage, New York.

Global Legal Insights (2020) Blockchain & cryptocurrency regulation 2020. 13 Legal issues surrounding the use of smart contracts, Gli Legal Insights. Available from: www.globallegalinsights.com/practice-areas/blockchain-laws-andregulations/13-legal-issues-surrounding-the-use-of-smart-contracts (archived at https://perma.cc/J77E-4LRD) [Last accessed 7 July 2020].

Global Workplace Analytics (2020) Work-at-home after covid-19-our forecast,Global Workplace Analytics.com, Available from: https://globalworkplaceanalytics.com/work-at-home-after-covid-19-our-forecast (archived at https://perma.cc/SJ7T-ENYL) [Last accessed 21 May 2020].

Globaldata (2019) Top ten blockchain influencers in Q3 2019, revealed by Globaldata. Available from: https://globaldata.com/top-ten-blockchain-influencers-in-q3-2019-revealed-by-globaldata/[Last (archived at https://perma.cc/TM5L-9CW3) accessed 10 July 2020].

Goldsberry, C. (2019) 3D printer on International Space Station allows astronauts to recycle, reuse, repeat, *Plastics Today*, 15 February. Available from: www.plasticstoday.com/3d-printing/3d-printer-on-international-space-station-allowsastronauts-recycle-reuse-repeat/97318583960275# (archived at https://perma.cc/SH3C-55KX) [Last accessed 7 July 2020].

Goode, L. and Calore, M. (2019) The 10 tech products that defined this decade,*Wired*, 25 December. Available from: www.wired.com/story/top-10-tech-products-of-the-decade/ (archived at https://perma.cc/4GQ2-KSGZ) [Last accessed 26 June 2020].

Goodfellow, I., Bengio, Y., and Courville, A. (2016) Deep Learning, MIT Press,Cambridge, MA.

GP-write (2020) Available from: https://engineeringbiologycenter.org/ (archived at https://perma.cc/R7EQ-FHU5) [Last accessed 5 May 2020].

Great Thinkers (2020) Great Thinkers: Aristotle: Biography. Available from:https://

thegreatthinkers.org/aristotle/biography/ (archived at https://perma.cc/UGN5-TCGH) [Last accessed 25 July 2020].

Greenwood, B. (2014) The contribution of vaccination to global health: past,present and future. Philosophical Transactions of the Royal Society of London.Series B, Biological sciences, 369(1645), 20130433. Available from: https://doi.org/10.1098/ rstb.2013.0433 (archived at https://perma.cc/WTL8-W4MT) [Last accessed 21 May 2020].

Gregurić, L. (2020) How much does a metal 3D printer cost in 2020? All3DP.com,17 June. Available from: https://all3dp.com/2/how-much-does-a-metal-3dprinter-cost/ (archived at https://perma.cc/BRT7-UAS8) [Last accessed 16 August 2020].

Groves, H.T., Cuthbertson, L., James, P. et. al (2018) Respiratory disease following viral lung infection alters the murine gut microbiota. *Front. Immunol.*, 12 February 2018. Available from: https://doi.org/10.3389/fimmu.2018.00182(archived at https://perma. cc/9ZSH-75FZ) [Last accessed 8 April 2020].

GSMA Intelligence (2020) GSMA Intelligence. Available from: www.gsmaintelligence. com/data (archived at https://perma.cc/MB3Y-GSJ6) [Last accessed 26 June 2020].

Gurría, A. (2020) Virtual 2020 G20 Digital Ministers Summit on COVID-19, 30 April. Available from: www.oecd.org/about/secretary-general/virtual-2020-g20-digital-ministers-summit-on-covid19-april-2020.htm (archived at https://perma.cc/BP52-9XK2) [Last accessed 9 June 2020].

Hackernoon (2020) Blockchain influencers in 2020, Hackernoon.com, 2 February. Available from: https://hackernoon.com/top-20-most-influential-people-inblockchain-of-2020-xu2t33zq (archived at https://perma.cc/Y5BT-RKRC) [Last accessed, 10 July 2020].

Hague, P. (2019) The Business Models Handbook: Templates, *Theory and Case Studies*, Kogan Page, London.

Halabi, K.M.A. (2013) Ibn Khaldun's theory of knowledge and its educational implications, Institute of Education, International Islamic University Malaysia. Available from: https://lib.iium.edu.my/mom/services/mom/document/getFile/b4n7W iFqqprJQlrnRg1l0GZDFNtPF2AI20151022080814378 (archived at https://perma.cc/ ZV32-4DXW) [Last accessed 12 September 2020].

Hanse, M.T. and Oetinger, B. von (2001) Introducing T-shaped managers:knowledge management's next generation, *Harvard Business Review*, March.

Harries-Jones, P. (2016) *Upside-Down Gods: Gregory Bateson's World of Difference*, Fordham University Press, New York.

Hartung, A. (2015) The reason why Google Glass, Amazon Fire Phone and Segway all failed, Forbes, 12 February. Available from: www.*forbes*.com/sites/

adamhartung/2015/02/12/the-reason-why-google-glass-amazon-firephone-andsegway-all-failed/#7f37fa0bc05c (archived at https://perma.cc/6R4U-CBLT)[Last accessed 26 June 2020].

Hayden, E.C. (2017) The rise and fall and rise again of 23andMe: how Anne Wojcicki led her company from the brink of failure to scientific pre-eminence, *Nature News*, 11 October. Available from: www.nature.com/news/the-rise-andfall-and-rise-again-of-23andme-1.22801 (archived at https://perma.cc/VFA5-LXAY) [Last accessed 5 June 2020].

Heilemann, J. (2001) Reinventing the wheel, *Time*, 2 December. Available from:http://content.time.com/time/business/article/0,8599,186660-5,00.html(archived at https://perma.cc/SS67-J33G) [Last accessed 9 June 2020].

Hernández-Ramos, P. (2000) Changing the way we learn: how Cisco Systems is doing it, IEEE Xplore, February. Available from: DOI: 10.1109/IWALT.2000. 890601 [Last accessed 20 May 2020].

Hern, A. (2020) Volunteers create world's fastest supercomputer to combat coronavirus, *The Guardian*, 15 April. Available from: www.theguardian.com/technology/2020/apr/15/volunteers-create-worlds-fastest-supercomputer-tocombat-coronavirus (archived at https://perma.cc/4PJ2-3TLS) [Last accessed 4 May 2020].

HG.org (2020) What is the legal status of a Segway? Motor vehicle? Electric bike?Pedestrian? HG.org Legal Resources. Available from: www.hg.org/legal-articles/what-is-the-legal-status-of-a-segway-motor-vehicle-electric-bike-pedestrian-36294 (archived at https://perma.cc/8SAP-TUY3) [Last accessed 26 June 2020].

Hiley, C. (2020) Future mobile phones: what's coming our way? U Switch, 15 June. Available from: www.uswitch.com/mobiles/guides/future-of-mobile-phones/(archived at https://perma.cc/PJ33-M479) [Last accessed 28 June 2020].

Hilton, M. (2007) Social activism in an age of consumption: the organized consumer movement, Social History, 32, 2, 121–143. Available from: www.jstor.org/stable/4287422 (archived at https://perma.cc/62ER-HKYU) [Last accessed 28 June 2020].

Holst, A. (2020) U.S. President's federal government IT budget 2015–2021, by department, Statista.com, 3 April. Available from: www.statista.com/statistics/605501/united-states-federal-it-budget/ (archived at https://perma.cc/Y25N-MRLM) [Last accessed 9 June 2020].

Hopkins, B. and Schadler, T. (2018) Digital insights are the new currency of business, 12 January. Available from: www.forrester.com/report/Digital+Insights+Are+The+New+Currency+Of+Business/-/E-RES119109 (archived at https://perma.cc/5T6T-W4VV) for $745 USD or by subscription [Last accessed 26 July 2020].

Hunt, T. (2019) Tam Hunt: Patient Zero - Liz Parrish talks longevity science, personal immortality, Opinions, 29 January. Available from: www.noozhawk.com/article/tam_hunt_liz_parrish_talks_longevity_science_personal_immortality_20190129(archived at https://perma.cc/N9VX-JTRR) [Last accessed 7 August 2020].

IBIS World (2020) The 10 fastest growing industries in the US. Available from:www.ibisworld.com/united-states/industry-trends/fastest-growing-industries/(archived at https://perma.cc/R6KE-GN3T) [Last accessed 21 May 2020].

IEP (2020) Fallacy, Internet Encyclopedia of Philosophy. Available from: https://iep.utm.edu/fallacy/ (archived at https://perma.cc/LGY9-PGCT) [Last accessed 12 September 2020].

Institute of Medicine (1995) (US) Committee on Technological Innovation in Medicine; Rosenberg, N., Gelijns, A.C., Dawkins, H., eds. Sources of Medical Technology: Universities and Industry. Washington (DC): National Academies Press (US). 5, Cochlear Implantation: Establishing Clinical Feasibility, 1957–1982. Available from: www.ncbi.nlm.nih.gov/books/NBK232047/ (archived at https://perma.cc/2KAM-SLYK) [Last accessed 10 August 2020].

Insurance Information Institute (2020) Background on: Insurtech, 6 January.Available from: www.iii.org/article/background-on-insurtech (archived at https://perma.cc/2Y6E-MXCG) [Last accessed 12 May 2020].

Internet Society (2017) Internet society perspectives on internet content blocking: an overview, Internet Society. Available from: www.internetsociety.org/resources/doc/2017/internet-content-blocking/ (archived at https://perma.cc/A2HW-55K5)[Last accessed 12 May 2020].

IoM (2003) Institute of Medicine (US) Committee on the Evaluation of Vaccine Purchase Financing in the United States. Financing Vaccines in the 21st Century:Assuring Access and Availability. Washington (DC): National Academies Press(US); 2003. 2, Origins and Rationale of Immunization Policy. Available from:www.ncbi.nlm.nih.gov/books/NBK221822/ (archived at https://perma.cc/K9RJ-2G8D) [Last accessed 21 May 2020].

ISO (2020) Why ISO 9001? ISO.org. Available from: www.iso.org/iso-9001-quality-management.html (archived at https://perma.cc/FLL5-PTQ2) [Last accessed 8 June 2020].

Jemison, M. (2020) Bio available from: www.drmae.com/ (archived at https://perma.cc/6YLL-65BP) [Last accessed 25 July 2020].

Jeste D.V., Lee, E.E., Cassidy, C. et al. (2019) The new science of practical wisdom,Perspect Biol Med., 62, 2, 216–236. Available from: doi:10.1353/pbm.2019.0011 [Last accessed 18 August 2020].

Jones, K. (2019) The Big Five: largest acquisitions by tech company, Visual Capitalist, 11 October. Available from: www.visualcapitalist.com/the-big-fivelargest-acquisitions-by-tech-company/ (archived at https://perma.cc/7QS4-3XFY) [Last accessed 9 June 2020].

Joss, S. and Belucci, S., eds. (2002) Participatory Technology Assessment: European Perspectives. CSD, London.

Karn, M. (2019) Why the agtech boom isn't your typical tech disruption, World Economic Forum, 25 February. Available from: www.weforum.org/agenda/2019/02/why-the-agtech-boom-isn-t-your-typical-tech-disruption/ (archived at https://perma.cc/KYY8-C62S) [Last accessed 12 May 2020].

Joyce, S. (2013) A brief history of travel technology – from its evolution to looking at the future, PhocusWire, 12 September. Available from: www.phocuswire.com/A-brief-history-of-travel-technology-from-its-evolution-to-looking-at-thefuture(archived at https://perma.cc/ZAV9-G25L) [Last accessed 12 May 2020].

Kemper, S. (2005) *Reinventing the Wheel: A Story of Genius, Innovation, and Grand Ambition, HarperBusiness*, New York.

Kim, M. and Chun, J. (2014) New approaches to prokaryotic systematics. In *Methods in Microbiology*, 41, 2–327. Available from: www.sciencedirect.com/topics/neuroscience/16s-ribosomal-rna (archived at https://perma.cc/V4DSCQBD)[Last accessed 8 April 2020].

Kim, W.C. and Mauborgne, R. (2005) Blue Ocean Strategy: How to create *Uncontested Market Space and Make the Competition Irrelevant*, Harvard Business School Press, Boston, MA.

Koch, R. (2018) Here are all the countries where the government is trying to ban VPNs, Proton VPN, 19 October. Available from: https://protonvpn.com/blog/are-vpns-illegal/ (archived at https://perma.cc/HFW6-QP3T) [Last accessed 14 August 2020].

Kolb, D.A. (1984) *Experiential Learning: Experience as the Source of Learning and Development*, Prentice-Hall, Englewood Cliffs, NJ.

Kolodny, L. (2017) Desktop Metal reveals how its 3D printers rapidly churn out metal objects, 25 April. Available from: https://techcrunch.com/2017/04/25/desktop-metal-reveals-how-its-3d-printers-rapidly-churn-out-metal-objects/(archived at https://perma.cc/8A8W-YFE5) [Last accessed 16 August 2020].

Kraus, S. (2020) What is health tech and how will it continue to evolve?HotTopics.ht. Available from: www.hottopics.ht/23983/what-is-health-tech/(archived at https://perma.cc/DS8K-D7Z2) [Last accessed 20 May 2020].

Krings, B., Rodríguez, H., and Schleisiek, A., eds. (2016) Scientific Knowledge and *the Transgression of Boundaries*, Springer VS, Wiesbaden.

Krishevsky, A., Sutskever, I., and Hinton, G.E. (2017) ImageNet classification with deep convolutional neural networks. Communications of the ACM, June, 60, 6,84–90. Available from: https://cacm.acm.org/magazines/2017/6/217745-imagenet-classification-with-deep-convolutional-neural-networks/fulltext(archived at https://perma.cc/763N-LHFY) [Last accessed 10 July 2020].

Krishevsky, A., Sutskever, I., and Hinton, G.E. (2012) ImageNet classification with deep convolutional neural networks. Available from: https://papers.nips.cc/paper/4824-imagenet-classification-with-deep-convolutional-neural-networks.pdf (archived at https://perma.cc/6DNJ-J6AH) [Last accessed 10 July 2020].

Kritzinger, W., Steinwender, A., Lumetzberger, S., and Sihn, W. (2018) Impacts of additive manufacturing in value creation system, *Procedia CIRP*, 72, 1518–1523. Available from: https://doi.org/10.1016/j.procir.2018.03.205 (archived at https://perma.cc/T8D7-9CVR) [Last accessed 5 May 2020].

Kuhn, T. (1962) *The Structure of Scientific Revolutions*, Chicago, The University of Chicago Press.

Kutler, A. and Serbee, D. (2019) Top policy trends 2020: the data revolution has come to the policy arena. PwC.com. Available from: www.pwc.com/us/en/library/risk-regulatory/strategic-policy/top-policy-trends.html (archived at https://perma.cc/3B9Q-7KER) [Last accessed 10 June 2020].

Lorek, L. (2019) Paradromics moved from Silicon Valley to Austin and is creating a brain modem, 4 February. Available from: http://siliconhillsnews.com/2019/02/04/paradromics-moved-from-silicon-valley-to-austin-and-is-creating-a-brainmodem/ (archived at https://perma.cc/755N-QJ6D) [Last accessed 7 August 2020].

Law (2020) Restrictions on genetically modified organisms: European Union,Library of Congress Law, Available from: www.loc.gov/law/help/restrictions-ongmos/eu.php (archived at https://perma.cc/F95X-5K6Z) [Last accessed 8 July 2020].

Leopold, G. (2019) Emerging AI business model promotes distributed ML,Enterprise. ai, 6 December. Available from: www.enterpriseai.news/2019/12/06/emerging-ai-business-model-promotes-distributed-ml/ (archived at https://perma.cc/ZAK5-C26W) [Last accessed 15 June 2020].

Levi, P.J. et al. (2019) Macro-energy systems: toward a new discipline. Joule.Available from: DOI: 10.1016/j.joule.2019.07.017 [Last accessed 4 May 2020].

Lewis-Kraus, G. (2018) Inside the crypto world's biggest scandal, Wired, 19 June. Available from: www.wired.com/story/tezos-blockchain-love-story-horror-story/ (archived at https://perma.cc/8SKN-5P7U) [Last accessed 10 July 2020].

Li, X. (2003) Science and technology is not simply equal to sci-tech. *Genomics Proteomics Bioinformatics*, 1, 2, 87–89. Available from: doi:10.1016/s1672-

0229(03)01012-x [Last accessed 4 May 2020].

Londre, L.S. (2007) Introducing the 9Ps of marketing, NinePs.com. Available from:www.nineps.com/ (archived at https://perma.cc/XU2V-9HN7) [Last accessed 15 June 2020].

Lynch, M. (2019) Boehringer Ingelheim and IBM bring blockchain to clinical trials,14 February. Available from: www.outsourcing-pharma.com/article/2019/02/14/ boehringer-ingelheim-and-ibm-bring-blockchain-to-clinical-trials (archived at https:// perma.cc/NEB4-6RQW) [Last accessed 7 July 2020].

Lynch, S. (2017) Andrew Ng: why AI is the new electricity, Stanford GSB Insight,11 March. Available from: www.gsb.stanford.edu/insights/andrew-ng-why-ainew-electricity (archived at https://perma.cc/H8Y6-HQPL) [Last accessed 4 May 2020].

Mac Carron, P., Kaski, K., and Dunbar, R. (2016) Calling Dunbar's numbers, *Social Networks*, 47, October, 151–155. Available from: www.sciencedirect.com/science/ article/pii/S0378873316301095 (archived at https://perma.cc/KV8WQAF7)[Last accessed 14 September 2020].

Maitland, A. and Steele, R. (2020) *INdivisible: Radically Rethinking Inclusion for Sustainable Business Results*, Young & Joseph Press.

Makkonen, T. (2013) Government science and technology budgets in times of crisis, *Research Policy*, 42, 3, April, 817–822. Available from: https://doi.org/10.1016/ j.respol.2012.10.002 (archived at https://perma.cc/M9MV-4UQX) [Last accessed 9 June 2020].

Mandel, M. (2019) Why 2019 will be the year of the manufacturing platform,Forbes, 2 January. Available from: www.forbes.com/sites/michaelmandel1/2019/01/02/2019-the-year-of-the-manufacturing-platform/#7b42eed63688(archived at https://perma.cc/ RT2L-B68B) [Last accessed 4 May 2020].

MarketandMarkets (2020) Synthetic biology market – forecast to 2025. Available from: www.marketsandmarkets.com/Market-Reports/synthetic-biology-market-889.html (archived at https://perma.cc/JR6J-JRBL) [Last accessed 20 August 2020].

Markman, J. (2019) Government efforts to regulate 'big tech' will likely backfire;here's why, *Forbes*, 26 January. Available from: www.forbes.com/sites/ jonmarkman/2019/01/26/government-efforts-to-regulate-big-tech-will-likelybackfire-heres-why/#291497b0318c (archived at https://perma.cc/TEY9-AVVX)[Last accessed 4 May 2020].

Marr, B. (2020) These 25 technology trends will define the next decade, Forbes, 20 April. Available from: www.forbes.com/sites/bernardmarr/2020/04/20/these-25-technology-trends-will-define-the-next-decade/#224059e229e3 (archived at https:// perma.cc/TFJ9-D473) [Last accessed 10 June 2020].

Marx, K. (1990) *Capital: A Critique of Political Economy, Volume* 1, Penguin, New York, [1867].

May, K.T. (2013) Julie Taymor and other creative minds share how they work,TED Blog, 31 July. Available from: https://blog.ted.com/julie-taymor-and-othercreative-minds-share-how-they-start-their-incredibly-unique-works/ (archived at https://perma.cc/E52Q-4UEN) [Last accessed 25 July 2020].

McAfee, A. and Brynjolfsson, E. (2017) Machine Platform Crowd, Norton, New York.

McKinsey (2019) Refueling the innovation engine in vaccines, McKinsey.com, 8 May. Available from: www.mckinsey.com/industries/pharmaceuticals-and-medical-products/our-insights/refueling-the-innovation-engine-in-vaccines (archived at https://perma.cc/9ZBF-M7MR) [Last accessed 21 May 2020].

Mercer (2019) Blockchain in HR: interesting use cases for human resources, Voice on Growth, Mercer. Available from: https://voice-on-growth.mercer.com/en/articles/innovation/blockchain-for-human-resources.html (archived at https://perma.cc/97ML-C2YA) [Last accessed 6 July 2020].

Miglierini, G. (2018) 3D printing, a disruptive technology still lacking regulatory guidance in the EU, *Pharma World Magazine*, 19 July. Available from: www.pharmaworldmagazine.com/3d-printing-a-disruptive-technology-still-lackingregulatory-guidance-in-the-eu/ (archived at https://perma.cc/SPD6-FV37) [Last accessed 12 July 2020].

Miller, R. (2019) Enterprise SaaS revenue hit $100B run rate, led by Microsoft and Salesforce, TechCrunch, 28 June. Available from: https://techcrunch.com/2019/06/28/synergy-research-finds-enterprise-saas-revenue-hits-100b-run-rate-led-bymicrosoft-salesforce/ (archived at https://perma.cc/3QVM-5DYZ) [Last accessed 28 June 2020].

MIT Energy Initiative: Available from: https://energy.mit.edu/ (archived at https://perma.cc/AW9H-R3UK) [Last accessed 4 May 2020].

Mitra, R. (2019) Understand blockchain business models: complete guide,Blockgeeks. Available from: https://blockgeeks.com/guides/understand-blockchain-business-models/ (archived at https://perma.cc/TT3J-8Y77) [Last accessed 28 May 2020].

Mohammadi, A.K. (2019) How To Secure Your Network: Five Modern Alternatives to VPN, Bleepingcomputer.com, 17 June. Available from: www.bleepingcomputer.com/news/security/how-to-secure-your-network-five-modernalternatives-to-vpn/ (archived at https://perma.cc/L3D3-HZ4U) [Last accessed 8 June 2020].

Mohsin, M. (2020) 10 TikTok statistics that you need to know in 2020 [Infographic], Oberlo.com, 3 July. Available from: www.oberlo.com/blog/tiktok-statistics (archived at https://perma.cc/MKH2-LZBJ) [Last accessed 13 September 2020].

Mollick, E. (2019) What the lean startup method gets right and wrong, *Harvard Business*

Review, 21 October. Available from: https://hbr.org/2019/10/what-thelean-startup-method-gets-right-and-wrong (archived at https://perma.cc/Z5JC-Y2U4) [Last accessed 15 June 2020].

Molteni, M. (2018) Ginkgo Bioworks is turning human cells into on-demand factories, Wired, 24 October. Available from: www.wired.com/story/ginkgobioworks-is-turning-human-cells-into-on-demand-factories/ (archived at https://perma.cc/GJ4H-S4NL) [Last accessed 9 June 2020].

Morton, H. (2019) Blockchain 2019 legislation. Available from: www.ncsl.org/research/financial-services-and-commerce/blockchain-2019-legislation.aspx(archived at https://perma.cc/EK3L-LNRR) [Last accessed 4 July 2020].

Mudry, A. and Mills, M. (2013) The early history of the cochlear implant: a retrospective, JAMA *Otolaryngol Head Neck Surg.*, 139, 5, 446–453. Available from: doi:10.1001/jamaoto.2013.293 [Last accessed 10 August 2020].

Murgia, M. (2019) Europe 'a global trendsetter on tech regulation', FT, 30 October. Available from: www.ft.com/content/e7b22230-fa32-11e9-a354-36acbbb0d9b6 (archived at https://perma.cc/6B29-32GK) [Last accessed 9 June 2020].

Musk, E. (2019) An integrated brain-machine interface platform with thousands of channels, BioRxiv, 17 July. Available from: doi: https://doi.org/10.1101/703801 (archived at https://perma.cc/VCZ2-FX42) [Last accessed 7 August 2020].

NASA (2012) Technology Readiness Level. 28 October 2012. Available from:www.nasa.gov/directorates/heo/scan/engineering/technology/txt_accordion1.html (archived at https://perma.cc/6RN2-9MQG) [Last accessed 8 April 2020].

NASA (2020) TRL Definitions. Available from: www.nasa.gov/pdf/458490main_TRL_Definitions.pdf (archived at https://perma.cc/5Z6K-JD63) [Last accessed 8 April 2020].

National Academies (2017) National Academies of Sciences, Engineering, and Medicine; National Academy of Medicine; National Academy of Sciences;Committee on Human Gene Editing: Scientific, Medical, and Ethical Considerations. Human Genome Editing: Science, Ethics, and Governance. Washington (DC): National Academies Press (US); 2017 Feb 14. Summary. Available from: www.ncbi.nlm.nih.gov/books/NBK447260/ (archived at https://perma.cc/8YFE-446H) [Last accessed 9 June 2020].

National Bureau of Economic Research (2011) Determinants of vaccine supply,Nber.org. Available from: www.nber.org/aginghealth/2011no3/w17205.html(archived at https://perma.cc/6SE7-ZFK2) [Last accessed 21 May 2020].

National Research Council (US) Committee on a Framework for Developing a New Taxonomy of Disease (2011) Toward Precision Medicine: Building a Knowledge

Network for Biomedical Research and a New Taxonomy of Disease.Washington (DC): National Academies Press (US). Available from: www.ncbi.nlm.nih.gov/books/ NBK92144/ (archived at https://perma.cc/8BTJ-KVSA) [Last accessed 7 April 2020].

Naziri, J. (2011) 15 influential innovations of the past 50 years, CNBC, 19 September. Available from: www.cnbc.com/2011/09/19/15-Influential-Innovations-of-the-Past-50-Years.html (archived at https://perma.cc/R3UKKUF4)[Last accessed 2 June 2020].

NEET (2020) New Engineering Education Transformation (NEET). Available from: https://neet.mit.edu/ (archived at https://perma.cc/Y7S9-FA5E) [Last accessed 13 August 2020].

Newton, C. (2020) A sneaky attempt to end encryption is worming its way through Congress, The Verge, 12 March. Available from: www.theverge.com/ interface/2020/3/12/21174815/earn-it-act-encryption-killer-lindsay-graham-match-group(archived at https://perma.cc/56G8-VL83) [Last accessed 11 June 2020].

NIH (2020) Francis Crick: biographical overview. Available from: https://profiles. nlm. nih.gov/spotlight/sc/feature/biographical-overview (archived at https://perma.cc/ NH5N-SKBP) [Last accessed 25 July 2020].

Nisbet, M. (2015) Inside America's science lobby: What motivates AAAS members to engage the public? The Conversation, 6 March. Available from: https:// theconversation.com/inside-americas-science-lobby-what-motivates-aaas-members-to-engage-the-public-38065 (archived at https://perma.cc/66YWWMCN)[Last accessed 9 June 2020].

OECD (1972) Interdisciplinarity: problems of teaching and research in universities,Paris, OECD. Available from: https://files.eric.ed.gov/fulltext/ED061895.pdf (archived at https://perma.cc/P4EA-NC6A) [Last accessed 21 July 2020].

O'Leary, R. (2019) A new era in 3-D printing, 16 May, MIT News. Available from:http:// news.mit.edu/2019/new-era-3d-printing-0516 (archived at https://perma.cc/46YP-Z49D) [Last accessed 7 July 2020].

Orrick (2020) How to move to remote work and comply with U.S. privacy and cybersecurity laws, Orrick Trust Control, JD Supra.com, 25 March. Available from: www.jdsupra.com/legalnews/how-to-move-to-remote-work-and-comply-68839/ (archived at https://perma.cc/T6LZ-VCVP) [Last accessed 8 June 2020].

Osterwalder, A. and Pigneur, Y. (2010) Business Model Generation: A Handbook for Visionaries, Game Changers, and Challengers. Wiley, London.

Pappas, P. (2015) Top 10 cloud-based learning management systems for corporate training, Elearning Industry.com, 3 November [updated 2020]. Available from:https:// elearningindustry.com/top-10-cloud-based-learning-management-systems-for-corporate-training (archived at https://perma.cc/2HRE-DLTM) [Last accessed 21 July

2020].

Parker, G.G., Alstyne, M.V., and Choudary, S.P. (2016) Platform Revolution: *How Networked Markets Are Transforming the Economy – And How to Make Them Work for You*, Norton, New York.

Parrish, S. (2020) Mental Models: the best way to make intelligent decisions (109 models explained), fs.blog. Available from: https://fs.blog/mental-models/#building_a_latticework_of_mental_models (archived at https://perma.cc/R7TN-DNQY) [Last accessed 13 August 2020].

Pauwels, E. (2013) Public understanding of synthetic biology, BioScience, 63, 2,February, 79–89. Available from: https://doi.org/10.1525/bio.2013.63.2.4(archived at https://perma.cc/JR6G-598F) [Last accessed 20 August 2020].

Pentland, S. (2015) *Social Dynamics*, Penguin, New York.

Pinsker, J. (2020) Oh no, they've come up with another generation label, *The Atlantic*, 21 February. Available from: www.theatlantic.com/family/archive/2020/02/generation-after-gen-z-named-alpha/606862/ (archived at https://perma.cc/2EPM-W4HK) [Last accessed 13 August 2020].

Plastics (2018) Size and Impact Report, Plastics. Available from: www.plasticsindustry.org/sites/default/files/SizeAndImpactReport_Summary.pdf(archived at https://perma.cc/5YJG-DX4W) [Last accessed 8 July 2020].

Prabhakar, A. (2019) The merging of humans and machines is happening now.Available from: www.wired.co.uk/article/darpa-arati-prabhakar-humans-machines(archived at https://perma.cc/Y9WS-B2VL) [Last accessed 5 August 2020].

Priester, V. (2020) Polymath Mae Jemison encourages bolder exploration, collaboration,25 February. Available from: https://researchblog.duke.edu/2020/02/25/polymathmae-jemison-encourages-bolder-exploration-collaboration/ (archived at https://perma.cc/ZC85-W4EC) [Last accessed 25 July 2020].

Rayna, T. and Striukova, L. (2016) From rapid prototyping to home fabrication:how 3D printing is changing business model innovation, *Technological Forecasting and Social Change*, 102, January, 214–224. Available from: https://doi.org/10.1016/j.techfore.2015.07.023 (archived at https://perma.cc/JFL4-F6D9) [Last accessed 16 August 2020].

Reader, R. (2020) How open-source medicine could prepare us for the next pandemic, *Fast Company*, 30 April. Available from: www.fastcompany.com/90498448/how-open-source-medicine-could-prepare-us-for-the-next-pandemic(archived at https://perma.cc/6BL6-F3EA) [Last accessed 4 May 2020].

Reuters (2020) U.S. government limits exports of artificial intelligence software, Reuters.com, 3 January. Available from: www.reuters.com/article/us-usa-artificial-intelligence/u-s-government-limits-exports-of-artificial-intelligencesoftware-idUSKBN1Z21PT (archived at https://perma.cc/3NK5-6FAU) [Last accessed 22 May 2020].

Ries, E. (2011) *The Lean Startup*, Crown Business, New York.

RoboLaw (2014) Regulating emerging robotic technologies in Europe: robotics facing law and ethics. FP7.

Rochet, J.C. and Tirole, J. (2005) Two-sided markets: a progress report, November 29, 2005. Available from: http://idei.fr/sites/default/files/medias/doc/wp/2005/2sided_markets.pdf (archived at https://perma.cc/E58U-7DNQ) [Last accessed 15 June 2020].

Rogers, E.M. (1962) *Diffusion of Innovations*, Free Press of Glencoe, New York.

Rong, K., Patton, D., and Chen, W. (2018) Business models dynamics and business ecosystems in the emerging 3D printing industry, *Technological Forecasting and Social Change*, 134, September, 234–245. Available from: https://doi.org/10.1016/j.techfore.2018.06.015 (archived at https://perma.cc/B5CZ-FJ75) [Last accessed 16 August 2020].

Rosen, R. (2016) Why do Americans work so much? *The Atlantic*, 7 January.Available from: www.theatlantic.com/business/archive/2016/01/inequalitywork-hours/422775/ (archived at https://perma.cc/4QZW-MV6P) [Last accessed 12 September 2020].

Salatino, A.A. (2020) The computer science ontology: a comprehensive automatically-generated taxonomy of research areas. Data Intelligence 2.Available from: www.mitpressjournals.org/doi/pdf/10.1162/dint_a_00055(archived at https://perma.cc/8BCB-N7ML) [Last accessed 12 May 2020].

Sassen, S. (1991) *The Global City*, Princeton University Press, Princeton NJ.

Schaaf, T. (2020) In MedTech History, MedTech Strategist. 20 May. Available from:www.medtechstrategist.com/in-medtech-history (archived at https://perma.cc/MMM5-QTJA) [Last accessed 20 May 2020].

Schiavi, G.S. and Behr, A. (2018) Emerging technologies and new business models:a review on disruptive business models, *Innovation & Management Review*, 15,4, 338–355. Available from: https://doi.org/10.1108/INMR-03-2018-0013(archived at https://perma.cc/QL2V-DY5W) [Last accessed 20 May 2020].

Sch.n, D. (1983) *The Reflective Practitioner: How Professionals Think in Action*, Basic Books, New York.

Schumpeter, J.A. (1942) *Capitalism, Socialism, and Democracy*, Harper & Brothers, London.

Schweighart, V. (2020) What will the medtech sector look like under EU MDR law? MedCityNews, 23 January. Available from: https://medcitynews.com/2020/01/what-will-the-medtech-sector-look-like-under-eu-mdr-law/ (archived at https://perma.

cc/3SMY-U26Q) [Last accessed 12 July 2020].

Understanding Science (2020) Science and technology on fast forward. UC Berkeley. Available from: https://undsci.berkeley.edu/article/0_0_0/whathassciencedone_03 (archived at https://perma.cc/Q5P8-ZX4D) [Last accessed 8 April 2020].

Science Daily (2019) New discipline proposed: macro-energy systems – the science of the energy transition, *Science Daily*, 19 August. Available from: www.sciencedaily. com/releases/2019/08/190819092959.htm (archived at https://perma.cc/D75J-R4EY) [Last accessed 5 May 2020].

Segran, E. (2019) Yuval Noah Harari: humans are on the verge of merging with machines, *Fast Company*, 19 September. Available from: www.fastcompany. com/90373620/yuval-noah-harari-humans-are-on-the-verge-of-merging-withmachines(archived at https://perma.cc/3V62-PKDA) [Last accessed 7 August 2020].

Shaer, M. (2014) Is this the future of robotic legs? *Smithsonian Magazine*. Available from: www.smithsonianmag.com/innovation/future-robotic-legs-180953040/?page=2 (archived at https://perma.cc/TGT9-E384) [Last accessed 10 August 2020].

Sherman, J. (2020) Oh sure, big tech wants regulation-on its own terms, Wired,20 January. Available from: www.wired.com/story/opinion-oh-sure-big-techwants-regulationon-its-own-terms/ (archived at https://perma.cc/U4VB-K9YH)[Last accessed 9 June 2020].

Sinfield, J.V., Calder, E., McConnell, B., and Colson, S. (2011) How to identify new business models, *MIT Sloan Management Review*, 21 December. Available from:https://sloanreview.mit.edu/article/how-to-identify-new-business-models/ (archived at https://perma.cc/D7JN-SWEN) [Last accessed 15 June 2020].

Singer, P. (2004) Federally supported innovations: 22 examples of major technology advances that stem from federal research support, ITIF.org, The Information Technology and Innovation Foundation, February. Available from: www2.itif. org/2014-federally-supported-innovations.pdf (archived at https://perma.cc/T998-2KU6) [Last accessed 11 June 2020].

Singh, J. (2019) Merging with AI: how to make a brain-computer interface to communicate with Google using Keras and OpenBCI, Medium.com, 5 September. Available from: https://towardsdatascience.com/merging-with-aihow-to-make-a-brain-computer-interface-to-communicate-with-google-usingkeras-and-f9414c540a92 (archived at https://perma.cc/J8EC-K5BL) [Last accessed 7 August, 2020].

Smart Dubai (2020) Dubai Blockchain strategy. Available from: www.smartdubai.ae/ initiatives/blockchain# (archived at https://perma.cc/3589-LWLN) [Last accessed 10 July 2020].

Smit, S., Tacke, T., Lund, S., Manyika, J., and Thiel, L. (2020) The future of work in Europe, McKinsey Global Institute, Discussion paper, 10 June. Available from:www.mckinsey.com/featured-insights/future-of-work/the-future-of-work-ineurope#(archived at https://perma.cc/AV2B-LNT2) [Last accessed 6 July 2020].

Stanford (2005) 'You've got to find what you love,' Jobs says, *Stanford News*, 14 June. Available from: https://news.stanford.edu/2005/06/14/jobs-061505/(archived at https://perma.cc/86EM-L7UK) [Last accessed 25 July 2020].

Steinbuch, Y. (2018) Jeff Bezos tells employees that Amazon is not too big to fail,New York Post, 16 November. Available from: https://nypost.com/2018/11/16/jeff-bezos-tells-employees-that-amazon-is-not-too-big-to-fail/ (archived at https://perma.cc/97BU-4W7L) [Last accessed 14 August 2020].

Sterman, J.D. (1987) The economic long wave: theory and evidence. In: Vasko T.(ed) *The Long-Wave Debate*, Springer, Berlin, Heidelberg. Available from:https://doi.org/10.1007/978-3-662-10351-7_11 (archived at https://perma.cc/5SZ4-228Z) [Last accessed 15 August 2020].

Sternberg, R. (2020) Balance theory of wisdom. Available from: www.robertjsternberg.com/wisdom (archived at https://perma.cc/2WR8-8FHH) [Last accessed 18 August 2020].

Stillman, J. (2017) Here's Elon Musk's secret for learning anything faster, Inc., 23 August. Available from: www.inc.com/jessica-stillman/heres-elon-musks-secretfor-learning-anything-fast.html (archived at https://perma.cc/838D-YHFP) [Last accessed 10 July 2020].

Stoddard, J., Drucker, C., and Brown, N. (2007) 21st century vaccines – a development renaissance, Drug Discovery World (DDW Online). Available from:www.ddw-online.com/enabling-technologies/p92830-21st-century-vaccines-adevelopment-renaissance.html (archived at https://perma.cc/Y9KS-SY72) [Last accessed 21 May 2020].

Subrahmanian, E. and Reich, Y. (2020) *Why We Are Not Users: Dialogues, Diversity and Design*, MIT Press, Cambridge, MA.

Sweat, S. (2016) Segway accidents in California, National Law Review, VI, 340, 5 December. Available from: www.natlawreview.com/article/segway-accidentscalifornia (archived at https://perma.cc/D7GU-5ZZT) [Last accessed 26 June 2020].

Synthego (2019) The power of synthetic biology: 25 thought leaders opine, Synthego, 17 January. Available from: www.synthego.com/blog/synthetic-biology-applications (archived at https://perma.cc/4EUS-K336) [Last accessed 12 July 2020].

Tank, A. (2020) Why the world needs deep generalists, not specialists, JotForm, 16 July. Available from: www.jotform.com/blog/the-world-needs-polymaths/(archived at https://perma.cc/ND2L-AXS8) [Last accessed 21 July 2020].

Tank, A. (2019) The era of the specialist is over, Entrepreneur, 21 February.Available from: www.entrepreneur.com/article/327712 (archived at https://perma.cc/D59V-D3FP) [Last accessed 25 July 2020].

Thalassemia.org (2019) First Beta Thalassemia patient treated with CRISPR/Vertex CTX001 Now Transfusion-Independent, 20 November. Available from: www.thalassemia.org/first-beta-thalassemia-patient-treated-with-crispr-vertex-ctx001-now-transfusion-independent/ (archived at https://perma.cc/PHS7-QY2Q) [Last accessed 5 May 2020].

The Manufacturing Institute (2018) Manufacturing industry faces unprecedented employment shortfall, 14 November. Available from:www.themanufacturinginstitute.org/press-releases/manufacturing-industryfaces-unprecedented-employment-shortfall-2-4-million-skilled-jobs-projected-togo-unfilled-according-to-deloitte-and-the-manufacturing-institute/ (archived at https://perma.cc/24KQ-XN8R) [Last accessed 12 September 2020].

Tolman, E.C. (1948) Cognitive maps in rats and men, *Psychol. Rev*, 55, 189–208. Available from: DOI: 10.1037/h0061626 [Last accessed 7 August 2020].

Trustradius (2020) Corporate learning management systems overview. Available from: www.trustradius.com/corporate-learning-management (archived at https://perma.cc/Y9NM-LAWG) [Last accessed 21 July 2020].

Tsui, K. (2020) Transhumanism: meet the cyborgs and biohackers redefining beauty, CNN, 27 May. Available from: www.cnn.com/style/article/david-vintiner-transhumanism/index.html (archived at https://perma.cc/GAG5-5GGC)[Last accessed 7 August 2020].

Uenlue, M. (2018) Amazon business model: the ultimate overview, Innovation Tactics, 14 December. Available from: https://innovationtactics.com/amazonbusiness-model-ultimate-overview/#Fundamental-business-model-principles(archived at https://perma.cc/9KBB-5SZM) [Last accessed 28 May 2020].

UNDESA (2018) 2018 UN E-Government Survey, 19 July. Available from: www.un.org/development/desa/publications/2018-un-e-government-survey.html(archived at https://perma.cc/MS5A-Y62D) [Last accessed 9 June 2020].

Undheim, K. and Aaseb, A. (2019) Passionistas – Women of Influence, Grapes,Oslo.

Urban, T. (2017) Neuralink and the brain's magical future, wait but why, 20 April. Available from: https://waitbutwhy.com/2017/04/neuralink.html (archived at https://perma.cc/6555-HJVR) [Last accessed 7 August 2020].

U.S. Census Bureau (2017) Average one-way commuting time by metropolitan areas, U.S. Census Bureau, 7 December. Available from: www.census.gov/library/visualizations/

interactive/travel-time.html (archived at https://perma.cc/KT27-B868) [Last accessed 21 May 2020].

Valamis (2020) The definitive guide to microlearning. Available from: www.valamis. com/blog/the-definitive-guide-to-microlearning (archived at https://perma.cc/ZDF4-E8KQ) [Last accessed 21 July 2020].

Vance, A. (2017) *Elon Musk: Tesla, SpaceX, and the Quest for a Fantastic Future*, Ecco.

Waldert, S. (2016) Invasive vs. Non-Invasive Neuronal Signals for Brain-Machine Interfaces: Will One Prevail? Frontiers in Neuroscience, Vol. 10, p. 295. Available from: www.frontiersin.org/article/10.3389/fnins.2016.00295 (archived at https://perma.cc/UZK2-KDML) [Last accessed 7 August 2020].

Warwick, K. (2020) Available from: Project Cyborg 1.0 www.kevinwarwick.com/project-cyborg-1-0/ (archived at https://perma.cc/YK8T-QVY2) [Last accessed 7 August 2020].

Weber, M. (1922) Economy and Society, University of California Press, Berkeley,CA.

Weber, M. (2005) Remarks on technology and culture, Theory, Culture & Society,22, 4, August. Available from: https://doi.org/10.1177/0263276405054989 (archived at https://perma.cc/CJL3-B7NU) [Last accessed 2 June 2020].

Weidner, J.B. (2020) How & why Google Glass failed, Investopedia, 8 March. Available from: www.investopedia.com/articles/investing/052115/how-whygoogle-glass-failed.asp (archived at https://perma.cc/4M69-3MGV) [Last accessed 28 June 2020].

Weisskircher, M. (2019) New technologies as a neglected social movement outcome:the case of activism against animal experimentation, Sociological Perspectives, 62, 1, 59–76. Available from: https://doi.org/10.1177/0731121418788339 (archived at https://perma.cc/25M2-7ADR) [Last accessed 2 June 2020].

Weller, M. (2018) Twenty years of edtech, *EduCause Review*, 2 July. Available from: https://er.educause.edu/articles/2018/7/twenty-years-of-edtech (archived at https://perma.cc/EDG8-C2U8) [Last accessed 5 May 2020].

West, D.W. and Allen, J.R. (2020) Turning Point: Policymaking in the Era of *Artificial Intelligence*, Brookings Institution Press, Washington, DC.

West, D.W. and Allen, J.R. (2018) How artificial intelligence is transforming the world, Brookings Institution, 24 April. Available from: www.brookings.edu/research/how-artificial-intelligence-is-transforming-the-world/ (archived at https://perma.cc/3XCP-4DZ9) [Last accessed 10 July 2020].

Wiles, J. (2019) Early adopters are already using blockchain-inspired approaches in certain HR areas. These use cases offer HR leaders a glimpse of what's to come,27 August. Available from: www.gartner.com/smarterwithgartner/5-ways-blockchain-will-affect-hr/ (archived at https://perma.cc/Q9WH-2U6J) [Last accessed 6 July 2020].

Wilson, M. (2020) Exclusive: Segway, the most hyped invention since the Macintosh, ends production, *Wired*, 23 June. Available from: www.fastcompany.com/90517971/exclusive-segway-the-most-hyped-invention-sincethe-macintosh-to-end-production (archived at https://perma.cc/VBK6-EFA3)[Last accessed 26 June 2020].

Wittenberg-Cox, A. (2020) 5 Economists redefining... everything. Oh yes, and they're women, Forbes, 31 May. Available from: www.forbes.com/sites/avivahwittenbergcox/2020/05/31/5-economists-redefining-everything–oh-yesand-theyre-women/#120e918d714a (archived at https://perma.cc/M9CVMGM6)[Last accessed 2 June 2020].

Wladawsky-Berger, I. (2015) The rise of the T-shaped organization, The Wall Street Journal, 18 December. Available from: https://blogs.wsj.com/cio/2015/12/18/the-rise-of-the-t-shaped-organization/ (archived at https://perma.cc/AS2F-83YC)[Last accessed 25 July 2020].

Wohlers, T. and Gornet, T. (2014) History of additive manufacturing, Wohlers Report. Available from: www.wohlersassociates.com/history2014.pdf (archived at https://perma.cc/3QEY-UCXF) [Last accessed 7 July 2020].

Wopata, M. (2019) The leading industry 4.0 companies 2019, IoT Analytics, Available from: https://iot-analytics.com/the-leading-industry-4-0-companies-2019/(archived at https://perma.cc/VY96-C3CZ) [Last accessed 4 May 2020].

Working With McKinsey (2013) T-shaped problem-solving at McKinsey and 3 reasons why it's preferred, 12 January. Available from: http://workingwithmckinsey. blogspot. com/2013/01/t-shaped-problem-solving-at-mckinsey.html (archived at https://perma. cc/WUJ6-GJB5) [Last accessed 20 July 2020].

World Bank (2007) Review of the Dutch Administrative Burden Reduction Programme, World Bank. Available from: www.doingbusiness.org/content/dam/doingBusiness/media/Special-Reports/DB-Dutch-Admin.pdf (archived at https://perma.cc/BZ84-TK4J) [Last accessed 10 June 2020].

Wu, J. (2020) Cybersecurity when it comes to remote work means zero trust,Forbes, 18 March. Available from: www.forbes.com/sites/cognitiveworld/2020/03/18/cybersecurity-when-it-comes-to-remote-work-means-zero-trust/#717aa59bc5b1 (archived at https://perma.cc/U776-BFYH) [Last accessed 8 June 2020].

XTRD (2020) Top 100 blockchain and crypto influencers on Twitter to follow,XTRD. Available from: https://xtrd.io/top-100-blockchain-and-crypto-influencers-on-twitter-to-follow/ (archived at https://perma.cc/3S53-VCGM)[Last accessed 10 July 2020].

Yates, J. and Murphy, C.N. (2019) Engineering Rules: Global Standard Setting Since 1880, Johns Hopkins University Press, Baltimore, MD.

Yoshi, R. (2020) How can blockchain be implemented in the life sciences ecosystem?11

315

February. Available from: www.technologynetworks.com/informatics/articles/how-can-blockchain-be-implemented-in-the-life-sciencesecosystem-330614 (archived at https://perma.cc/25KF-69SZ) [Last accessed 7 July 2020].

Zuora (2020) The subscription economy. Available from: www.zuora.com/vision/subscription-economy/ (archived at https://perma.cc/8ZEA-W9LA) [Last accessed 13 September 2020].